Coleção Teoria e Filosofia do Direito

Coordenada por Ronaldo Porto Macedo Jr.

Vivendo Plenamente a Lei
Zenon Bańkowski

Retórica e o Estado de Direito
Neil MacCormick

Contrato como Promessa
Charles Fried

Ensaios sobre Teoria do Direito e Filosofia
H.L.A. Hart

Razão Prática e Normas
Joseph Raz

A Moralidade da Liberdade
Joseph Raz

O Novo Contrato Social
Ian R. Macneil

H.L.A. Hart
Neil MacCormick

Ronald Dworkin
Stephen Guest

Max Weber
Anthony Kronman

Contrato como Promessa

UMA TEORIA DA OBRIGAÇÃO CONTRATUAL

Coleção Teoria e Filosofia do Direito
COORDENADA POR RONALDO PORTO MACEDO JR.

Charles Fried

Contrato como Promessa

UMA TEORIA DA OBRIGAÇÃO CONTRATUAL

Tradução
Sérgio Duarte

Revisão Técnica
André Rodrigues Corrêa

CAMPUS
JURÍDICO

Do original: Contract as promise, de Charles Fried
Tradução autorizada do idioma inglês da edição publicada por Harvard University Press

Editoração Eletrônica
SBNIGRI Artes e Textos Ltda.

Copidesque
Adriana Araujo Kramer

Revisão Gráfica
Roberto Mauro dos Santos Facce

Coordenação Acadêmica
Ronaldo Porto Macedo Jr.

Projeto Gráfico
Elsevier Editora Ltda.
A Qualidade da Informação
Rua Sete de Setembro, 111 — 16º andar
20050-006 — Rio de Janeiro — RJ — Brasil
Telefone: (21) 3970-9300 Fax (21) 2507-1991
E-mail: info@elsevier.com.br
Escritório São Paulo
Rua Quintana, 753 – 8º andar
04569-011 – Brooklin – São Paulo – SP
Telefone: (11) 5105-8555

ISBN: 978-85-352-2664-5

Central de Atendimento
Tel.: 0800-265340
Rua Sete de Setembro, 111, 16º andar – Centro – Rio de Janeiro
E-mail: info@elsevier.com.br
Site: www.campus.com.br

Dados Internacionais de Catalogação na Publicação (CIP)
(Câmara Brasileira do Livro, SP, Brasil)

F946c
Fried, Charles, 1935 –
Contrato como promessa: uma teoria da obrigação contratual / Charles Fried; tradução de S. Duarte. – Rio de Janeiro: Elsevier, 2008.
224 p. – (Teoria e filosofia do direito)

Tradução de: Contract as promise
Inclui bibliografia
ISBN 978-85-352-2664-5

1. Contratos. 2. Obrigações (Direito). I. Título. II. Série.

08-0734. CDU: 347.4

Para Albert M. Sacks

O AUTOR

Charles Fried é professor de *General Jurisprudence* na Harvard Law School. Nascido em Praga, na República Tcheca, e naturalizado norte-americano, estudou em Princeton, Oxford e na Columbia Law School, onde cursou seu doutorado. Trabalhou como assistente do Procurador Geral de Justiça americano e como *United States Solicitor General* durante o governo Reagan (1985-1989).

Durante sua carreira, escreveu sobre vários assuntos relacionados a Política, Moral, Contratos, Direito Constitucional, Responsabilidade Civil etc. Suas principais obras são: *Modern Liberty and the Limits of Government* (2006); *Saying What the Law Is: The Constitution in the Supreme Court* (2004); *Making Tort Law: What Should Be Done and Who Should Do It* (em co-autoria com David Rosenberg - 2003); *Order and Law: Arguing the Reagan Revolution* - A Firsthand Account (1991); *Right and Wrong* (1978); *Medical Experimentation: Personal Integrity and Social Policy* (1974); *An Anatomy of Values: Problems of Personal and Social Choice* (1970).

Contudo, sua obra mais famosa e influente é o presente livro: *Contrato como promessa*, de 1981.

PREFÁCIO

Este livro tem duplo objetivo. O primeiro é teórico: demonstrar que o contrato, esse complexo instituto jurídico, tem origem em um pequeno número de princípios morais fundamentais, os quais, por sua vez, o determinam. O segundo é pedagógico: mostrar aos estudantes a estrutura subjacente a esse instituto jurídico básico. Talvez haja mais detalhes jurídicos do que seriam necessários a um teórico (por exemplo, quando trata de oferta, aceitação e condições) e mais teoria do que o necessário para o estudante de Direito (como no exame inicial da moralidade do prometer). Mesmo assim, acredito que, em linhas gerais, os dois objetivos se apóiam mutuamente. No plano teórico, espero demonstrar que o Direito Contratual possui de fato uma estrutura básica unificadora, e no plano da exposição doutrinária minha intenção é mostrar que essa estrutura pode ser relacionada a princípios morais.

O livro deriva diretamente da experiência docente no primeiro ano do curso sobre contratos da Faculdade de Direito de Harvard, e minha maior dívida é para com os alunos que me ajudaram e sofreram com minhas tentativas de dar algum sentido a esse complicado tema. O débito seguinte é com o falecido Lon Fuller, amigo e professor quando eu era jovem membro do corpo docente. Naquela época, eu não dava aulas sobre contratos e por isso raramente debatíamos o assunto, mas o que aprendi com ele juntou-se a estudos posteriores que fiz de seus textos sobre contratos e ao uso de seu livro, que descreve casos específicos, e tudo isso me causou profunda impressão. Também aproveitei muito as inúmeras conversas com John Dawson, um dos mais competentes estudiosos de contratos, assim como seus comentários ao meu manuscrito e suas obras.

Tenho outro tipo de dívida, porém não menos profunda, com os estudiosos e colegas dos quais discordo. Sem o estímulo de seus talentosos e constantes ataques a premissas que eu considerava evidentes, duvido que eu viesse a considerar necessário escrever este livro, e tenho certeza de que não teria percebido com tanta clareza os pontos centrais do tema. Entre aqueles que me provocaram estão Patrick Atiyah, Grant Gilmore, Morton Horwitz e Anthony Kronman, e mais especialmente meus colegas Duncan Kennedy e Roberto Unger. Este último teve a gentileza de compartilhar comigo seu manuscrito inédito sobre contratos e também suas notas de pesquisa.

Muitos amigos e colegas tiveram a generosidade de ler e comentar os primeiros rascunhos: William Andrews, Phillip Areeda, Lucian Bebchuk, Robert Clark, Ronald Dworkin, Richard Epstein, Morton Horwitz, Anthony Kronman, Frank Michelman, Robert Nozick, Todd Rakoff, David Shapiro, Steven Shavell, Judith Thomson e Arthur von Mehren. Em 1978 apresentei versões iniciais do livro em *workshops* para professores nas Faculdades de Direito de Chicago, Harvard e Yale e à Sociedade de Filosofia Ética e Jurídica. Os comentários que recebi nessas ocasiões foram extremamente úteis. Também mostrei trechos do livro na Faculdade de Direito da Universidade de Indiana, como parte das Palestras Harris, e na Faculdade de Direito Osgoode Hall, da Universidade York, em Toronto, na Conferência 'Or' Emet.

Diversos alunos da Faculdade de Direito de Harvard me prestaram valiosa ajuda, tanto na pesquisa quanto na edição: Jane Ginsburg e Jane von Frank, da turma de 1980; William Ewald, da turma de 1981; Donald Board, Gerald Stoddart e Larry Varn, da turma de 1982; e J. Walter Freiberg, da turma de 1983.

A promessa de Charles Fried

Ronaldo Porto Macedo Jr.[*]

No prefácio ao seu influente livro de Filosofia do Direito, *Direito e Democracia*: *entre Faticidade* e *Validade*,[1] Jürgen Habermas chama a atenção para o fato de que a Filosofia do Direito em certa medida migrou o seu eixo para as escolas de Direito. Segundo ele, "na Alemanha, a filosofia do direito não é mais tarefa exclusiva dos filósofos (...) E o fato de a filosofia do direito – quando ainda busca o contato com a realidade social – ter emigrado para as faculdades de direito é bastante sugestivo. (...) O que antigamente podia ser mantido coeso em conceitos da filosofia hegeliana, exige hoje um pluralismo de procedimentos metodológicos que inclui as perspectivas da teoria do direito, da sociologia do direito e da história do direito, da teoria moral e da teoria da sociedade". O que poderá ter significado isto? Que os juristas agora fazem melhor filosofia que os filósofos? Intuitivamente não parece ser este o caso. Qual, então, a extensão da observação? Um elogio retórico aos amigos juristas?

Ao meu ver Habermas chamava a atenção para o fato de que cada vez mais a Filosofia do Direito se desenvolve em torno de temas mais concretos, aplicados, surgidos e resolvidos no âmbito da "vida prática do Direito". Para usar uma terminologia mais forte e clara em língua inglesa, cada vez mais os problemas da Filosofia do Direito encontrou o seu foro privilegiado no âmbito na *jurisprudence*[2] do que no âmbito da *philosophy of law*.

Os reflexos desta tendência e fenômeno já são sentidos de maneira mais intensa em algumas áreas da reflexão jurídica brasileira. De maneira mais particular, a literatura recente sobre Teoria e Direito Constitucional tem evidenciado este remanejamento teórico.

---

[*] Professor de Direito da USP e FGV-SP.

[1] Jürgen Habermas, prefácio a *Direito e Democracia*: entre Faticidade e Validade. Rio de Janeiro: Tempo Brasileiro, 1997, p. 9.

[2] Termo que poderia, neste contexto, ser melhor traduzido por Teoria do Direito.

Menos saliente, contudo, é o impacto deste mesmo movimento no âmbito do Direito privado. Apesar de ser um tema que envolve grandes energias intelectuais na Europa e nos Estados Unidos, especialmente, a fundamentação filosófica do Direito privado ainda é um tema incipiente no Brasil. Aqui, a maior parte da literatura produzida a cada ano é orientada quase que de maneira exclusiva para a dogmática do Direito privado.[3]

O livro que o leitor tem em suas mãos é um belo exemplo e modelo de um trabalho de fundamentação filosófica do Direito privado, de maneira muito particular, do Direito Contratual. Esta obra elegante, enxuta, clara, analítica e profunda – virtudes que deveriam ser perseguidas mais obstinadamente por muitos doutrinadores nacionais – vem ocupando um lugar central no debate contemporâneo sobre os fundamentos morais do Direito Contratual. Gostemos ou não das idéias de Charles Fried, cada vez mais quem escreve sobre o assunto deve se sentir obrigado a prestar contas com os argumentos apresentados neste livro.

Fried salienta que seu livro tem um propósito pedagógico de mostrar para os estudantes a estrutura subjacente do contrato. Para tanto, é necessário mostrar num plano teórico, que "o Direito Contratual possui de fato uma estrutura básica unificadora, e no plano da exposição doutrinária minha intenção é mostrar que essa estrutura pode ser relacionada a princípios morais" (p. IX). Este princípio moral é aquele segundo o qual cada pessoa pode impor sob si mesma obrigações onde antes não havia nenhuma.

O autor sabe que tal argumento está no centro de inúmeras críticas feitas por outros importantes personagens do debate teórico contratual contemporâneo, como Patrick Atiyah, Lawrence Friedman, Grant Gilmore, Morton Horwitz, Duncan Kennedy, Anthony Kronman e Ian Macneil.[4] Em vez de ignorálos, apresentando sua teoria em um cenário sem tenazes críticos, dialoga diretamente com seus objetores, construindo assim um rico desenho das múltiplas

---

[3] Conceito de dogmática jurídica, ver Niklas Luhmann, *Sistema Jurídico y Dogmática Jurídica*, Madri: Centro de Estudios Constitucionales, 1983; Tércio Sampaio Ferraz Jr., *Função Social da Dogmática Jurídica*, São Paulo: Revista dos Tribunais, 1978.

[4] Cf. P. S. Atiyah, *The Rise and Fall of Freedom of Contract,* Londres, Oxford University, 1988; Lawrence Friedman, *Contract Law in America*, Madison, 1965; Grant Gilmore, *The Death of Contract*, Columbus, 1974; Morton Horwitz, *The Transformation of American Law - 1780 – 1860*, v. I, Cambridge, Harvard University, 1977; Duncan Kennedy, "Form and Substance in Private Law Adjudication", *Harvard Law Review,* v. 89, 1976; Anthony T. Kronman, "Paternalism and the Law of Contracts", *Yale Law Journal*, v. 92, nº 5, p.763-798; Ian Macneil, "The Many Futures of Contracts", *California Law Review*, v. 47, 1974, p. 691-816.

correntes e argumentos que constroem o debate, notadamente dentro da tradição do *common law*. Para muitos críticos, de maneira geral, as fontes obrigacionais do contrato não podem ser resumidas à promessa. Em outras palavras, ao lado das fontes obrigacionais de natureza promissória, haveria também outras, não-promissórias,[5] como a vantagem obtida, a solidariedade, expectativas legítimas constituídas no curso da relação contratual etc.

Para alguns (Atyiah, Gilmore, Horwitz), o atual Direito Contratual sugere uma espécie de fusão entre fundamentos obrigacionais derivados da responsabilidade civil com o fundamento promissório. No célebre neologismo e provocação de Grant Gilmore,[6] hoje não teríamos mais um Direito Contratual (*contract law*), mas sim um "*contort law*", isto é, um Direito híbrido, parte contrato (promessa), parte responsabilidade (*tort*).

Para outros, o Direito Contratual contemporâneo não está estruturado com base em uma única racionalidade, coerente e unificante. Uma moralidade externa e interna ao contrato impõe fundamentos obrigacionais não redutíveis à promessa. Tal natureza da obrigação contratual ficaria patente na vedação dos contratos que impõem onerosidade excessiva, desequilíbrio contratual ou abusividade,[7] justiça contratual e boa-fé, independentemente de terem sido firmados livremente. Ademais, como entender determinadas imposições de justiça contratual distributiva incidentes numa grande gama de relações contratuais?[8]

Para os que pensam que isto é uma discussão que nada nos diz respeito, visto que característica de um Direito alienígena, pautado em outra tradição jurídica, basta lembrar que somente um alienígena pensaria que tais questões nos são estranhas, em especial, depois da promulgação do Código de Defesa do Consumidor e do Novo Código Civil. Para quem achar que a discussão é apenas teórica e desprovida de relevância prática, bastará a leitura de uns tantos acórdãos sobre contratos de consumo em discussão em nossos tribunais.

---

[5] Veja sobre esse tema, com particular interesse, outro texto clássico: Ian Macneil, *The New Social Contract. An Inquiry in to Modern Contractual Relations,* New Haven e Londres: Yale University, 1980, a ser publicado em breve nesta coleção.

[6] *The Death of Contract, op. cit.*

[7] Que, *grosso modo*, correspondem aos conceitos de *duress, unconsciousnability, fairness, good-faith* etc.

[8] Cf. Anthony T. Kronman, "Contract Law and Distributive Justice", *Yale Law Review*, v. 89, 1980.

Para entender como é possível a redução teórica proposta por Fried, isto é, como é possível mostrar que o fundamento contratual é a promessa, e não outro, é necessário, contudo, examinar com detalhe a natureza filosófica da promessa. Afinal, o que é uma promessa? Ou melhor qual é o fundamento que torna uma promessa obrigatória? Neste ponto, Fried reconhece um dos cernes do desacordo teórico entre os doutrinadores do Direito Contratual, reportando-o a uma das mais interessantes questões da Filosofia moral contemporânea. Não se assuste o leitor, contudo, pois a despeito das inúmeras pistas e sugestões para o leitor interessado em Filosofia, Fried procura mostrar como o debate filosófico incide em questões da dogmática contratual.[9]

Podemos dizer que Fried desenvolve uma argumentação normativa retrospectiva (*backward-looking*)[10] sobre os fundamentos da obrigação de respeitar uma promessa. Em outras palavras, devemos respeitar uma promessa em razão do ato de prometer realizado e não em função das conseqüências que podem advir da quebra da promessa (*forward-looking*). Tal visão o leva a crer que a promessa seria uma fonte obrigacional autônoma. Para outros, como P. S. Atiyah, a vinculatividade de uma promessa dependeria de outros fatores institucionais, como a confiança e a expectativa. Em certo sentido, Atiyah[11] poderia ser melhor caracterizado como um teórico não do contrato como promessa, mas da promessa como contrato. Em outras palavras, para ele a teoria do contrato deveria analisar as condições em que uma promessa se torna um contrato e bem compreendê-las significaria saber que a promessa é uma condição necessária, mas não suficiente. Este é um dos cernes da discussão travada neste livro.

Para desenvolver sua análise no plano da teoria do Direito Contratual (*contractual jurisprudence*), Fried examina, ponto a ponto, os principais temas da teoria contratual: "*consideration*", que mantém conexão direta com a teoria da causa do Direito brasileiro, os fundamentos obrigacionais da oferta e aceitação, lacunas, boa-fé, abuso de poder e abusividade.

O livro de Charles Fried procura mostrar como a compreensão do Direito Contratual contemporâneo pressupõe que saibamos reconhecer e des-

[9] Um dos méritos do livro, quero enfatizar, é estilístico: não impor digressões teórico-filosóficas excessivas ou desnecessárias para o leitor.

[10] Como a definiria: Bernard Williams, *Ethics and the Limits of Philosophy*, Cambridge, 1985, p. 8.

[11] P. S. Atiyah, *Essays on Contract*, Oxford: Clarendon Paperbacks, 1986.

crever a racionalidade encarnada em nossa experiência contratual. Para ele, esta moral do contrato se encontra na promessa. Esta, por sua vez, radica-se nos fundamentos liberais da liberdade e autonomia do indivíduo. Este é o fino, e controvertido, exercício de fundamentação liberal (não tradicional, mas contemporâneo) que o leitor tem em suas mãos. Em outros contextos procurei mostrar o quanto tal construção me parece problemática.[12] O crítico que assim vier a pensar, contudo, somente deverá satisfazer-se com sua própria opinião depois de enfrentar os argumentos deste respeitável livro.

[12] Cf. *Contratos Relacionais e Defesa do Consumidor*, São Paulo: Revista dos Tribunais, 2007.

Sumário

Capítulo 1

Introdução: A Vida do Contrato

O princípio da promessa, que, conforme minha argumentação neste livro, constitui a base moral do Direito Contratual, é o princípio pelo qual as pessoas podem impor a si mesmas obrigações que antes não existiam.

A segurança pessoal, a estabilidade da propriedade e a obrigação derivada do contrato eram para David Hume as bases de uma sociedade civilizada.[1] Hume expressava o espírito liberal individualista de seu tempo ao tratar do respeito pela pessoa, pela propriedade e pelo contrato como fundamentos auto-evidentes do Direito e da justiça. Ao longo da maior parte de nossa história, nosso Direito Constitucional e nossa política se desenvolveram segundo essas mesmas premissas. No Direito privado, especialmente, elas lançaram raízes e se ramificaram em inúmeras particularidades, necessárias para conferir-lhes substância. O Direito da propriedade define os limites de nossos bens legítimos, e o Direito da responsabilidade delitual (*tort law*) procura proteger-nos contra violações desses limites, assim como contra violações dos limites naturais de nossa pessoa física.[2] O Direito dos contratos ratifica e assegura o cumprimento de nossos empreendimentos conjuntos além dessas fronteiras. Dessa forma, o Direito da responsabilidade delitual (*tort law*) e o Direito da propriedade reconhecem nossos direitos como indivíduos em nossas pessoas, em nossa atividade e em algumas partes específicas do mundo externo, ao passo que o Direito Contratual facilita nossa disposição desses direitos nos termos que nos pareçam mais favoráveis. O regime do Direito Contratual, que respeita a maneira pela qual os indivíduos dispõem de seus direitos, leva até sua conclusão natural a premissa liberal de que os indivíduos possuem direitos.[3] E a teoria voluntarista do contrato, que considera as obrigações contratuais como essencialmente auto-impostas,[4] é claramente derivada do individualismo liberal.

Essa concepção da obrigação contratual como essencialmente auto-imposta tem sido cada vez mais atacada ao longo dos últimos cinqüenta anos. Uma linha de ataque essencialmente historicista afirma que, até o século XVIII, os controles comunitários, isto é, seja pela família seja pelas corporações de ofícios, pelas comunidades ou pelo governo geral, dificilmente permitiam aos indivíduos suficiente liberdade de ação em relação a seu trabalho ou suas propriedades, concedendo pouco espaço à concepção liberal. A partir do século XIX, cada vez mais velozmente, o Estado, os sindicatos, as empresas e outras instituições intermediárias continuaram a retirar ao controle individual grandes áreas de seu interesse, afastando-as, assim, do âmbito dos arranjos puramente contratuais.[5] Parece bastante clara a ocorrência dessas oscilações do controle coletivo. Mas do fato de que somente nos tempos modernos o contrato tenha surgido como forma principal de organização social não decorre que, portanto, o próprio conceito de contrato como promessa (que, sem dúvida, é peça central do liberalismo do século XIX) tenha sido uma invenção da revolução industrial; qualquer que seja o âmbito aceito para contrato, o princípio de fidelidade à palavra dada é antigo.[6] Menos ainda significa que a validade, a justeza do princípio da promessa, da obrigação auto-imposta, dependa de sua aceitação naquele período anterior, ou que agora, quando a aceitação está posta em dúvida, a validade do princípio esteja obscurecida. A validade de uma verdade moral, como a de uma verdade matemática, independe da moda e da preferência.

Outras críticas, mais pérfidas, negam a coerência ou a viabilidade independente do princípio da promessa. A obrigação jurídica somente pode ser imposta pela comunidade, e, assim, ao fazer essa imposição a comunidade tem de estar perseguindo seus objetivos e ditando seus padrões, e não endossando de forma neutra os objetivos e padrões das partes contratantes. Essas linhas de ataque – recentemente surgidas em obras de estudiosos do Direito, como Patrick Atiyah, Lawrence Friedman, Grant Gilmore,

Morton Horwitz, Duncan Kennedy, Antony Kronman e Ian Macnell,[7] assim como em textos filosóficos – servirão para contraste, tornando mais convincente grande parte de minha argumentação afirmativa. Neste ponto simplesmente apresentarei suas linhas mestras, a fim de que os leitores possam perceber com clareza contra o que estou reagindo.

Nem todas as promessas são cumpridas por força de lei, e dentre aquelas que o são, diferentes categorias recebem graus diferentes de reconhecimento jurídico: algumas somente quando são expressas por escrito, outras quando feitas entre certos tipos de parceiros, outras ainda até o limite da confiança que tenham depositado e essa confiança tenha causado dano mensurável. Além disso, certos arranjos que não contêm promessa alguma – negociações preliminares, palavras erroneamente entendidas como promessas, esquemas de cooperação – são assimilados ao regime contratual. Finalmente, mesmo entre os arranjos juridicamente vinculantes iniciados mediante acordo, há alguns que são isolados e subordinados a um conjunto de regras que muitas vezes pouco têm a ver com aquele acordo. O casamento é o exemplo mais óbvio, mas os contratos de emprego, seguros ou transporte possuem também tais características. Assim, a idéia de que a vontade vincula a si mesma – conceito que está no cerne do princípio da promessa – não é necessária nem suficiente para a obrigação contratual. Com efeito, um argumento central de alguns desses críticos (por exemplo, Friedman, Gilmore e Macneil) é o de que a busca de um princípio contratual central ou unificador é um fogo fátuo, uma ilusão típica do mal definido, porém muito denunciado, vício do conceitualismo.* Esses críticos afirmam que a lei molda as obrigações contratuais como forma de fazer justiça entre partes que entraram em uma variedade de relacionamentos entre si e de impor por meio delas a política social. Somente algumas dessas relações se iniciam em um acordo explícito, e mesmo quando isso ocorre, as considerações dominantes de justiça e política não estão sujeitas aos termos ou às implicações daquele acordo.

* A respeito do formalismo e do conceitualismo, ver Capítulos 6 e 7.

Embora, segundo essa visão, as bases do Direito Contratual sejam tantas e tão movediças quanto a política do processo judicial e legislativo, duas considerações bastante gerais de justiça têm figurado de forma proeminente nos ataques ao conceito do contrato como promessa: o benefício e a confiança. O princípio do benefício diz que quando alguém recebe um benefício à custa de outra pessoa e que esta outra agiu de maneira razoável e sem intenção de fazer uma dádiva, a eqüidade exige que o benefício seja reciprocado ou pago. Nos capítulos seguintes examino detalhadamente essa idéia. Na presente argumentação utilizarei a noção mais difundida de confiança. A partir de um tema apresentado no influente artigo de Lon Fuller e William Perdue, em 1936,[8] diversos autores têm argumentado que, muitas vezes, o que se supõe ser a obrigatoriedade de cumprimento de uma promessa é na realidade compensação por um dano sofrido pelo autor de uma ação judicial por haver confiado na promessa do réu. À primeira vista, a diferença entre a obrigação baseada na promessa e a obrigação baseada na confiança pode parecer demasiado tênue para ser percebida, mas na verdade importantes questões teóricas e práticas dependem dessa distinção. Obrigar ao cumprimento de uma promessa como tal é fazer com que o réu realize determinada conduta (ou entregue seu equivalente em dinheiro) simplesmente porque prometeu exatamente isso. A visão da confiança, ao contrário, se concentra em um dano sofrido pelo autor e pergunta se o réu foi de alguma forma suficientemente responsável por esse dano para que seja compelido a pagar uma indenização.

Essa última base da responsabilidade, a indenização pelo dano sofrido por causa da confiança, é um caso especial de responsabilidade delitual (*tort*). Isso porque o Direito da responsabilidade delitual (*tort law*) trata apenas da questão da compensação de um prejuízo causado por outrem: lesão física causada por conduta intencional ou negligente, prejuízo pecuniário causado por representação descuidada ou fraudulenta, dano à reputação causado por afirmações falsas. Mas o Direito da responsabilidade civil decorrente de um delito trata tipicamente de transações involuntárias – se é que um soco no nariz, um acidente de tráfego ou um mexerico malicioso podem ser chamados de transações – de forma que o papel da comunidade em decidir o conflito é especialmente saliente: o que constitui velocidade segura numa noite chuvosa? O que pode um ex-patrão dizer em resposta a um pedido de fornecimento de referências? Por outro lado, enquanto considerarmos a obrigação contratual como baseada na promessa, em obrigações auto-impostas pelas partes, o foco da investigação é a vontade das partes. Se assimilarmos a obrigação contratual ao Direito da responsabilidade delitual (*tort law*),[9] o foco passa para o dano sofrido pelo autor e para a questão de saber se é justo atribuí-lo no todo ou em parte ao réu. Assim, por exemplo, se não tiver havido dano aferível porque o promissário ainda não confiou na promessa, parece nada existir a indenizar, enquanto, em outras ocasiões, um critério generalizado de compensação justa pode nos levar além do que quer que as partes tenham ajustado. A promessa e suas seqüelas são vistas como uma forma de encontro, como um acidente de tráfego, uma altercação na rua ou um debate jornalístico, que dão origem a perdas a serem distribuídas por meio do sentido de justiça da comunidade. Essa assimilação do contrato à responsabilidade civil por um delito é (e para autores como Gilmore, Horwitz e Atiyah pretende ser) a subordinação de um fundamento quintessencialmente individualista da obrigação e uma forma de controle social – que se refere à vontade das partes – a um conjunto de critérios inegavelmente coletivos em sua origem e, portanto, facilmente utilizados para objetivos coletivos.*

---

* As duas idéias – a obrigação baseada na promessa e a obrigação baseada na justa indenização por um dano sofrido devido a confiança – podem correr juntas. Pode-se dizer que uma expectativa frustrada seja um dano indenizável e nada mais, e que fazer uma promessa seja motivo suficiente (e talvez até necessário) para responsabilizar por esse dano o promitente. Isso, evidentemente, não é o que pensam os teóricos da "Morte do Contrato". Para eles, um dano reconhecível tem de ser uma perda palpável, identificável separadamente da expectativa de que a promessa seja cumprida; por exemplo, uma despesa que de outra forma não teria sido feita e que não pode ser recuperada, ou a omissão de alguma precaução, com perda conseqüente. A distinção se torna bastante tênue se considerarmos os custos de oportunidade – tratos lucrativos que poderíamos ter feito caso não confiássemos que este seria honrado – especialmente porque esses tratos alternativos poderiam ter sido feitos também em forma promissória (mas essas promessas, por sua vez, poderiam ou não ter sido honradas).

Outra linha de ataque ao contrato como promessa nega a coerência da idéia central de obrigação auto-imposta. Alguns autores afirmam que a obrigação tem de ser sempre imposta externamente.[10] Outros argumentam a partir do interior: para que as obrigações promissórias possam ser realmente auto-impostas, a promessa tem de ser feita livremente. Se isso significar apenas que o promitente agiu intencionalmente, nesse caso até mesmo um ação decorrente de ameaça armada será vinculante. Se insistirmos, como devemos fazer, que exista uma escolha *justa* quanto a prometer ou não, teremos, afinal de contas, introduzido critérios externos de justiça no próprio cerne da obrigação. Havendo dito, por exemplo, que uma promessa de pagar preço exorbitante por um medicamento vital não é livremente assumida, enquanto a promessa de pagar preço razoável o é, por que não descartar de uma vez o elemento da promessa e simplesmente afirmar que existe uma obrigação de fornecer o medicamento, por um preço externamente fixado, a todos os que dela necessitem? Essa sugestão e outras mais sutis relacionadas ao tema foram trazidas à baila por autores especialmente preocupados com nexo entre o contrato como promessa e o mercado como forma de organização econômica. Alguns, como Robert Hale, Duncan Kennedy e Anthony Kronman,[11] vêem no conceito de coação (*duress*) e de abusividade (*unconscionability**) a derrota dos argumentos em favor do livre mercado e da autonomia do Direito Contratual. Outros, especialmente Richard Posner,[12] negando igualmente qualquer força independente à obrigação promissória (*promissory obligation*), vêem a força atribuída pelo Direito aos contratos como derivada de políticas sociais como a maximização da riqueza e da eficiência, que são geralmente associadas à operação do mercado.

---

* A expressão *unconscionability* que pode ser traduzida literalmente como "contrariedade à consciência" aplica-se a contratos, seja por força das circunstâncias envolvendo as partes ao tempo da celebração – desequilíbrio de poderes de barganha – seja em razão do resultado efetivamente obtido ao fim da negociação – cláusulas excessivamente onerosas para uma das partes – são entendidos como inexigíveis, pelo menos nos termos em que restaram estabelecidos. O referido conceito corresponde, *grosso modo*, por aproximação à noção tradicional de *lesão* e à noção atual de *abusividade* presentes nos sistemas de direito continental. (*N. do RT.*)

Começo afirmando a concepção central do contrato como promessa. Essa é minha versão da visão clássica do contrato proposta pela teoria da vontade e implícita na asserção de que o contrato fornece um fundamento de obrigação distinto e forçoso. Nos capítulos seguintes mostrarei de que forma essa concepção gera a estrutura da doutrina do contrato e explica suas complexidades. O Direito Contratual é complexo, e é fácil perder de vista sua unidade essencial. Os adeptos da escola da "Morte do Contrato" tiveram rédeas soltas para explorar essas complexidades. Mas os expoentes da opinião que abraço freqüentemente adotaram abordagem muito mais rígida do que exige a teoria do contrato como promessa. Por exemplo, em geral, eles têm tendido a considerar a responsabilidade contratual como um exclusivo princípio de justiça, como se a liberação tivesse de ser ou baseada em uma promessa ou completamente negada. Essa rigidez e excessos também foram explorados como se provassem a falsidade de todo o conceito de contrato. No desenvolvimento de minha tese afirmativa, mostro por que motivo a teoria clássica pode haver-se deixado levar a tais erros, e proponho como enigmas perenes soluções que se ajustam à idéia do contrato como promessa e também à decência e ao bom senso.

Capítulo 2

O Contrato como Promessa

É princípio primordial da moral política liberal termos segurança em relação àquilo que nos pertence, para que nossa pessoa e nossas propriedades não estejam sujeitas a exploração por parte de outrem, e para que a partir de uma base segura possamos expressar nossa vontade e empregar nossas potencialidades no mundo. Com essas potencialidades somos capazes de criar coisas boas e más, bens úteis ou de luxo, objetos extraordinários ou banais, segundo os quais seremos julgados – como virtuosos ou mesquinhos, talentosos ou comuns, diligentes, afortunados ou desprezíveis, amigáveis e bondosos ou frios e desumanos. Porém, seja o que for que realizemos e qualquer que seja o julgamento feito a respeito dessas realizações, a moral exige que respeitemos a pessoa e a propriedade alheias, deixando-as livres para organizar suas vidas, assim como os demais nos deixam livres para organizar a nossa. Esse é o ideal liberal. Esse é o ideal que faz a distinção entre o que é bom, que pertence à esfera das aspirações, e o que é correto, que estabelece os termos e limites dentro dos quais nos esforçamos. Esse ideal faz com que aquilo que conseguimos nos pertença, e que nossos fracassos e responsabilidades sejam também nossos, independentemente de compartilharmos ou não nossa fortuna ou esperarmos ajuda quando fracassamos.[1]

Tudo tem de estar a nossa disposição, pois quem poderia negar a vontade humana de expandir-se até o mais remoto rincão do universo? E quando nos abstemos de modificar algum objeto externo para que sirva a nosso uso ainda assim o usamos devido a sua preciosidade natural, porque reagimos a nosso julgamento a respeito de seu valor, a nossa própria concepção do bem que buscamos. Acontece, no entanto, que as outras pessoas não estão a nossa disposição dessa mesma forma – somente elas possuem idêntica autoconsciência, igual poder de autodeterminação, e, portanto, utilizá-las como se fossem nada mais do que uma parte da natureza exterior significa envenenar a fonte de poder moral de que gozamos. Os outros, no entanto, fazem *efetivamente* parte do mundo externo, e ao negarmos a nós mesmos acesso a suas pessoas e a seus poderes, reduzimos drasticamente o alcance de nossa eficácia. Por isso, foi crucial a descoberta moral de que homens livres podem mesmo assim servir livremente aos objetivos uns dos outros: a descoberta de que além do temor de represálias ou da esperança de favor recíproco, a própria moral pode ser recrutada a fim de assegurar não apenas que você respeite a mim e o que é meu, mas também que sirva ativamente a meus objetivos.[2] Se minha confiança em seu auxílio derivar de minha convicção de que você fará o que é correto (não apenas o que é prudente), nesse caso confiarei em você, e a confiança se transforma em poderoso instrumento para que exerçamos nossas vontades mútuas no mundo. A confiança é um instrumento tão extraordinário que, ao fim, nós a buscamos por ela mesma; preferimos fazer as coisas cooperativamente mesmo quando poderíamos ter-nos apoiado no temor ou no interesse ou operado sozinhos.[3]

O instrumento que confere forma mais nítida e palpável à confiança é a promessa. Ao prometer, colocamos nas mãos de outra pessoa um novo poder para realizar sua vontade, embora esse poder seja apenas moral: o que ela procurava fazer sozinha pode agora esperar conseguir com o auxílio que prometemos, e dar-lhe essa possibilidade era exatamente nosso objetivo ao prometer. Ao prometer transformamos em moralmente obrigatória uma escolha que antes era moralmente neutra. A moralidade, que deve ser permanente e estar além de nossa vontade particular para que o fundamento de nossa vontade esteja assegurado, é invocada e plasmada a fim de nos permitir utilizar melhor aquela vontade específica. A moralidade, nesse caso, serve a objetivos modestos, corriqueiros: marcamos encontros, compramos e vendemos coisas utilizando essa elevadíssima força.

O que é uma promessa, que por meio de minhas palavras me permite transformar em errado algo que antes era moralmente indiferente? Uma promessa é uma comunicação – em geral verbal; ela diz alguma coisa. Mas como é possível que ao dizer algo eu acrescente um conteúdo moral a uma escolha que antes era moralmente neutra? Bem, posso fazer isso enganando você ou mentindo.[4] Não será a mentira o próprio paradigma de um mal causado por meio da palavra? Mas isso não nos serve, porque a promessa confere conteúdo moral a um ato *potencial* – o mal é praticado mais tarde, quando a promessa não é cumprida – enquanto a mentira é um mal causado no momento em que é pronunciada. Ambos constituem um abuso de confiança, porém de formas diferentes. Quando falo, eu me comprometo com a verdade do que digo, mas quando prometo estou me comprometendo a *agir* posteriormente. Embora aqueles dois males sejam então bastante diversos, tem havido uma tendência persistente a juntá-los, tratando a promessa como mentira, porém uma espécie particular de mentira: uma mentira sobre as intenções do promitente. Vejamos o seguinte caso:

I. Eu vendo uma casa a você, conservando a propriedade de um lote de terreno vazio adjacente. Durante nossas negociações, afirmo ser minha intenção construir uma casa no lote, na qual morarei. O que acontece se, anos depois, eu vender o terreno a uma pessoa que nele constrói um posto de gasolina? E se essa venda for feita somente um mês depois de vender a casa? E se eu já estiver negociando a venda para o construtor do posto de gasolina durante a negociação da venda da casa a você?[5]

Se no momento em que faço a afirmação a você eu já estiver negociando a venda do terreno para que se transforme em posto de gasolina, terei lesado você. Terei mentido a respeito de minha intenção, da mesma forma se eu mentir sobre o estado do sistema hidráulico da casa.[6] Se, no entanto, eu vender o terreno anos depois, não terei lesado você. Não há motivo para dizer que menti a respeito de minha intenção; simplesmente mudei de idéia. Mas se eu tivesse *prometido* usar o terreno somente como residência, a situação seria diferente. Prometer é mais do que relatar com sinceridade minha intenção atual, pois posso estar livre para mudar de idéia, mas não estou livre para quebrar minha promessa.

Tomemos como um dado que mentir é errado e que, portanto, é errado obter vantagem ou causar prejuízo por meio da mentira (inclusive a mentira sobre as intenções). Mas isso não quer absolutamente dizer que obter vantagem ou causar prejuízo por romper uma promessa seja também errado. O fato de meu ato conferir a mim mesmo uma vantagem ou causar prejuízo nada prova. Se eu abrir um restaurante próximo a seu hotel e prosperar afastando os hóspedes da comida trivial que você lhes oferece, essa vantagem que retirei de você não cria para mim nenhuma obrigação em relação a você. Eu somente deveria efetuar uma compensação caso me beneficiasse *injustamente*, o que seria o caso se eu o enganasse – ao mentir sobre minhas intenções no exemplo I.[7] Mas onde está a injustiça caso eu pretenda honestamente cumprir minha promessa no momento em que a fiz, e mais tarde mude de idéia? Se acharmos que eu também deva recompensar você nesse último caso, não será por causa do benefício que obtive devido a minha promessa: vimos que esse benefício, mesmo à custa de outrem, não é por si só suficiente para exigir compensação. Se eu tenho o dever, perante você, de compensar esse benefício, é por causa da promessa. A promessa é o que torna injusto meu enriquecimento a expensas suas; não é o enriquecimento o que torna vinculante a promessa. Assim, nem a declaração da intenção e nem o benefício explicam por que motivo uma promessa possa ter efeito moral, se é que o tem.

Uma tentativa mais comum de reduzir a força de uma promessa a outra categoria moral qualquer invoca o prejuízo sofrido por você ao confiar em minha promessa. Minha afirmação é como um buraco que cavei na estrada, no qual você cai. Prejudiquei você e tenho o dever de fazê-lo recuperar-se. Assim, o princípio da responsabilidade delitual (*tort principle*) poderia ser usado para preencher a lacuna na argumentação entre a declaração de intenção e uma promessa: eu tenho um dever simplesmente porque poderia ter previsto (aliás, era minha intenção) que você confiaria em minha promessa e que seria prejudicado se eu viesse a quebrá-la. E esse ato errado não apenas prepara o terreno para a compensação do prejuízo decorrente da confiança equivocadamente depositada, mas também fornece o predicado moral para a restituição de quaisquer benefícios que eu possa haver auferido de você devido a minha promessa.[8] Isso, no entanto, é um raciocínio circular. Se a promessa nada mais foi do que uma declaração sincera de minha intenção, por que motivo eu seria responsável por seu prejuízo devido a minha mudança de idéia? Sem dúvida, isso não é como uma mudança no tempo – eu poderia haver mantido minha intenção original – mas de que forma isso diferencia a promessa não cumprida de qualquer outra declaração de intenção (ou hábito ou previsão de conduta futura) de minha parte, de que você tenha conhecimento e na qual decida confiar? Suas expectativas deveriam limitar minha liberdade de escolha? Se você aluga o apartamento vizinho ao meu para ouvir a música de câmara que é tocada em minha casa, eu deveria fazer mais do que dizer a você que lamento o fato de que meus companheiros resolveram fazer a reunião na casa do violoncelista? E, em geral, por que motivo minha liberdade deveria ser limitada por seu prejuízo ao ver frustradas as expectativas que tinha a respeito de minhas escolhas?

Faz diferença se, quando eu prometo, você não apenas confia por acaso em mim, que eu comunique minha intenção e, portanto, fique entendido que, ao mudar de idéia, posso colocar você em risco? Mas, nesse caso, posso entender que você confiaria que eu fosse cumprir minhas intenções, ainda que não as tivesse comunicado a você. (Você poderia ter me dito que confiava em mim, ou poderia ter ouvido eu relatar minhas intenções a uma terceira pessoa.) Pode-se dizer que, ao relatar minhas intenções a você, eu me torno agente de sua confiança e isso faz com que minha responsabilidade fique mais clara: afinal, eu dificilmente posso controlar todas as maneiras pelas quais você possa vir a conhecer minhas intenções, mas posso controlar a decisão de revelá-las ou não a você. Mas o raciocínio ainda é circular. Se prometer nada mais é do que revelar a você minhas intenções, como é possível que nós dois não saibamos que posso mudar de idéia? Talvez, então, prometer seja o mesmo que revelar minha intenção e declarar que não pretendo mudar de idéia. Mas por que não posso mudar de idéia quanto a essa última intenção?

Talvez a declaração de intenção numa promessa seja vinculante porque não apenas prevemos a confiança, e sim a provocamos: queremos que o promissário confie nela. Mas nem isso resolve o problema. Se eu provoco a confiança na minha intenção declarada, isso é tudo o que provoco. Sem dúvida posso esperar e pretender, no exemplo I, que você compre minha casa com base no que declarei, mas por que essa expectativa me comprometeria a fazer mais do que declarar honestamente minha intenção? Essa intenção e a provocação são perfeitamente compatíveis com minha posterior mudança de idéia. Em todos os casos, naturalmente, eu deveria avaliar o prejuízo que causarei se mudar de idéia. Se eu sou médico e souber que você confia em mim para participar de uma excursão durante a qual alguém poderia adoecer, sem dúvida devo avaliar o prejuízo causado no caso de que essa confiança seja frustrada. Aliás, devo avaliar esse prejuízo mesmo que você não confie em mim, mas tenha cometido a tolice de não prever a necessidade da presença de um médico. Mas em nenhum desses casos eu estaria vinculado da mesma maneira que o estaria se tivesse prometido.[9]

Uma promessa suscita confiança em minhas ações futuras, e não apenas em minha sinceridade presente. Precisamos isolar um elemento adicional, além do benefício, da confiança e da comunicação da intenção. Esse elemento adicional deve *comprometer-me*, e comprometer-me mais do que a veracidade de uma declaração. Até o momento, tal elemento escapou a nossa análise.

Acredito que tenha escapado porque há uma real perplexidade quanto a saber como podemos comprometer-nos a uma linha de conduta que na ausência de nosso comprometimento seria moralmente neutra. A invocação do benefício e da confiança são tentativas de explicar a força de uma promessa em termos de dois de seus efeitos mais costumeiros, mas a tentativa fracassa porque esses efeitos dependem de uma suposição anterior a respeito da força do comprometimento. A maneira de resolver o quebra-cabeça é reconhecer que o argumento é auto-explicativo: para que tenham força *em um caso particular*, é necessário presumir que as promessas tenham força em geral. Uma vez feita essa presunção geral, os efeitos que produzimos intencionalmente numa promessa específica podem nos ser moralmente atribuídos. Esse reconhecimento não é tão paradoxal quanto sua afirmação abstrata aqui poderia fazer parecer. Ele existe, no fim das contas, por trás de todas as estruturas convencionais: jogos,[10] instituições e práticas, e, mais importante, a linguagem.

Vamos deixar de lado a questão de saber de que forma uma convenção passa a existir, ou de quando e por que motivo estamos moralmente obrigados a respeitá-las e, em vez disso, vejamos rapidamente o que é uma convenção e de que forma funciona. Tomemos o exemplo clássico de um jogo. A ação dos jogadores é definida por um sistema de regras – às vezes bastante vagas e informais, outras vezes complexas e codificadas. Essas regras se aplicam unicamente aos jogadores, isto é, às pessoas que as invocaram. São uma invenção humana, e suas conseqüências (a torre no jogo de xadrez, o *strike out* no beisebol, perder ou ganhar o jogo) somente podem ser entendidas em termos das regras. Os jogadores podem ter diversos motivos para jogar (lucro, diversão, até mesmo um sentimento de dever para com colegas jogadores que precisem de mais participantes). Podem ser julgados de várias maneiras – podem ser considerados talentosos, imaginativos, ousados, honestos ou desonestos –, mas essas avaliações e motivações somente podem ser entendidas no contexto do jogo. Por exemplo, só se pode trapacear violando regras com as quais se finge concordar.

Essa invocação quase canônica do exemplo do jogo freqüentemente tem sido entendida como aplicável apenas a questões pouco sérias, a brincadeiras, e por isso se diz que trivializa os objetos solenes (como o Direito ou as promessas) que essa invocação é usada para explicar. Mas isso é um erro que confunde os interesses envolvidos, os motivos para criar e invocar uma convenção específica com a estrutura lógica das convenções em geral. Os jogos são (muitas vezes) jogados como diversão, mas outras convenções – por exemplo, os rituais religiosos ou os procedimentos judiciais – podem ter objetivos mais sérios, enquanto outras convenções são mais gerais. A linguagem pertence a essa última categoria. A natureza convencional da linguagem é demasiadamente óbvia para que a reiteremos aqui. Vale a pena assinalar, no entanto, que as diversas coisas que fazemos com a linguagem – informar, relatar, prometer, insultar, trapacear, mentir – dependem de que a estrutura convencional exista firmemente. Você não poderia mentir se não existissem o entendimento da língua na qual a mentira é dita e uma convenção genérica de que a língua deve ser usada de modo sincero. Esse argumento é válido independentemente de que a instituição da linguagem tenha feito progredir a situação da humanidade e de que mentir às vezes, sempre, ou nunca, seja errado. Prometer é também uma convenção muito geral – embora certamente menos geral do que a linguagem, porque prometer é também usar a linguagem.[11] A convenção de prometer (como a da linguagem) tem um objetivo muito geral, dentro do qual podemos acomodar um conjunto infinito de objetivos particulares. Para que eu seja tão livre quanto possível, para que minha vontade tenha a maior amplitude possível consentânea com a vontade semelhante de outros, é necessário que exista uma maneira de comprometer-me. É necessário que eu possa transformar em não opcional uma linha de conduta que de outra forma seria opcional para mim. Ao fazer isso, posso facilitar os projetos alheios, porque possibilito a essas outras pessoas contar com minha conduta futura, e dessa maneira elas podem buscar a realização de projetos mais complexos e de mais amplo alcance. Se meu objetivo, minha vontade, é que outros possam contar comigo para a realização de seus empreendimentos, é essencial que eu possa entregar-me a eles com mais firmeza do que simplesmente deixá-los prever meu curso futuro de ação. Dessa forma, a possibilidade de comprometimento permite um ato de generosidade de minha parte, permite que eu persiga um projeto cujo conteúdo é permitir que *você* realize o *seu* projeto. Mas é claro que essa motivação puramente altruísta não é a única que vale a pena facilitar. Mais central a nossa preocupação é a situação na qual facilitamos mutuamente nossos projetos, na qual o ganho é recíproco. Esquematicamente, a situação tem a seguinte forma:

> Você quer realizar o objetivo A e eu quero realizar o objetivo B. Nenhum de nós poderá ter êxito sem a cooperação do outro. Por isso, quero estar em condições de comprometer-me a ajudar você a realizar A para que você se comprometa a ajudar-me a realizar B.

Ora, se A e B forem objetos ou ações que possam ser simultaneamente transferidas, não haverá necessidade de comprometimento. No momento em que entrego A, você entrega B, e ambos ficamos satisfeitos. Mas muito poucas coisas são assim. Precisamos de um artifício que permita a dilatação da transação no tempo: que me permita fazer A para você no momento em que você precisar, na convicção confiante de que você fará B para mim quando eu precisar. Seu comprometimento coloca em minhas mãos seu desempenho futuro, assim como meu comprometimento coloca em suas mãos meu desempenho futuro. Uma troca futura se transforma em presente. E para isso, tudo o que precisamos é um artifício convencional que ambos invocamos, que você sabe que estou invocando no momento em que o invoco, que sei que você sabe que estou invocando, e assim por diante.

O único mistério a respeito disso é o mistério em torno da crescente autonomia mediante o fornecimento de meios para restringi-la. Mas, na verdade, trata-se de um pseudomistério. As restrições relativas ao ato de prometer são usadas somente para aumentar as opções de que dispomos a longo prazo, e são, portanto, perfeitamente consistentes com o princípio da autonomia – consistentes com o respeito pela própria autonomia e pela de outros. Sem dúvida, ao conseguir alguma coisa para mim agora mediante a promessa de fazer algo por você no futuro, estou hipotecando o interesse de minha pessoa futura em favor de minha pessoa atual. Como posso ter certeza de que minha pessoa futura estará de acordo?* É um

* Note-se que esse problema não surge quando faço um sacrifício atual em prol de um benefício futuro, porque, por hipótese, estou atualmente disposto a fazer esse sacrifício, e no futuro não posso senão ganhar.

problema difícil e profundo, a respeito do qual falarei mais neste capítulo. Por enquanto, basta dizer que a menos que se presuma a continuidade da *persona* e a possibilidade de manter projetos complexos ao longo do tempo, torna-se impossível não apenas a moralidade do prometer, mas também qualquer retrato coerente da pessoa.

A obrigação moral da promessa

Já que invoquei o instituto de prometer, por que motivo exatamente seria errado quebrar minha promessa?

Até este momento, minha argumentação não responde a essa pergunta. O instituto de prometer é uma maneira de vincular-me com outra pessoa de forma que ela possa esperar uma ação futura, e essa vinculação é algo que posso desejar fazer. Mas isso em si mesmo não faz com que eu esteja moralmente obrigado a realizar minha promessa em uma ocasião futura, se isso se revelar inconveniente ou oneroso. A existência de um sistema monetário também aumenta minhas opções e é útil para mim, mas isso não demonstra por que motivo eu não deva usar dinheiro falso, se conseguir fazê-lo sem ser apanhado. Da mesma maneira, a utilidade de prometer em geral não revela o motivo pelo qual eu não deva valer-me dela em um caso específico e mesmo assim deixar de cumprir a promessa. O fato de que a longo prazo a convenção deixe de funcionar, ou que deixe de produzir benefícios caso todos se sentissem livres para violá-la, dificilmente poderia ser a resposta à questão de saber por que motivo devo cumprir determinada promessa em determinada ocasião.

David Lewis mostrou[12] que uma convenção cuja observância seja do interesse de todos caso todos a observem será estabelecida e mantida sem qualquer mecanismo especial de comprometimento ou para forçar seu cumprimento. Começando pelas convenções simples (por exemplo, quando uma ligação telefônica cai, a pessoa que fez a chamada é a que deve ligar novamente), Lewis amplia a argumentação para o caso da linguagem. Mas a promessa é diferente, porque (ao contrário da linguagem, em que é absolutamente no interesse geral que todos cumpram as convenções lingüísticas, ainda que a linguagem seja usada para enganar) muitas vezes será do interesse do promitente não se conformar à convenção quando chegar o momento em que tenha de realizar sua prestação. Portanto, o interesse individual não é suficiente para sustentar a convenção, e é necessária uma base adicional para evitar que ela desmorone. Há dois candidatos principais: sanções externas e obrigação moral.

David Hume procurou combinar essas duas coisas ao propor que a sanção externa do opróbrio público, da perda de reputação de honestidade, que a sociedade atribui à quebra de promessas, é internalizada, torna-se instintiva e explica o sentido de obrigação moral da promessa.[13] Embora Hume forneça um relato antropológico ou psicológico da maneira pela qual as pessoas encaram a promessa, seu argumento não é um argumento *moral* satisfatório. Presumamos que eu possa impunemente não cumprir minha promessa (o promissário morreu), e que agora eu pergunte por que motivo deveria cumpri-la de qualquer forma, diante de uma inconveniência pessoal. A explicação de Hume sobre a obrigação parece mais um argumento *contra* o cumprimento da promessa por mim, porque me diz de que maneira os sentimentos de obrigação que eu possa ter vieram se aninhar em meu psiquismo, e esse é, portanto, o primeiro passo para libertar-me desses preconceitos inconvenientes.

As considerações de interesse próprio não podem fornecer a base moral de minha obrigação de cumprir promessas. Por motivos análogos, tampouco podem fazê-lo as considerações utilitárias. Por mais sincera ou imparcialmente que eu possa aplicar a prescrição utilitária de ponderar a cada passo como posso aumentar a soma de felicidade ou utilidade no mundo, ela me permitirá quebrar minha promessa sempre que o equilíbrio de vantagens (inclusive, naturalmente, minha própria vantagem) se inclinar nessa direção. O possível prejuízo ao instituto de prometer é apenas um dos fatores do cálculo. Outros fatores são o bem alternativo que eu possa produzir ao não cumprir minha promessa, se o não cumprimento será descoberto, e por quantas pessoas, qual será o efeito real dessa quebra sobre a confiança. Não há razão *a priori* para acreditar que os cálculos de um indivíduo favoreçam o cumprimento da promessa sempre, às vezes ou na maior parte do tempo.

O utilitarismo de regras (*rule-utilitarianism*) procura oferecer uma saída para esse enigma. A obrigação moral do indivíduo não é determinada pelo que seria a melhor ação em determinado momento, e sim pela regra que seria melhor seguir. Acredito já ter sido demonstrado que essa posição é incoerente: ou o utilitarismo de regras exige que as regras sejam observadas em um caso particular, mesmo que o resultado não seja o melhor tendo-se levado todos os fatores em consideração, e, portanto, o aspecto utilitário do utilitarismo de regras fica abandonado; ou a obrigação de observar a regra fica de tal forma qualificada que acaba descambando para o utilitarismo de atos (*act-utilitarianism*).[14] Existe, no entanto, uma versão do utilitarismo de regras que faz muito sentido. Nessa versão o utilitário não nos instrui quanto a nossas obrigações morais individuais, e sim instrui os legisladores quanto às melhores normas.[15] Se nosso foco é a legislação, nesse caso não ocorrem as contradições do utilitarismo de regras porque estaremos instruindo aqueles cujas decisões *somente* podem tomar a forma de emitir regras. Dessa perspectiva, há uma evidente utilidade nas regras que estabelecem e impõem o cumprimento das obrigações promissórias. Como estou agora tratando da questão da obrigação individual, isto é, a obrigação moral, essa perspectiva legislativa do debate não está disponível para mim.

A obrigação de cumprir uma promessa não se baseia em argumentos de utilidade, e sim no respeito à autonomia individual e na confiança. Autonomia e confiança também são a base do instituto de prometer, mas o argumento em favor da obrigação *individual* não é o mesmo. A obrigação individual está a um passo de nós, mas é preciso dar esse passo.[16] Um indivíduo está moralmente obrigado a cumprir suas promessas porque intencionalmente invocou uma convenção cuja função é fornecer a base – a base moral – para que outra pessoa espere o desempenho prometido.[17] Renegá-la é abusar de uma confiança que esse indivíduo estava ou não livre para suscitar, e que intencionalmente suscitou. Abusar dessa confiança agora é semelhante (mas apenas *semelhante*) a uma mentira: o abuso de uma instituição social compartilhada cuja intenção é invocar os laços da confiança. Tanto um mentiroso quanto alguém que não cumpre as promessas *usam* outra pessoa. Tanto na fala quanto no prometer há um convite ao outro para que confie, para que se torne vulnerável: ambos, o mentiroso e o que não cumpre as promessas abusam dessa confiança. Assim, a obrigação de cumprir a promessa é semelhante, porém mais coatora do que a obrigação de dizer a verdade. Para evitar mentir, basta que você acredite na veracidade do que diz no momento de dizê-lo, mas uma promessa o compromete para o futuro, muito além do momento em que é feita. Haverá, sem dúvida, maior utilidade social em um regime geral de confiança, crédito nas promessas e sinceridade. Mas isso apenas mostra que um regime de respeito mútuo permite a homens e mulheres realizar o que não poderia ser realizado numa selva de interesse próprio indisciplinado. Para que essa vantagem seja firmemente estabelecida, a confiança deverá ter uma base mais profunda, e independente, do que a utilidade social que ela permite.

A avaliação utilitária das vantagens afirma a importância geral de fazer cumprir os *contratos*. O moralista do dever, no entanto, vê o *prometer* como um artifício que indivíduos livres e morais moldaram sobre a premissa da confiança mútua, e cuja força moral deriva dessa premissa. O moralista do dever coloca, assim, uma obrigação geral de cumprir as promessas, da qual a obrigação do contrato será apenas um caso especial – o caso especial no qual certas promessas atingem força jurídica tanto quanto moral. Mas como o contrato é primordialmente uma promessa, deve ser cumprido porque as promessas devem ser cumpridas.

Em resumo: existe uma convenção que define a prática de prometer e suas conseqüências. Essa convenção proporciona uma forma para que uma pessoa possa criar expectativas em outras. Em virtude do princípio kantiano de confiança e respeito, é errado invocar essa convenção a fim de fazer uma promessa para depois quebrá-la.

O valor de uma promessa

Quando prometo algo a você e deixo de cumprir minha promessa, é justo que eu seja obrigado a entregar o equivalente do desempenho prometido. Na doutrina do contrato essa proposição aparece como a medida da expectativa dos danos decorrentes do inadimplemento. O critério da expectativa dá à vítima do não-cumprimento nem mais nem menos do que receberia se a promessa tivesse sido cumprida – em outras palavras, ele recebe o benefício do trato que fez.[18] Duas medidas alternativas de prejuízo, a confiança e a restituição, exprimem as noções diferentes de que se uma pessoa confiou em uma promessa e sofreu prejuízo, esse prejuízo deve ser ressarcido; e se quem não cumpriu o contratado auferiu bens ou serviços, deve ser constrangido a pagar um preço adequado (justo?) por eles.[19] Vejamos três casos:

II-A. Numa tarde tranqüila, entro em sua loja de antigüidades e concordo por escrito em comprar uma cômoda cara que vejo ali, a um preço cerca de três vezes maior do que você pagou por ela há pouco tempo. Ao chegar em casa, arrependo-me de minha decisão, e meia hora depois de minha visita – antes que qualquer outro cliente tenha entrado em sua loja – telefono para informar que não quero mais a cômoda.

II-B. O mesmo que no caso anterior, a não ser pelo fato de que naquele intervalo você encerou e poliu a cômoda e mandou entregá-la em minha casa.

II-C. Idem, com a diferença de que eu fico com a cômoda durante seis meses, enquanto sua loja fica fechada para reforma.

Exigir que eu pague a cômoda no caso II-A (ou, se você a revender, pagar o lucro que tenha perdido, inclusive a perda de volume de negócios) é dar a você a sua expectativa, o benefício da barganha (*bargain*) que você fez. Em II-B, se tudo o que eu tiver de compensar for seu esforço, estarei reembolsando sua confiança. Em II-C, obrigar-me a pagar um preço justo pelo uso que fiz da cômoda é concentrar-se em fazer-me pagar, ou restaurar, um ganho efetivo que obtive.

O ataque à concepção clássica de contrato, o conceito que chamo de contrato como promessa, tem focalizado o nexo – considerado canônico por algumas centenas de anos – entre o Direito Contratual e os danos relativos à expectativa de cumprimento do contrato (*expectation damages**). Concentrar o ataque sobre esse nexo é, sem dúvida, estratégico. Como reconhecem os críticos e como acabo de afirmar, na medida em que o contrato se baseia na promessa, parece natural medir o ressarcimento pela expectativa, isto é, pela própria promessa. Se for possível abalar esse nexo, nesse caso o próprio contrato pode estar baseado em outra coisa que não a promessa, em algo diferente da vontade das partes. Em seu recente tratado abrangente, "Ascensão e queda da liberdade do contrato" (*The Rise and Fall of the Freedom of Contract*), Patrick Atiyah faz a conexão entre o recurso à indenização dos danos relativos à expectativa de cumprimento do contrato e a emergente exigibilidade de certos acordos tidos antes por não-obrigatórios (*executory contracts***), isto é, a crescente admissão da obrigatoriedade desses acordos ainda que em relação a eles não tenha havido nenhum dano decorrente da confiança frustrada e não tenha sido auferido nenhum benefício. (O caso II-A é um exemplo de acordo não-obrigatório). Antes do século XIX, argumenta ele, a relação contratual se referia geralmente a uma dentre um determinado número de relações específicas, sancionadas pela comunidade, entre pessoas que, no curso de seus negócios (como transportadores, hoteleiros, cirurgiões, comerciantes), confiavam uns nos outros com as vantagens e desvantagens que disso lhes resultava. Esses prejuízos e benefícios eram o que devia ser reembolsado, e uma promessa explícita – caso houvesse – era importante primordialmente para estabelecer a confiança, ou para mostrar que o benefício havia sido conferido na expectativa de pagamento, e não ofi-

* Os *expectations damages* constituem os danos decorrentes da frustração da expectativa quanto ao cumprimento do interesse contratual positivo, isto é, correspondem à possível vantagem que a parte teria obtido caso o contrato tivesse sido cumprido. (*N. do RT.*)

** Os *executory contracts* são acordos não-obrigatórios e preliminares à formação do contrato que apenas expressam a intenção de contratar. Exemplo disso seriam as situações que o Direito Continental chama de "convites a contratar". (*N. do RT.*)

ciosamente ou como donativo. Tudo isso, diz Atiyah, foi virado pelo avesso quando a própria promessa passou a ser vista como a base da obrigação, de maneira que tanto o benefício quanto a confiança deixam de ser necessários, e a medida adequada da obrigação é a promessa em si mesma, isto é, a expectativa. O princípio da promessa foi acolhido como expressão do princípio de liberdade – a vontade vinculando-se a si mesma, para usar a linguagem kantiana, em vez de estar vinculada às normas da coletividade – e o pagamento dos prejuízos da expectativa se seguiam como concomitante natural do princípio da promessa.

A insistência na confiança ou no benefício está relacionada com os debates sobre a natureza do ato de prometer. Conforme argumentei, a confiança em uma promessa não é suficiente para explicar sua força: existe confiança porque a promessa é vinculante, e não ao contrário. Mas se uma pessoa está obrigada por sua promessa e não pelo prejuízo que o promissário poderá ter sofrido por haver confiado nela, nesse caso estará obrigado somente a seu desempenho. Em palavras simples, estou obrigado a fazer aquilo que prometi a você que faria – ou então estou obrigado a colocar você em posição tão boa quanto a que teria se eu a tivesse cumprido. Obrigar-me a simplesmente indenizar sua confiança significa eximir-me, até aquele grau, da obrigação que assumi. Se sua confiança for menor do que sua expectativa (no caso II-A, não existe confiança) nesse caso, até aquele grau, um critério de confiança me exime da própria obrigação que assumi e, portanto, debilita a força de uma obrigação que assumi voluntariamente. Como, por hipótese, concordei em assumir a obrigação em sua maior força (isto é, prestar o desempenho prometido), a regra da confiança na verdade me impede de incorrer na mesma obrigação que escolhi assumir no momento da promessa. O mais vigoroso argumento para resistir a essa conclusão e para insistir em que prefiramos a confiança é a percepção de que às vezes fazer questão da medida total de expectativa é uma atitude rude e nada generosa. (Isso faz parte do ataque de Atiyah quando ele considera o critério de expectativa como um aspecto da rígida moralidade vitoriana relativa à promessa.) A rudeza ocorre porque no caso o promitente considera demasiado pesada a obrigação que assumiu.

Essa aflição pode ser analisada de três maneiras: (1) o promitente se arrepende de ter de pagar pelo que comprou (que pode ter sido apenas a satisfação de prometer um presente ou a emoção de comprar um bilhete de loteria ou uma ação na Bolsa), embora prontamente se dispusesse a fazer o mesmo novamente. Entendo que esse tipo de arrependimento não merece simpatia. Com efeito, se sucumbirmos a ele, frustraríamos a capacidade do promitente de dedicar-se à continuação de seus projetos, e por isso sua alegação é autocontraditória, em termos estritos. (2) O promitente se arrepende se sua promessa porque se equivocou quanto à natureza dos encargos que assumia – o comprador, no caso II-A, pensou que teria o dinheiro para pagar a cômoda antiga, mas na verdade suas economias estavam exauridas, ou talvez o móvel não fosse tão antigo nem tão valioso quanto ele havia imaginado, ou sua casa tenha pegado fogo e ele já não precise mais dela. Todos esses arrependimentos se baseiam em suposições equivocadas a respeito dos fatos como são ou como se apresentam. Como veremos no Capítulo 5, as doutrinas do erro (*mistake)*, da frustração (*frustration*) e da impossibilidade (*impossibility*) fornecem bases para reduzir o efeito do princípio da promessa sem, contudo, diminuí-lo em nada.

Finalmente, existe o motivo mais preocupante do arrependimento. (3) O promitente absolutamente não se equivocou quanto aos fatos ou às probabilidades, mas agora que chegou a hora do desempenho, ele já não dá à promessa o mesmo valor elevado de quando a fez. Arrepende-se da promessa porque se arrepende do julgamento de valor que o levou a fazê-la. Chegou à conclusão de que a compra de uma antigüidade cara é uma extravagância. Num caso como esse, a compaixão pode levar o promissário a liberar o promitente de sua obrigação, mas ele o faria como ato de generosidade, e não como um dever, e sem dúvida não porque o arrependimento do promitente tenha destruído a força da obrigação original. A razão intuitiva para não ceder é que esse arrependimento deve ser de responsabilidade exclusiva do promitente, que ele não pode transferir a outrem. Parece uma maneira muito fácil de escapar de suas próprias obrigações. Mas nossas intuições não decorrem unicamente de suspeitas de insinceridade. Ao contrário, achamos que exigir que as pessoas cumpram suas obrigações é uma forma de levá-las a sério e, portanto, de dar ao próprio conceito de sinceridade um conteúdo mais sério. Levando essa intuição a um nível mais abstrato, eu diria que o respeito às demais pessoas como livres e racionais exige que levemos a sério sua capacidade de determinar seus próprios valores. Invoco novamente a distinção entre o que é correto e o que é bom. O correto define o conceito do indivíduo como sendo quem escolhe sua própria concepção do que é bom. Os outros devem respeitar nossa capacidade de escolher o que é bom para nós, como pessoas livres e racionais, e esse respeito significa permitir que as pessoas assumam a responsabilidade pelo bem que escolheram. Naturalmente, aquela personalidade que fez a escolha não é momentânea, e sim se estende no tempo, de forma que respeitar essas decisões do indivíduo significa respeitar sua permanência ao longo do tempo. Se deixarmos de levar a sério uma obrigação assumida por não levarmos a sério a concepção prévia do promitente quanto ao bem que o levou a assumi-la, nesse caso não o estaremos levando a sério como pessoa. Nós o estaremos infantilizando, como com razão fazemos quando não responsabilizamos as crianças muito pequenas das conseqüências de suas escolhas.[20]

Como os contratos invocam promessas e são por elas invocados, não admira que a lei viesse impor às promessas por ela reconhecidas as mesmas circunstâncias exigidas pela moralidade. A conexão entre o contrato e o princípio da expectativa é tão palpável que há motivos para duvidar que seu reconhecimento jurídico tenha sido uma invenção relativamente recente. É verdade que ao longo dos dois séculos recentes os cidadãos das democracias liberais tenham se tornado cada vez mais livres para dispor de seus talentos, trabalho e propriedades da forma que lhes parece ser a melhor. A liberdade para comprometer-se contratualmente para com uma realização futura é um exemplo importante e notável dessa liberdade (outros exemplos são a liberdade de fazer disposições testamentárias ou de usar no presente o próprio esforço, ou os bens possuídos, da forma que se desejar) porque em uma promessa assume-se uma responsabilidade não apenas em relação à *persona* presente, mas também à *persona* futura. Mas isso não argumenta que o princípio da promessa seja em si mesmo uma novidade – sem dúvida, os debates de Cicero, Pufendorf e Grócio a respeito[21] mostram que não – somente que seu uso se expandiu consideravelmente ao longo dos anos.

Remédios existentes na promessa e em torno dela

Os interessados em assimilar o contrato aos critérios mais comunitários da responsabilidade delitual (*tort*) conseguiram obscurecer o nexo entre contrato e promessa, porque, em certos casos, é natural conceder ressarcimento pelos prejuízos sofridos em vez de entregar o valor em dinheiro das expectativas prometidas. Mas desses casos não decorre que a expectativa não seja uma medida natural e normal para o ressarcimento dos prejuízos nos contratos. Primeiro, essas são situações em que o prejuízo sofrido é a medida da reparação, porque é difícil determinar o valor monetário da expectativa. Um caso importante, *Security Stove & Mfg. Company vs. American Railway Express Co.*,[22] ilustra esse tipo. O autor da ação, fabricante de fogões, tinha providenciado para que a empresa de transporte rápido do réu levasse com rapidez um novo tipo de forno a uma convenção comercial, na qual o autor esperava interessar compradores potenciais em seu produto aperfeiçoado. O presidente da empresa e sua equipe de colaboradores foram à convenção, mas o réu deixou de entregar a tempo um elemento crucial da exposição, e não havia o que exibir. O autor iniciou uma ação judicial para recuperar o custo do aluguel do espaço, os custos do transporte e o tempo e despesas perdidas em conseqüência da viagem infrutífera à convenção. Há uma concordância geral sobre a pertinência da recuperação desses prejuízos, os quais (com a possível exceção do aluguel do espaço, pago antecipadamente) parecem exemplos típicos de danos decorrentes da violação da confiança (*reliance losses**). Não havia maneira de saber que resultados a empresa autora da ação teria obtido caso tivesse podido exibir seu produto na convenção. Não se podia tampouco determinar qual era sua expectativa, e por isso o tribunal decidiu que as perdas seriam compensadas com base na confiança. Mas isso somente ilustra que quando não é possível calcular a expectativa, a confiança pode ser um substituto razoável. É razoável supor que a expectativa do autor quanto ao *Forno de Segurança* fosse pelo menos tão grande quanto o dinheiro gasto para exibir o produto – afinal, tratava-se de uma empresa comercial, e presume-se que estivesse exibindo seu produto a fim de finalmente obter lucro. Se fosse possível demonstrar que a exposição teria sido um fracasso e que a empresa teria sofrido uma perda líquida, a ação para a recuperação dos prejuízos ficaria comprometida, e a maioria das autoridades negaria a compensação.**[23]

Em segundo lugar estão os casos em que a quantia necessária para compensar o prejuízo causado pela confiança seja a própria medida da expectativa.

III-A. O comprador se dirige ao fabricante trazendo as especificações de uma peça pequena e barata – digamos, uma porca – para uma máquina que o comprador está produzindo. O fabricante seleciona a peça e a vende ao comprador. A porca é defeituosa, desgasta-se e danifica a máquina.

---

* *Reliance losses* ou *reliance damages* são os danos decorrentes da confiança, isto é, os danos que a parte sofreu por ter confiado na palavra e/ou no comportamento da outra parte. Exemplo disso temos no que o Direito Continental, nas hipóteses de responsabilidade por ruptura das negociações preliminares de um contrato, denomina "interesse contratual negativo" (gastos que a parte incorreu na avaliação de um bem que acreditou a outra iria, ao fim, lhe alienar, perdas de oportunidades em razão do atendimento de solicitações da outra parte quando das negociações preliminares etc.). (*N. do RT.*)

** Pode-se considerar que um caso como este não envolva mais do que a atribuição do ônus da prova no que se refere à expectativa. O autor mostra os custos de sua confiança e diz que *prima facie* sua expectativa tinha pelo menos esse valor. A obrigação passa então para a ré, que terá de demonstrar que aquela proposição na verdade produziria perdas e que a expectativa era menor do que a confiança. Parece justo que, como a falta de cumprimento por parte da ré impediu que a exposição ocorresse e, portanto, evitou o drama de que a expectativa dependia para desenrolar-se, a ré tivesse pelo menos de enfrentar o risco de demonstrar que a iniciativa teria sido um fracasso.

O valor da coisa prometida, uma porca bem feita, é insignificante, mas devolver o dinheiro ao comprador, e nada mais, seria uma grave injustiça. Aqui parece ser mais natural dizer que o fabricante induziu uma confiança razoável no comprador e deve compensar o prejuízo causado. Mas pode-se igualmente dizer no caso que uma implicação justa da transação original, aparentemente simples, seja que o fabricante não apenas entregou e prometeu incorporar qualidade à porca, mas simultaneamente prometeu que a porca desempenharia sua função da maneira devida.*[24]

É pela quebra (talvez completamente inocente) dessa promessa implícita que os fabricantes são responsáveis. A justeza da análise é evidenciada se modificarmos ligeiramente os fatos:

III-B. Idem, exceto que o comprador compra a porca no balcão de uma loja de ferragens local, sem nada dizer quanto a seu uso.

Responsabilizar o proprietário da loja ou o fabricante da porca por graves prejuízos nesse caso parece injusto. Pode-se dizer que isso seja porque não é possível *prever* prejuízos daquela magnitude em conseqüência de sua conduta. (Eis uma máxima de responsabilidade delitual: o homem que negligentemente tropeça em um pacote que contém uma bomba não pode *prever* e não é responsável pelos prejuízos de magnitude conseqüente à explosão da bomba.) Mas pode-se perfeitamente apresentar novamente a matéria em termos contratuais, dizendo que eles não assumiram esse grau de responsabilidade. Afinal, se na primeira versão desse exemplo o comprador e o fabricante tivessem concordado que este último seria responsável somente até certa quantia, por exemplo, dez vezes o preço da porca, essa limitação seria em geral respeitada. Assim, em certos casos, as noções de responsabilidade delitual (*tort*) e de contrato convergem para o

* Em Direito, essa última promessa é chamada *garantia* – uma promessa não apenas em que o promitente fará determinada coisa, no futuro, mas a assunção de responsabilidade acima da responsabilidade honesta e bem intencionada de que alguma coisa é verdadeira. Por exemplo, um comerciante pode garantir que um violino é um Stradivarius. Isso significa mais do que ele de boa-fé acredita que isso é verdade; está prometendo que se não for verdade, ele é responsável. Código Comercial Unifore (citado daqui em diante como UCC), § 2-714. Cf Smith vs. Zimbalist, 2 Cal. App. 2d 324, 38 P. 2d 170 (1934), audiência negada 17 janeiro 1935.

mesmo resultado.[25] Em III-A, podemos dizer que o comprador confiou justificavelmente no fabricante. Confiou, em parte, por causa da promessa (implícita) ou garantia, e naturalmente uma das principais funções das promessas é induzir a confiança.

Consideremos finalmente esta variante:

III-C. O fabricante não produz porcas, e sim alimentos enlatados. O comprador compra uma lata de ervilhas numa mercearia e as serve a um convidado, que quebra um dente por causa de uma pedra negligentemente contida na lata.

O fabricante nada prometeu ao convidado. (Na terminologia jurídica, não há entre eles um vínculo contratual [*privity of contract*].) Mas o fabricante deve ser responsabilizado pelo prejuízo do convidado, assim como o motorista de um automóvel deve ser responsável pelos ferimentos de um pedestre a quem atropela por negligência, embora também nesse caso não haja vínculo contratual (*privity of contract*).[26]

Pode-se dizer que o convidado confiou razoavelmente na qualidade das ervilhas que comeu, assim como o pedestre deve confiar na devida prudência dos motoristas. Mas nunca argumentei que a promessa seja a *única* base da confiança, nem que o contrato seja a única base de responsabilidade por danos causados a terceiros.

Em terceiro lugar, há casos em que ilícitos são cometidos e existem perdas durante e em torno da tentativa de chegar a um acordo. Também nesses casos a confiança é a melhor medida para a compensação. Um exemplo vivo é *Hoffman vs. Red Owl Stores*:[27] um candidato a adquirir uma franquia do supermercado Red Owl vendeu o negócio que tinha anteriormente e fez outras despesas na presunção de que suas negociações para obter a franquia seriam em breve concluídas. A concessão de compensação dos danos decorrentes da confiança (*reliance damages*) não foi um caso de obrigação de cumprimento de uma promessa, porque as partes não tinham ainda chegado ao ponto em que tivessem sido feitas promessas claramente perceptíveis. A indenização pelos danos decorrentes da confiança (*reliance damages*) foi outorgada porque a Red Owl não tratou com Hoffman de maneira franca. O supermercado permitiu que ele efetuasse despesas baseadas em expectativas que a Red Owl sabia, ou deveria saber, que eram imprudentes e que não pretendia permitir que fossem realizadas. A Red Owl foi considerada responsável, não para obrigá-la a cumprir uma promessa, que ela nunca fizera, e sim para compensar Hoffman por perdas sofridas devido a afirmações positivas descabidas e contemporizadoras.[28] Nada há em minha concepção do contrato como promessa que impeça que as pessoas que se comportam mal e causam perdas desnecessárias sejam obrigadas a fazer compensações justas. A obrigação promissória (*promissory obligation*) não é a única base da responsabilidade: os princípios da responsabilidade delitual (*tort*) são suficientes para fazer com que pessoas que dêem garantias vagas, causando prejuízo a outros, devam fornecer compensação justa. Pode-se dizer que casos como *Hoffman* solapam o conceito do contrato como promessa: se o contrato é realmente voluntário e se é realmente baseado na promessa. Nesse caso, sempre que houver uma promessa no panorama (até mesmo uma promessa potencial), os princípios contratuais devem governar toda a relação. Expor a argumentação é revelar que se trata de um *non sequitur*. É uma falácia lógica, da qual os próprios expositores clássicos do contrato como promessa foram os maiores culpados, ao relutar em conceder liberação por dolos (*frauds*) ou por erros (*mistakes*) que tenham impedido a concretização de um acordo verdadeiro. Os críticos modernos da liberdade contratual levaram os clássicos ao pé da letra. A justiça freqüentemente permite compensação e ajustes em casos de acidentes e no processo de contratação ou a seu redor, e os críticos consideraram isso uma refutação da principal premissa dos clássicos. No Capítulo 5, que trata de erro (*mistake*), impossibilidade (*impossibility*) e frustração (*frustration*), mostrarei detalhadamente como a excessiva rigidez dos clássicos os fez parecer uma promessa falsa, assim como o próprio conceito de contrato. Basta apresentar aqui a noção de que o contrato como promessa ocupa lugar distinto, porém nem exclusivo e nem dominante, entre os princípios jurídicos e os morais. Uma das principais preocupações deste livro é a articulação dos limites e o nexo entre o princípio promissório e outros princípios da justiça.*

A tendência a mesclar a promessa com os conceitos adjacentes a ela também ocorre na relação entre promessa e o princípio da restituição, segundo o qual uma pessoa que tenha recebido um benefício a expensas de outra deve compensar seu benfeitor, a menos que a intenção tenha sido de fazer um donativo. Esse princípio na verdade corresponde a uma intuição primitiva de eqüidade. Mesmo que a intenção tenha sido a de fazer um donativo, muitas culturas reconhecem adequada pelo menos a gratidão, senão um vago dever de contraprestação (*consideration*). Aristóteles relaciona esse princípio ao imperativo de que haja certo equilíbrio entre os membros de uma sociedade, mas isso parece ser uma reiteração da proposição, sem explicá-la.[29] Como a restituição, da mesma forma que a confiança, é um princípio de eqüidade que funciona independentemente da vontade das partes, a tentativa de relacionar a obrigação promissória a esse princípio é mais uma tentativa de evitar a explicação do caráter auto-impositivo da obrigação promissória. Já argumentei que isso não pode ser feito sem um raciocínio circular. Sem dúvida, o princípio de restituição não pode explicar a força de uma promessa em troca da qual não houve nem haverá benefício. (O reconhecimento jurídico dessas promessas de donativos está entranhada nas confusões da doutrina da contraprestação [*consideration*], que é o tema do Capítulo 3.) Reduzir a promessa a restituição (ou restituição mais confiança) redundará em fracasso. Existem, no entanto, quebras de promessa para as quais a restituição é o princípio correto de reparação.[30]

* Há uma categoria de casos que se tornaram famosos no Direito sob a rubrica de interdito promissório (*promissory estoppel*) ou confiança prejudicial (*detrimental reliance*). Nesses casos, com efeito, em geral existiu uma promessa, mas diz-se que a base para a reparação *judicial* é o fato de o autor ter sido lesado por ter confiado na promessa (*detrimental reliance*). Em tais casos, os tribunais tendem atualmente a limitar a importância da compensação ao prejuízo sofrido devido à confiança. Mas esses casos tampouco demonstram que a confiança e o prejuízo sejam da base geral para a recuperação contratual. Ao contrário, esses casos devem ser vistos como o que realmente são: uma tentativa tardia de preencher uma lacuna no regime geral de eficácia (*enforcement*) das promessas, lacuna causada pela doutrina artificial e infeliz da contraprestação. Ver Capítulo 3 seguinte e Fuller e Eisenberg, supra nota 25, em p. 159-161.

IV. Num caso como o da *Security Stove*, em que os custos de transporte foram pagos adiantadamente, mas a mercadoria jamais foi recolhida nem entregue conforme combinado, suponhamos que a companhia de transporte rápido pudesse demonstrar que a exposição planejada teria sido um desastre e que teria sido muito melhor para a empresa de fogões não ter participado da mostra. Talvez nesse caso não devesse haver compensação de prejuízos pela confiança, mas a companhia de transportes poderia ficar com o dinheiro pago adiantadamente? Poderia argumentar que o não-cumprimento do contrato foi uma sorte para a empresa de fogões?

Tanto em termos de expectativa quanto de prejuízo, a empresa de fogões nada deveria receber. Ficaria demonstrado que sua expectativa era negativa e que não houve prejuízo para ela. No entanto, é absolutamente claro que a Railway Express deveria restituir o dinheiro. Nenhum serviço foi prestado à conta desse pagamento, e a firma não deveria embolsá-lo. Mas isso significa fazer cumprir a promessa? Absolutamente não.

V. Devo dez dólares ao encanador que contratei. Coloco uma nota de dez num envelope e equivocadamente o endereço a você.

Com base em qual teoria posso receber de você meus dez dólares? Você não me fez nenhuma promessa. Você não *fez* nada ilícito contra mim, e esse não é, portanto, o motivo de meu pedido de que você me restitua o dinheiro, embora se você não aceitar o pedido estará me causando um prejuízo. O princípio é de ordem geral: é ilícito conservar uma vantagem obtida sem justificação a expensas de outrem. E que justificativa você pode oferecer para ficar com os dez dólares?*[31] Que justificativa a Railway Express pode oferecer por ficar com o dinheiro cobrado pelo transporte no caso IV? Que fez um favor à empresa de fogões arruinando a exposição do produto? Mas a empresa de fogões não pediu esse favor, e isso não é algo que a Railway Express tivesse o direito de obrigá-la a aceitar.

* A de que você pensou que fosse um presente, gastou-os e agora teria de fazer um sacrifício para restituí-los a mim? Bem, isso poderia ser uma justificação, se fosse verdade.

Sem dúvida, a Railway Express não pode dizer que recebeu o dinheiro de forma adequada segundo um contrato, pois repudiou completamente esse contrato. O contrato termina, deixando a Railway Express sem justificativa. Nesse estado de coisas, a empresa de fogões ganha a demanda.

A promessa e a restituição constituem princípios distintos. Nenhum dos dois deriva do outro e, portanto, a tentativa de escavar por baixo da promessa a fim de basear o contrato na restituição (ou, aliás, também na confiança) é uma concepção errônea. O contrato se baseia na promessa, mas quando algo não dá certo no processo contratual – quando as pessoas não chegam a um acordo, ou quebram suas promessas – em geral haverá ganhos e perdas a deslindar. O caso da *Red Owl* ilustra isso. Eis outro:

I. Britton é contratado para trabalhar para Turner por um período de um ano a um salário acordado de 120 dólares a serem pagos no fim de seus serviços. Após nove meses de serviço fiel, ele se demite sem justificação, e Turner facilmente consegue um substituto.

Por um lado, Britton não cumpriu sua promessa; por outro, Turner teve benefícios substanciais a expensas dele.[32] Nessa situação, os princípios da promessa e da restituição parecem apontar direções divergentes. No Capítulo 8 trato extensamente da maneira como os dois princípios funcionam juntos, e quando e por que um ou outro tem prioridade. Por enquanto, basta notar que essa questão surge exatamente porque os princípios são distintos um em relação ao outro. Sem dúvida, nada, no princípio da promessa, na concepção do contrato como promessa, acarreta que todas as disputas entre pessoas que tentaram fazer um contrato sem consegui-lo, ou que tenham rompido um contrato, tenham de ser decididas unicamente segundo esse princípio.

Capítulo 3

CONTRAPRESTAÇÃO

Em todos os livros didáticos de Direito anglo-americano encontra-se a proposição de que a promessa não é vinculante sem que haja contraprestação (*consideration*). Contraprestação significa aquilo que é dado ou prometido em troca de uma promessa.[1] Enunciada dessa forma, a proposição não é bastante exata, porque lhe faltam qualificações. Até o século XIX, uma promessa contida em um documento selado era vinculante sem contraprestação (*consideration*), na maioria das jurisdições que adotavam o *common law*. Nos últimos cem anos houve um movimento gradual para abolição do selo por meio da legislação,[2] enquanto as leis em várias jurisdições tornaram uma ampla gama de promessas específicas vinculantes, ainda que tenham sido feitas sem contraprestação (*consideration*): promessas de manter uma promessa em aberto,[3] de perdoar uma dívida,[4] de modificar uma obrigação,[5] de pagar favores anteriores.[6] Não obstante, a tendência a considerar o selo como relíquia anacrônica e a natureza estreita e episódica das exceções legais fazem com que a doutrina da contraprestação (*consideration*) continue sendo a norma geral.

A doutrina da contraprestação (*consideration*) leva alguns a ver o contrato como diferente da promessa; a contraprestação (*consideration*) é o que faz com que se diga que a promessa pode perfeitamente constituir a base de uma obrigação moral, mas a lei trata de questões diferentes e mais sérias.[7] Que questões mais sérias serão essas? Uma idéia intuitiva é que as trocas são legalmente obrigatórias porque a pessoa que deixa de pagar é uma espécie de trapaceiro ou ladrão: obteve um benefício e agora se recusa a pagar. Como vimos no Capítulo 2, esse sentido intuitivo não se ajusta aos fatos – pelo menos nos muitos casos de acordos não-obrigatórios (*executory contracts*), nos quais o "trapaceiro" ainda nada recebeu em troca de sua promessa a não ser a própria promessa da "vítima". Quando você nada dá em troca de minha promessa exceto sua própria promessa respectiva, é argumento falaz dizer que você deve ser indenizado porque meu não-cumprimento permitiu que eu me apropriasse de um valor sem entregar a compensação acordada. O único valor que recebi, ou que você deu, é simplesmente sua promessa, e, portanto, eu estarei me beneficiando a suas expensas somente mediante a premissa de que sua promessa é legalmente exigível. Mas essa premissa é inadmissível numa argumentação feita para demonstrar que as promessas são legalmente exigíveis somente até o ponto necessário para evitar que uma das partes receba um benefício unilateral. Isso não quer dizer que as trocas de promessas não sejam realmente trocas, e sim apenas que impedir o enriquecimento injusto não pode constituir a base da obrigatoriedade legal dessas trocas de promessas. Um argumento análogo prevalece para negar a sugestão de que a doutrina da contraprestação (*consideration*) mostra que a lei dos contratos não trata da obrigatoriedade legal do cumprimento de promessas, e sim da compensação de prejuízos sofridos devido à confiança.

Qual é exatamente o tipo de desafio que a doutrina da contraprestação (*consideration*) levanta contra minha tese do contrato como promessa? Se a contraprestação (*consideration*) implica que a base da obrigação contratual é outra que não a promessa, qual é exatamente essa base? Para responder a essas perguntas e, portanto, avaliar o desafio, precisamos examinar a doutrina atual com certo grau de detalhe. A doutrina abrange duas proposições: (A) a contraprestação (*consideration*) que em Direito transforma uma simples promessa em uma obrigação contratual é alguma coisa, ou a promessa de alguma coisa, dada em troca da promessa. (B) O Direito não tem interesse em saber se a contraprestação (*consideration*) é adequada ou não. Somente as partes podem fazer essa avaliação – para o Direito, basta que *haja* uma troca.[8] Assim, a concepção clássica procura afirmar tanto a troca quanto a liberdade de contratação. Essas duas idéias se revelam contraditórias.

Vejamos o importante caso *Hamer vs. Sidway*:[9]

I. Um tio promete ao sobrinho que pagará 5 mil dólares caso o sobrinho não fume nem beba até completar 25 anos. O sobrinho cumpre o trato, mas o executor do testamento do tio se recusa a pagar, afirmando que a promessa foi feita sem contraprestação (*consideration*).

O tribunal decidiu que a abstenção do sobrinho constituiu contraprestação (*consideration*) suficiente, ainda que este tenha se beneficiado dessa abstenção e até mesmo se não tivesse desejado fumar nem beber durante aquele período. Foi suficiente o fato de que ele tinha o direito de fazê-lo e não exerceu esse direito. A lei não investiga as motivações reais. Isso parece razoável. Imagine-se um organizador de um concerto que se recuse a pagar a um pianista os honorários acordados sob a alegação de que o pianista teria prazer em tocar de graça. Essas investigações subjetivas são evidentemente repreensíveis. Como, então, trataríamos do seguinte caso?

II. Um pai, desejando assegurar um donativo ao filho, mas não tendo recursos disponíveis, promete pagar 5 mil dólares em troca de um grão de pimenta ou algum outro objeto sem valor.[10]

Essa promessa, ao que nos dizem, não pode ser legalmente exigível porque o grão de pimenta é "mero artifício".[11] Quando a lei diz que deve haver uma troca, é isso mesmo o que quer dizer, e não uma troca fictícia. Isso também parece razoável, mas como podemos afirmar que a troca nesse caso é fictícia sem verificar tanto o motivo – o que o caso *Hamer* nos proíbe de fazer – quanto a substância da troca, coisa que a segunda das duas premissas (B) apresentadas no início deste capítulo proíbe?

O conceito de troca é altamente abstrato. Talvez a investigação fosse mais produtiva se usássemos o termo mais evocativo "barganha" (*bargain*),[12] que de fato é usado tradicionalmente para explicar a contraprestação (*consideration*). A isso podemos acrescentar a sugestão de Holmes de que a contraprestação (*consideration*) não exige necessariamente uma barganha real (*actual bargain*), mas "uma persuasão *convencional* recíproca".[13] Isso significa ou uma verdadeira barganha (*bargain*) ou o tipo de troca que em geral constitui uma verdadeira barganha (*real bargain*), embora em algum caso específico possa não haver a motivação costumeira. As pessoas em geral não trocam grandes quantias em dinheiro por grãos de pimenta, mas normalmente negociam, ou barganham, os termos da remuneração por uma apresentação musical. Afinal, de que outra forma os pianistas poderiam ganhar a vida? Assim, sugere-se que uma transação pode ser chamada de barganha (*bargain*) tanto no caso de que a intenção tenha sido essa quanto no caso de pertencer ao tipo de transação em torno da qual as pessoas em geral barganham. Dessa forma, portanto, o Direito pode tratar de sua função de fazer cumprir as trocas de promessas sem ter de verificar sua substância, isto é, deixando às pessoas a liberdade de fazer as barganhas que lhes pareçam melhores para si. Se a doutrina da contraprestação (*consideration*) fizesse ao menos isso, a única pergunta que faltaria responder seria a de saber o que faz das barganhas, dentre as promessas, objeto privilegiado de reconhecimento jurídico.

Como demonstra o exame de alguns casos, no entanto, não é possível explicar todos os epiciclos da doutrina da contraprestação (*consideration*) afirmando que essa simples noção depende da idéia intuitiva da barganha (*bargain*).

III. Um escritor promete a seu agente literário os direitos exclusivos de um original durante seis meses, em troca de acrescentar o manuscrito a seu catálogo. O agente não promete esforçar-se para conseguir a publicação do original, mas diz que nada fará sem ter os direitos exclusivos.

Segundo o *common law*, um promitente na situação desse escritor não está obrigado a cumprir a promessa, porque o agente não forneceu contraprestação (*consideration*) – nada prometeu em troca da promessa do escritor e nem pagou pelo privilégio exclusivo de avaliar o original.[14]

No entanto, existe uma barganha (*bargain*), no sentido de que o escritor conseguiu algo que desejava – a saber, a *oportunidade* de que o agente ofereça o original às editoras, coisa que não poderia obter senão em troca de sua promessa. Em geral, o *common law* tem-se recusado a admitir a obrigatoriedade jurídica das opções, a menos que o beneficiário tenha dado ou prometido algo de valor em troca da opção. Diz-se que esses arranjos não têm reciprocidade (*mutuality*).[15]

A falta de reciprocidade (*lack of mutuality*)* é o único motivo para negar a obrigatoriedade de cumprimento a arranjos que de fato constituem barganhas. Eis outro:

IV. Uma viúva promete pagar uma dívida de seu falecido marido em troca do cancelamento, pelo banco do credor, do débito do inventário. O inventário do marido não tem ativos, e seria impossível receber qualquer parcela do débito cancelado.

Haverá contraprestação (*consideration*) para a promessa da viúva? Vamos presumir que a viúva saiba que o cancelamento do débito não tem valor. Não obstante, ela acredita que a perspectiva de limpar o nome do marido vale a troca por uma promessa de pagamento da dívida. Não será isso uma barganha (*bargain*)? Podemos até mesmo imaginar que o banco e a viúva cheguem a regatear em relação aos detalhes da promessa. O tribunal, porém, decidiu que como o banco nada deu em troca que tivesse valor, a promessa da viúva não era legalmente exigível.**[16] A viúva acre-

* O conceito de *mutuality of obligation* está intimamente ligado ao conceito de *consideration*. Segundo esse último, ambas as partes somente se vinculam quando à promessa de uma das partes corresponde uma contraprestação da outra (*consideration*). Ocorre que a contraprestação pode constituir-se de um ato ou de outra promessa. O conceito de *mutuality of obligation* é utilizado somente na hipótese em que uma promessa é entregue como contraprestação (*consideration*) à primeira promessa. Nessas situações, os tribunais negam tutela ao contrato quando a uma parte se concede a possibilidade de decidir, de forma unilateral e exclusiva, se irá ou não concretizar sua promessa. Diante desse tipo de contrato, os tribunais declaram que o acordo em que apenas uma parte assume efetiva obrigação (*one-sided arrengemets*) é inexigível por falta de reciprocidade (*lack of mutuality*). Essas situações são semelhantes àquelas em que o Direito continental dispõe serem inválidas e, portanto, inexigíveis, as cláusulas contratuais que se apresentam como "meramente protestativas". (*N. do RT.*)

** Casos nos quais uma pessoa exige o cumprimento de uma promessa através da ameaça de iniciar um litígio infundado podem ser tratados pela doutrina da coação (*doctrine of duress*).

ditava estar "comprando" algo que para ela tinha valor, de maneira que esse caso não é sequer de barganha fictícia (*pretended bargain*). Talvez o tribunal tenha considerado que a transação se afastava demasiadamente do paradigma central da barganha (*bargain*), que era demasiadamente remota em relação ao modelo de uma transação comercial normal; mas se é assim, é difícil explicar o caso III. Talvez, até, o tribunal tenha achado que a viúva estava sendo explorada em uma situação difícil; mas tem-se afirmado que essas transações são destituídas de contraprestação (*consideration*) mesmo quando não se trata de viúvas, enquanto o cumprimento de muitas barganhas desfavoráveis feitas por viúvas aflitas têm sido exigido.

Vejamos este caso:

V. Um pequeno empreiteiro obtém um empréstimo de um de seus artesãos e entra em falência (*bankruptcy*) sem ter feito o ressarcimento. Muitos anos depois, faz uma promessa explícita por escrito de que pagará a dívida, ainda que há muito ela tenha deixado de ser legalmente exigível tanto por causa da falência (*bankruptcy*) quanto do decurso do tempo.

Nesse caso, os tribunais normalmente consideram a segunda promessa exigível, usando o desconcertante raciocínio de que a obrigação anterior é de alguma forma suficiente para sustentar uma promessa posterior – sendo o decurso do tempo e o empecilho da falência (*bankruptcy*) os únicos defeitos formais que a promessa subseqüente remove.[17] Qualquer que seja o mérito substantivo de permitir o ressarcimento em tais casos, a explicação apresentada é evidentemente pouco articulada. Para que fossem coerentes, os tribunais teriam de haver descoberto que nesses casos não houve barganha (*bargain*), assim como não houve no caso da viúva, porque não se pode negociar aquilo que já se possui: o empreiteiro arrependido já possui, livre de qualquer obrigação, o dinheiro que posteriormente promete pagar. Essa noção de que não se pode barganhar aquilo que já se possui fica ilustrada nos seguintes casos, chamados de contraprestação (*consideration*) moral:

VI. Um operário se atira na trajetória de um objeto que cai, salvando a vida do empregador mas sofrendo ferimentos inabilitantes. O patrão, agradecido, promete uma pensão, que seus testamenteiros se recusam a continuar a pagar, sob a alegação de que a promessa foi feita sem que houvesse contraprestação (*consideration*).

VII. Uma família trata durante muito tempo do filho de um pai distante, até que o filho recupera a saúde. Quando o pai fica sabendo dessa generosidade, promete recompensa, mas não cumpre a promessa.

No segundo desses casos, o tribunal aceitou as conseqüências da teoria da barganha (*bargain*) e recusou a execução da promessa.[18] No primeiro, aceitar esse resultado aparentemente causou repulsa e o tribunal ordenou a execução, mediante um processo de raciocínio muito forçado, que não vale a pena repetir.[19] Mas o problema das promessas relativas a obrigações anteriores também pode surgir em contextos nos quais a motivação não seja a gratidão, e sim o cálculo:

VIII. Um arquiteto ameaça abandonar a supervisão de um projeto de construção industrial num estágio crucial, a menos que o proprietário, desesperado, concorde em pagar um honorário adicional.[20]

IX. Um empreiteiro descobre que a terra na qual assumiu um contrato de construção é na realidade uma fina crosta de solo, com um pântano no subsolo. Seguir adiante com o projeto até o fim seria muito mais oneroso do que ele imaginava. Embora o empreiteiro, sem dúvida, tivesse aceitado o risco de uma surpresa como essa, o proprietário concorda em pagar uma quantia adicional quando a obra for terminada com êxito.[21]

X. Um devedor está em dificuldades e promete pagar ao credor uma dívida já vencida em três parcelas mensais em troca da promessa do credor de perdoar os juros prometidos sobre a dívida.[22]

Em todos os três casos, o promitente não cumpre a promessa. Os proprietários nos casos VIII e IX afirmam nada haver recebido em troca de suas promessas e, portanto, se recusam a fazer o pagamento adicional. No primeiro, a defesa venceu, e o arquiteto não recebeu o que exigia; no segundo, a defesa perdeu, e o construtor recebeu. O credor no caso X mais tarde pleiteou receber os juros sobre a dívida alegando que o devedor nada pagou por sua promessa de perdoá-los. O *common law* tem costumado mandar pagar integralmente a dívida original contra o devedor apesar da promessa do credor de perdão parcial.[23]

A teoria da barganha (*bargain*) na contraprestação (*consideration*) não apenas deixa de explicar por que motivo essas decisões foram justas; tampouco fornece um conjunto coerente de princípios dos quais essas decisões pudessem ter derivado. Esses casos, em especial, não podem ser explicados pelas duas premissas que orientam a doutrina da contraprestação (*consideration*): (A) que somente as promessas feitas como parte de uma barganha (*bargain*) são exigíveis; (b) que a questão de existir ou não uma barganha (*bargain*) é meramente formal. Como nos casos do escritor e da viúva (III e IV), também em cada um desses casos houve de fato uma barganha (*bargain*): os proprietários e o credor prometeram algo em troca de uma garantia ou um desempenho. A diferença é que nos casos VIII-X há uma modificação unilateral de barganhas anteriores, de maneira que os promitentes (os dois proprietários e o credor) fazem novas promessas, mas não têm ganho adicional (o credor ganha *menos*) em relação ao que tinham direito segundo as barganhas originais. Não obstante, foram feitas novas barganhas, e as proposições A e B estão satisfeitas.[24]

O atrativo intuitivo das decisões, pelo menos nos dois casos de construção, VIII e IX, pode ser facilmente explicado. No caso do arquiteto, o proprietário está em situação desfavorável: a barganha (*bargain*) original fez com que este dependesse do arquiteto, e a segunda barganha (*bargain*) explora a vulnerabilidade decorrente da confiança do proprietário na promessa original. O construtor do caso IX, por outro lado, teve uma surpresa desagradável, embora nos termos do trato original ele já corresse o risco de ter essa surpresa. Finalmente, no caso X, o devedor, assim como o construtor, pode vir a ter dificuldades inesperadas, ou o caso poderá ser semelhante ao IX: exploração da falta de disposição por parte do credor de arriscar-se à despesa e incerteza de iniciar ação judicial para recuperar seu dinheiro.

O mecanismo formal para tratar desses casos de modificação de promessas é a doutrina de que não apenas a contraprestação (*consideration*) deve ser negociada, mas também deve ser "fresca" – de que o promitente não pode, na verdade, vender duas vezes a mesma coisa.[25] Assim, talvez pudéssemos acrescentar a A e B uma nova premissa, A': o que é dado ou prometido em troca de uma promessa não pode ser algo já devido ao promitente. Por enquanto, não se preocupe com a adição dessa premissa; pergunte apenas se agora os tribunais poderão prosseguir formalmente – isto é, segundo a premissa B – e decidir quais as promessas que devem ser obrigatoriamente cumpridas. Essa nova teoria da contraprestação (*consideration*) (que agora compreende três proposições), sem dúvida, evitaria a chantagem do arquiteto no caso VIII, porém somente ao custo de impedir o entendimento bastante razoável entre o construtor e o proprietário no caso IX. E ela não proporciona uma maneira de distinguir os entendimentos razoáveis dos extorsivos, entre devedores e credores. (O *common law* efetivamente não faz essa distinção, aplicando-a indiscriminadamente a todos os entendimentos dos devedores.)

O rigor dessa teoria ampliada poderá ser mitigado caso tratemos a modificação do contrato como se o construtor e o proprietário no caso IX tivessem cancelado seu contrato anterior e celebrado um novo, que contivesse a desejada compensação adicional ao construtor. No momento da modificação, cada qual ainda devia ao outro alguma obrigação com base no contrato antigo (o construtor, de construir; o proprietário, de pagar). Sem levar em consideração a motivação e o conteúdo (premissa B), podemos tratar a liberação putativa mútua dessas obrigações ainda não-cumpridas como uma barganha (*bargain*), e ao fazê-lo o caminho está desimpedido para que as partes façam nova barganha (*bargain*) nos termos que desejarem.[26] Tudo perfeito? Infelizmente, não. Pois se esse truque funciona no caso IX, em que queremos que funcione, funcionará também no VIII, em que não queremos esse resultado. Se excluirmos o truque em ambos, A' impede muita coisa; se permitirmos seu uso em ambos, o que pretendíamos realizar com A' fica frustrado. E se permitirmos seu uso somente quando o objetivo é "razoável", ou o novo arranjo seja justo em seu mérito, estaremos violando B. Na verdade, a situação é ainda pior: o truque não funcionará de todo em nenhum caso como o X, razoável ou não. No momento em que devedor e credor contemplam uma modificação, a única obrigação não-cumprida é a do devedor, e portanto não pode haver uma liberação *mútua* de obrigações, nenhuma barganha mútua (*mutual bargain*) para desconsiderar o contrato antigo. (Num caso como o X, o devedor teria de oferecer efetivamente alguma contraprestação "fresca", ou nova.) Mas alguns casos como o X poderão ser tão atraentes como o IX, ou tão difíceis como o VIII, mas nenhum pode ser objeto de acomodação.

Minha conclusão é de que a doutrina corrente de contraprestação (*consideration*), ilustrada pelos dez casos precedentes e bastante típicos da *common law*, não contesta minha concepção do Direito Contratual como baseado na promessa, pela simples razão de que aquela doutrina é demasiado inconsistente, do ponto de vista interno, para proporcionar uma alternativa. A matriz da inconsistência é simplesmente a combinação das proposições A e B. A proposição B afirma o princípio liberal de que os arranjos de pessoas racionais, livremente concertados, devem ser respeitados. Ao limitar o tipo de arranjos às barganhas, a proposição A afirma que a autodeterminação individual não é base suficiente para a obrigação jurídica, e, portanto, dá a entender que as políticas coletivas podem, afinal de contas, sobrepujar os julgamentos individuais, frustrando os projetos dos promissários após o fato e os projetos potenciais dos promitentes. A proposição A é apresentada como se fosse neutra, deixando às partes sua "liberdade de contratar". Mas há um sentido no qual qualquer promitente recebe alguma coisa em troca de sua promessa, ainda que seja apenas a satisfação de ser capaz de realizar seu objetivo por meio da promessa. A liberdade de contratar *é* a liberdade de prometer, e como demonstram minhas ilustrações, a intrusão de doutrinas-padrão de contraprestação (*consideration*) podem impor restrições substanciais, ainda que aleatórias, a projetos perfeitamente racionais.

O caráter anômalo da doutrina da contraprestação (*consideration*) tem sido amplamente reconhecido. Diversos diplomas legais derrogam algumas de suas manifestações mais importunas, tais como a inexigibilidade de opções gratuitas ou de modificações dos contratos. Também tem havido propostas para sua virtual abolição.* Antes de comentar brevemente essas propostas no final do presente capítulo, devo voltar-me para uma perspectiva sobre a doutrina que a resgata de suas mais graves anomalias e efetivamente representa um desafio a minha opinião.

Numa obra recente, John Dawson compara a *common* law com o Direito francês e alemão e conclui que um impulso comum a todos esses sistemas distingue a promessa gratuita, isto é, promessas de fazer uma doação, das verdadeiras barganhas.[27] Outro comparativista, Arthur von Mehren, escrevendo na *The International Encyclopedia of Comparative Law*,[28] também contrasta as barganhas com as promessas de donativos, chamando estas últimas de "estéreis" economicamente.[29] Dawson acusa o *common law* não por fazer essa distinção, e sim por presumir uma "sobrecarga doutrinária" ao usar a doutrina da contraprestação (*consideration*) para regulamentar ou excluir promessas que mantêm em aberto uma oferta (opções) e promessas que modificam ou extinguem arranjos existentes. Dawson enfatiza o que, em sua opinião, é a idéia básica da doutri-

* As mais importantes dentre essas são a Lei Samuel Williston de Modelo de Obrigações Escritas (vigente somente na Pennsylvania) e a proposta de Lord Wright, ainda não respondida, em "Ought the Doctrine of Consideration to Be Abolished from Common Law?", 49, *Harv. L. Rev.* 1225 (1936). Embora não aprove, o Prof. Atiyah observa, com bastante correção, que essas propostas são as conseqüências lógicas da liberdade de contrato e do princípio da promessa. Atiyah, supra nota 8, em 134-40, 440, 452-54, 687-90: e ver Fried, crítica a Atiyah, 93 *Harv. L. Rev.*, 1858, 1865-67 (1980).

na da contraprestação (*consideration*), a idéia substantiva e intuitiva da barganha (*bargain*). As opções e as modificações recaem no âmbito dessa noção porque são parte de um "trato"; são aparentadas com as barganhas. Uma opção é o primeiro passo na direção de uma barganha (*bargain*). Casos como VIII-X também ocorrem como parte do processo de negociação; devem-se facilitar as modificações e extinções a fim de manter o processo flexível e manejável. A injustiça substantiva deve ser controlada não por meio da manipulação de formalidades, e sim por investigação substantiva sob a égide das doutrinas de coação (*duress*) e abusividade (*unconscionability*). Essa concepção contesta minha tese de que a base do contrato é a promessa ao localizar agora essa base em uma política coletiva distinta, a promoção das trocas econômicas.[30] Nessa visão, pode ser necessária uma promessa, mas as necessidades do mercado, em grande parte comerciais, é que proporcionam a base do contrato. Como explicação, essa é, sem dúvida, mais satisfatória do que as incoerentes formalidades da doutrina do *common law*, mas também se mostra deficiente ao ser examinada. Nem a proposta de Dawson nem o Direito francês e alemão limitam o contrato às transações comerciais; os tratos feitos entre indivíduos privados para venda ou troca de propriedade num mercado não reconhecido ou costumeiro, e os arranjos familiares de todos os tipos, são reconhecidos como vinculantes em toda parte. Dificilmente poderia ser de outra forma, porque negar a um indivíduo privado a facilidade de, por exemplo, vender seu carro ou sua casa a um amigo, reduziria a livre transferibilidade da propriedade e, portanto, seu valor, criando ao mesmo tempo um monopólio completamente injustificável em uma classe de comerciantes vagamente definida. Portanto, ao menos aparentemente, essas transações não são economicamente "estéreis". Ao contrário, é universalmente aceito que o presente, a promessa de doação, seja o vilão da história, por causa de sua "esterilidade". Mas por que motivo minha promessa exigível de vender meu carro a meu cunhado seria menos estéril do que minha promessa de dá-lo de presente a meu sobrinho? A lei reconhece a transação *acabada* (depois que efetivamente entrego o carro, ou assino a transferência de propriedade), presumivelmente em reconhecimento de meu direito de fazer o que quiser com o que me pertence. Em um certo sentido, a transação acabada em ambos os casos é bastante fértil: é uma expressão de minha vontade, aumenta minha satisfação em algum sentido amplo, e isso ocorre devido ao aumento de satisfação de meu sobrinho ou meu cunhado. Ambas as transferências efetivas são úteis no sentido de que qualquer ato meu, livremente decidido e significativo é útil para mim, e, portanto, é de utilidade líquida para a sociedade, a menos que prejudique a terceiros. Permitir que as pessoas *dêem* presentes (presumamos que sejam feitos livre, deliberada e razoavelmente) aproveita à utilidade social ao concorrer para a liberdade individual.*[31] Dada a análise precedente da promessa, simplesmente não existe base para que essa conclusão não seja estendida a *promessas* de dar presentes. Presenteio porque isso me dá prazer. Prometo dar um presente porque não posso ou não quero fazer a transferência agora, mas ainda assim quero dar a você uma expectativa (moral e legalmente) segura.

Concluo que a vida do contrato é realmente a promessa, mas essa conclusão não é exatamente uma declaração de Direito Positivo. Há lacunas demais na execução de promessas no Direito Jurisprudencial para permitir uma afirmação tão ousada assim. Minha conclusão, em vez disso, é que a doutrina da contraprestação (*consideration*) não oferece uma base alternativa coerente para a força dos contratos e, ao mesmo tempo,

* Pode-se objetar que, no caso da promessa de dar um presente, minha explicação da base moral da obrigação promissória não se aplica: não é evidente que um promissário decepcionado, que não sofreu perdas ao confiar na promessa, esteja sendo "usado", ou que haja "abuso" de sua confiança ao não receber o presente prometido. No entanto, existe abuso. O promitente, por motivos seus, criou no promissário o que, por hipótese, seria uma expectativa sólida, fixada em obrigação moral. O promissário imagina que possui alguma coisa – uma titularidade moral – e é isso o que o promitente quer que ele acredite possuir. E agora, havendo criado essa expectativa, o promitente resolve desapontá-la. Considere-se um caso análogo derivado da moralidade da mentira: eu digo a você que acabei de saber que você ganhou o prêmio Nobel de Filosofia. Uma hora depois, antes que você tenha a possibilidade de gastar o aguardado dinheiro do prêmio, ou mesmo de anunciar o fato, digo que tudo não passou de brincadeira. O que eu disse era mentira. Abusei de sua confiança e usei você. Ora, tanto nesse caso quanto no da promessa de dar um presente, o prejuízo pode ter sido banal e talvez o mal causado fosse marginal, mas isso não importa. Em ambos os casos, por motivos análogos, eu de fato lesei você.

trata a promessa como necessária a ela. Para chegar a essa conclusão, eu fiz, ou dei a entender, diversas qualificações a minha tese. A promessa deve ser feita livremente e não deve ser injusta. Esse é o tema dos Capítulos 6 e 7. Deve também ser feita racional e deliberadamente. O promitente deve ter sido suficientemente sério para que a exigibilidade subseqüente seja um aspecto do que ele deveria ter visualizado no momento da promessa.* Finalmente, certas promessas, especialmente as que afetam a situação e as expectativas de vários membros da família, podem exigir regulamentação substantiva devido ao interesse legítimo de terceiros. Num artigo clássico, "Contraprestação como Forma" (*Consideration as form*),[32] Lon Fuller argumentou que a doutrina da contraprestação (*consideration*) é útil a várias políticas, freqüentemente convergentes. O Direito hesita em mandar cumprir promessas casuais nas quais tanto o promitente quanto o promissário se surpreenderiam ao ver a pesada maquinaria legal imposta ao que pareceria ser um encontro informal. Exigir uma troca aumenta a possibilidade de que as partes estivessem contemplando negócios mais sérios, com conseqüências igualmente sérias. Além disso, ao exigir uma troca, a lei permite que os contratos sejam canalizados para diversos tipos predeterminados de arranjos, e a própria existência desses tipos alerta as partes para um conjunto convencional de problemas a serem levados em conta e a um conjunto convencional de respostas a esses problemas. Finalmente, a exigência de uma troca poderia excluir os tipos de presentes

---

* Essa última qualificação está contida na legislação pela expressão "intenção de criar relações jurídicas". Tal como enunciada, a expressão é enganosa. Ninguém supõe que dois comerciantes que façam um trato tenham de ter intenção adicional de criar relações jurídicas para que o cumprimento do trato seja legalmente exigível. Por outro lado, dada a base consensual do contrato como promessa, as partes devem em princípio estar livres para *excluir* a execução obrigatória enquanto isso não seja um artifício fraudulento para apanhar os incautos. Ver, por exemplo, Spooner v. Reserve Life Insurance, 47, Wash. 2d 454, 287, p. 2d 735 (1955). Num caso particular pode ser um problema de difícil interpretação o de saber se tal objetivo pode ser dado a entender com justiça. Num caso particular será tarefa da interpretação determinar se a obrigação de cumprimento por via judicial não violaria a intenção das partes – assim como nas chamadas promessas sociais. Ver Henry Hart e Albert Sacks, "The Invitation to Dinner Case", *The Legal process*, p. 477-478 (edição tentativa, Cambridge, 1958). E a ordem judicial pode violar o entendimento de uma das partes, mas não da outra. Compare-se Armostrong v. M'Ghee, Addison 261 (Westmoreland County Ct. Pa. 1795) e o Capítulo 5 deste livro.

mais duvidosos e falsos, nos quais são feitas promessas mirabolantes a desconhecidos em detrimento de um cônjuge ou filhos.

Segundo Fuller, essas são razões convergentes para que se exija a contraprestação (*consideration*), porque nenhuma é necessária ou suficiente. Há uma categoria importante de acertos familiares, e, sem dúvida, não se deve negar a estes, de maneira indiscriminada, o cumprimento obrigatório. Além disso, mediante o uso das formas corretas, é possível moldar transações inteiramente novas – transações que não estejam apoiadas no brilho do costume e da experiência – em um molde exigível. Finalmente, a doutrina da contraprestação (*consideration*) torna possível dar exeqüibilidade a arranjos triviais, quando não frívolos, desde que as formas sejam observadas. E, com efeito, enquanto as formas forem observadas, é possível que uma pessoa que faz uma promessa seja legalmente obrigada, ainda que não pretendesse estar legalmente obrigada – se ela pretendesse apenas prometer e ganhar algo de valor em troca da promessa. A contraprestação (*consideration*), na opinião de Fuller, é uma ferramenta canhestra, que tem a virtude de ser capaz de bater pregos, aparafusar e abrir latas, embora não faça bem nenhuma dessas coisas e embora cada uma delas pudesse ser feita muito melhor por um instrumento especializado. (Pode-se comparar com a instituição arcaica da promessa selada devido a sua capacidade de servir a esses úteis objetivos com mais ou menos conveniência.)

A tendência do Direito sugere, em vez disso, que poderemos ter no futuro não muito distante um conjunto mais inocente de princípios a fim de determinar quais as promessas que devem ter cumprimento obrigatório em termos da justiça de cada tipo. Caminhamos nessa direção em conseqüência de decisões e estatutos que conferem validade a tipos de promessas cuja legitimidade havia estado em dúvida sob a doutrina da contraprestação (*consideration*): contratos de opção, ofertas firmes, transações de dívidas, modificação de contratos e todo o campo do interdito promissório (*promissory estoppel*). Em segundo lugar, estamos caminhando nessa direção como resultado de uma disposição mais clara de estigmatizar certas promessas como injustas ou abusivas (*unconscionables*) e de negar exigibilidade por esse motivo, e não por causa de insuficiente contraprestação (*consideration*).[33]

Capítulo 4

RESPONDER A UMA PROMESSA: OFERTA E ACEITAÇÃO

O Direito Contratual é complexo. Essa complexidade pode parecer contrária à tese de que ele se baseia na instituição moral primitiva do prometer, porque a moralidade deve estar à disposição do homem comum, em contato com suas intuições, e não exigir, para ser compreendida, a habilidade treinada do profissional. Karl Llewellyn observou que gerações de estudiosos do Direito enfrentaram as dificuldades da oferta e aceitação no Direito Contratual talvez como seu primeiro corpo doutrinário quintessencialmente técnico.[1] No entanto, como argumentarei neste capítulo, esse corpo de doutrina está ligado, pelo menos em parte, a uma característica do ato de prometer na qual ainda não toquei, que precisa ser explicada antes que minha exposição sobre a promessa termine, e que o homem comum reconhecerá imediatamente. A promessa é feita *a* alguém; dá ao promissário o direito de esperar, de solicitar sua realização, e portanto, por implicação, para que seja completa, para que possa ser efetivamente uma promessa, é preciso que ela seja de alguma forma recolhida pelo beneficiário.

PROMESSAS E VOTOS

Imaginemos que um grupo de homens e mulheres, convencidos da importância de reduzir o crescimento demográfico, escolham aleatoriamente meu nome na lista telefônica, e cada qual me escreva um postal em que me promete não ter mais do que dois filhos. Não haverá algo estranho em considerar que todas essas pessoas tenham agora uma obrigação promissória a *mim* de limitar o tamanho de suas famílias?[2] Será realmente necessário que obtenham de mim a liberação da promessa a fim de que possam ter um terceiro filho sem violar o dever em relação a mim? Consideremos a imposição feita a mim. Pode ser que eu não conheça bem os problemas da limitação populacional, e, portanto, se mais um filho para um casal depende de que eu o libere da promessa, nesse caso eu talvez queira previamente conhecer melhor os detalhes do caso deles. Ou talvez eu não seja adepto da limitação demográfica, mas acredite não ter o direito de impor minhas opiniões aos demais. Como é possível que todo esse "poder" de controlar atos alheios tenha sido despejado sobre mim contra minha vontade? Não digam que eu posso simplesmente ignorar o problema, nada foi lançado sobre mim contra minha vontade! Como é possível ignorar o problema? Um casal veio me procurar pedindo que eu o libere de sua "obrigação". Se eu simplesmente der as costas, qual será a situação? Eu os terei liberado ou não? Você pode dizer que ao dar as costas eu os liberei. Mas pode ser que eu não queira nem liberá-los e nem *não* os liberar. Posso simplesmente desejar nada ter a ver com o problema deles. E não digam que eu sempre posso recusar-me a cobrar a promessa, ou recusar-me a censurar os promitentes por havê-la rompido, ou até mesmo recusar-me e ficar ressentido pelo rompimento. A força moral de uma promessa não pode depender de que o promissário resolva "fazer cumprir" a promessa. Afinal, o que significa cobrar uma promessa no sentido moral? Suponho que seja possível exigir o desempenho, mas se existe uma obrigação moralmente vinculante em uma promessa, a existência da obrigação não depende de uma exigência de parte do promissário – e nem de sua censura ao promitente ou de seu ressentimento.

Esse exemplo reconhecidamente bizarro mostra a necessidade de aprofundar nosso conceito inicial de promessa, que deixou de distinguir entre o caso costumeiro de uma promessa e o que se poderia chamar um voto. O conceito de promessa que desenvolvi até agora sugere, por exemplo, que uma obrigação moralmente vinculante, a obrigação decorrente de uma promessa, poderia ser criada da seguinte maneira: você diz a si próprio com muita veemência, sentimento e seriedade que se compromete a fazer uma doação de mil dólares à estação de rádio de música clássica da municipalidade. Sem dúvida, há algo estranho em dizer que você *prometeu* fazer isso. A quem você prometeu? Talvez a Deus – mas isso simplesmente acentua o argumento de que é preciso haver um promissário, que empunha as rédeas da obrigação. A promessa, então, terá sido feita a você mesmo? Se é assim, você poderá liberar-se quando desejar, da mesma maneira que outro promissário poderia fazê-lo. Quando chegar a hora do desempenho você pode liberar-se sob qualquer alegação que seria moralmente suficiente para não fazer uma contribuição naquele momento (posterior) na ausência de uma promessa. Uma promessa a si próprio nada acrescenta à base moral de fazer a contribuição na ausência da promessa. Uma coisa parece clara: você não fez a promessa à estação de rádio, pois não se comunicou com ela. Então, o que falta, qual é esse elemento adicional que transforma um voto ou um compromisso consigo mesmo em uma promessa a outrem? Se a estação de rádio tivesse feito uma contraprestação (*consideration*), o elemento de barganha (*bargain*) ou troca, sem dúvida, modificaria seu compromisso, transformando-o de simples voto em promessa. Como vimos no capítulo anterior, no entanto, a troca não é necessária nem à obrigação promissória e nem (a uma visão correta da) à obrigação contratual. O que a troca de prestações (contraprestação [*consideration*]) realiza é trazer algum outro elemento realmente necessário. Talvez por isso pareça tão natural insistir na contraprestação (*consideration*). O fato de que eu pague por uma promessa torna claras duas coisas: que a promessa foi feita *a* mim e que eu desejei que ela fosse feita.

O caso do voto mostra que uma promessa é algo essencialmente comunicado a alguém – ao promissário, nos casos padrão.[3] (Na seção seguinte trato do caso incomum no qual pode parecer que o destinatário da promessa não seja o beneficiário.) Uma promessa estabelece uma relação: suscita a confiança, e, portanto, sua comunicação é essencial. Mas meu caso hipotético de uma "promessa" de ter somente dois filhos mostra que a comunicação não é suficiente. Uma promessa não pode ser simplesmente atirada sobre alguém – é preciso que essa pessoa esteja disposta, de alguma forma, a ser o beneficiário dela.* Esse elemento adicional pode, de forma muito geral, ser identificado como a exigência de que a promessa represente um benefício para o promissário. Essa idéia, no entanto, deixa de mostrar que algumas promessas podem propor ao promissário um benefício que ele não deseje, ou não deseje recebê-lo daquele promitente. Ora, pode-se dizer que se o promissário não deseja a promessa, ela não pode ser considerada um benefício a *ele*, mas isso torna pouco clara a noção de benefício. Além disso, pode ser que o que ele não queira não seja a coisa prometida, e nem mesmo que não queira essa coisa vinda daquele promitente, mas talvez que não a queira *em forma de promessa*. O exemplo da limitação familiar novamente ilustra esse ponto. Podemos resolver essas dificuldades se identificarmos *a aceitação da promessa* como mais uma condição necessária da obrigação promissória.

A necessidade de aceitação mostra que a relação moral do ato de prometer é voluntária para os dois lados. Faz parte da força intuitiva por trás da idéia de troca. A aceitação fornece mais um ponto de contraprestação entre a instituição moral da promessa e a instituição jurídica do contrato. Confesso, no entanto, certo mal-estar ao insistir na aceitação no caso em que a promessa seja claramente comunicada e seja capcioso duvidar de que o promissário fique feliz com a promessa. Mesmo assim, continuo a adotar o conceito de que o ato de prometer exige aceitação. Já que, como vimos, é possível que de fato um promissário (putativo) específico não deseje receber qualquer benefício putativo, é preciso que exista pelo menos a opção de recusar ou rejeitar não apenas o benefício, mas também a promessa do benefício. Porém, poderá constituir uma imposição até mesmo colocar um promissário putativo em uma situação na qual, a menos que ele se manifeste e recuse, essa relação

* Um caso ainda mais robusto, debatido na literatura filosófica, é a ameaça disfarçada em forma de promessa: "Se você não pagar, prometo que quebrarei suas pernas." O uso da palavra promessa pode conferir ênfase, mas dificilmente coloca o autor da ameaça na obrigação moral de quebrar as pernas de sua vítima, e nem dá à vítima o direito de ter as pernas quebradas. Ver Pall Ardal, *And That's a Promise* 18 *Phil. Q.* 225 (1968); Vera Peetz, *Promises and Threats*, 86 *Mind* (n.s.) 578 (1977), "uma promessa é um compromisso de fazer alguma coisa por você, não a você", citando John Searle, *Speech Acts* (Cambridge, Inglaterra, 1969).

indesejada lhe seja atribuída. Em muitas situações, se eu olhar em seus olhos e prometer a você mil dólares, sua aceitação pode ser facilmente inferida pelas circunstâncias. Eu infiro, você infere minha inferência, e assim por diante. Dessa forma, em vez de desprezar a exigência da aceitação, sugiro que reconheçamos em tais casos a existência da aceitação tácita,[4] admitindo apenas que às vezes pode ser extremamente difícil distinguir entre a aceitação tácita e uma mera disposição de receber uma promessa. Em princípio, o que define o limite é o conjunto de inferências tácitas mútuas de aceitação mencionadas anteriormente.

A ACEITAÇÃO E O DIREITO DE TERCEIROS BENEFICIÁRIOS

Existe uma classe de casos nos quais é feita uma promessa vinculante e mesmo assim pode ser que o beneficiário jamais tome conhecimento dela. Nesses casos, A promete a B (vamos presumir uma boa contraprestação [*consideration*]) que A fará um benefício a C. Em tais casos, o reconhecimento da obrigação promissória constituirá uma refutação de minha tese sobre a necessidade da aceitação? Essa questão teórica é tema de um complexo corpo de doutrina contratual, o direito de terceiros beneficiários. A exploração dessa doutrina esclarece a investigação teórica.

Pode-se reagir dizendo que, afinal de contas, esse caso não é como um voto ou uma promessa não comunicada, pois existe um promitente modelo (A) e um promissário modelo (B). Embora C não tenha aceitado a promessa, B a aceitou. Conseqüentemente, A está pelo menos obrigado em relação a B, e o fato de que sua obrigação seja fazer uma prestação a C parece irrelevante para a questão. (É como se A tivesse prometido a B construir um túmulo para o gato desse último.) Com efeito, o Direito originalmente se inclinava por olhar a matéria sob essa perspectiva. Surgiram, porém, problemas persistentes: (1) se B é o promissário, qual é o papel de C no cumprimento da promessa? Durante muito tempo, o Direito considerava que somente B tinha capacidade para iniciar uma ação judicial, com o inconveniente de que, como B freqüentemente não sofria prejuízo pelo não-cumprimento, somente podia receber indenização nominal.[5] Foram encontradas formas de sobrepujar essa dificuldade, e, finalmente, C pôde pleitear em juízo em seu próprio nome o benefício prometido por A.[6] Mas essa solução levou aos problemas que ilustram a questão teórica com que nos defrontamos: (2) Se B é o promissário, não poderia ele liberar A por qualquer motivo que deseje, assim como também poderia liberar A no caso de uma promessa de benefício ao próprio B? Por que motivo a queixa de C teria de ser admitida, se A e B, que se juntaram para atribuir um benefício a C, agora se juntam novamente e mudam de idéia? O Direito permanece há muito tempo confuso quanto a esse ponto. Segundo uma solução, B não pode liberar A depois que C tenha *confiado* em seu detrimento na promessa feita por A. Mas isso não resolve a questão. Como vimos, nem todo ato de confiança cria uma obrigação, e sim somente a confiança que é de alguma forma justificável. E o que justifica que C confie na promessa de A? C não deveria ter imaginado a possibilidade de que A e B concordassem em revogar o benefício que haviam decidido atribuir-lhe?

Uma resposta sensata a essas dificuldades reconhece que haverá situações nas quais o que A e B estejam tentando fazer – o próprio objetivo de seu arranjo – seja criar algum direito, alguma firme expectativa para C. Deve haver situações em que A e B queiram fazer para C aquilo que promitentes e promissários em geral fazem uns para os outros: assegurar o futuro por meio de uma obrigação moral. Mas a lógica da argumentação que permite ao promitente e ao promissário desfazer os laços que eles próprios ataram pareceria impedir que eles conferissem um benefício irrevogável a C, embora o que efetivamente desejem fazer seja conferir um benefício irrevogável. A fim de possibilitar a A e B realizarem isso, o Direito concluiu que não apenas a confiança, mas também a "aceitação" da promessa por parte de C acarretará a vigência de seu direito, impedindo, assim, A e B de desfazer o que tinham feito.[7] Essa doutrina jurídica mostra a aceitação em sua forma mais pura, não tisnada por qualquer elemento de contrapromessa (*counterpromise*) ou troca. Trata-se do próprio ato operativo de aquiescência com o benefício prometido que argumentei ser necessário para completar uma promessa vinculante. (Reconheço que no Direito anglo-norte-americano esse ato operativo de aceitação se encontra em sua forma pura somente na aceitação da promessa por C, isto é, pelo terceiro; o promissário, B, deve não apenas aceitar, mas fornecer contraprestação (*consideration*). No Direito europeu continental, a mera aceitação funciona tanto nos contratos entre duas partes quanto nos que dizem respeito também a terceiros.)[8] Diz-se, às vezes, que a aceitação transforma C em parte no contrato; sua aceitação faz com que a situação seja como se promessa tivesse sido feita a ele. E, naturalmente, ele somente pode aceitar se, de uma forma ou outra, direta ou indiretamente, tomar conhecimento da promessa. Antes da aceitação por parte de C, a promessa feita por A a B será, no que respeita a C, mais semelhante a um voto do que a uma promessa.*

O CIRCUITO SIMPLES DA OFERTA E ACEITAÇÃO

As promessas – e, portanto, os contratos – têm fundamentalmente um caráter de relação: uma pessoa tem de fazer a promessa a outra, e esta outra tem de aceitá-la. A aceitação pode ser dada por meio de qualquer mecanismo convencional, tal como pronunciar a palavra "aceito" com a intenção de referir-se a um artifício convencional no qual figurem essas palavras. Existem ampla latitude e informalidade no que seja considerado intenção de aceitar uma promessa, assim como a própria promessa pode ser feita de várias formas.[9] A força intuitiva por trás da doutrina da contraprestação (*consideration*) surge em primeiro plano nas promessas em que o próprio promitente exige não apenas a aceitação de sua

* As ofertas públicas de recompensa resultam em perplexidades jurídicas especiais: uma pessoa que preencha as condições da recompensa "aceita" a oferta, embora não soubesse da existência dela senão depois de cumpri-la? Se a resposta for afirmativa, teremos a anomalia de aceitação de uma promessa por alguém que não sabia que a estava aceitando. Se for negativa, surgem problemas práticos de administração, especialmente a possibilidade de perjúrio por parte do candidato à recompensa. Mas não são somente os problemas práticos que fazem com que pareça injusto negar a recompensa a quem a pleiteia. Devemos dizer que a oferta foi feita ao "público", do qual o pleiteante faz parte? Embora essa pareça ser uma solução artificial, ela sublinha o fato de que a promessa dificilmente poderia ser considerada privada, como no caso do voto. Não admira que diferentes jurisdições tenham chegado a conclusões diferentes. Ver Vitty v. Eley, 51 App. Div. 44, 64 N.Y.S397 (1900); von Mehren, nota 4 supra.

iniciativa, mas algum tipo de retribuição. Naturalmente, podemos distinguir o caso em que o promitente meramente espera ou deseja alguma retribuição, do caso em que ele *condicione* a promessa àquela retribuição. Nesse último caso, quando a retribuição não ocorre, ele não fica apenas desapontado; pode afirmar que a obrigação de sua promessa jamais se materializou.*

O princípio de ampliar a liberdade humana mediante o reconhecimento da obrigação auto-imposta das promessas também implica que um homem é capaz de condicionar sua promessa ao receber do promissário algo em troca. E, naturalmente, não há motivo para excluir *a priori* as promessas condicionais como classe, ou para ignorar a condição. Não obstante, somente no século XIX, as promessas condicionais foram reconhecidas e seus termos foram respeitados. Esse desenvolvimento do Direito, creio eu, esteve ligado ao desenvolvimento do direito sobre oferta e aceitação naquela época. Como demonstrarei, os conceitos de promessas condicionais e de oferta e aceitação estão estreitamente relacionados nos princípios, tanto quanto na história.[10]

A deseja comprometer-se perante B por meio de uma obrigação promissória x, mas somente se B se comprometer perante ele por meio de uma obrigação promissória y. (Naturalmente, o objetivo final de A é obter y de B, e comprometer-se perante B em relação a x é a forma escolhida

* Uma questão diferente será: o que acontece se A condicionar sua promessa não a que B faça alguma coisa, mas a uma promessa por parte de B: se você prometer cortar a grama de meu jardim durante os próximos cinco anos eu tirarei a neve da entrada de sua garagem pelo mesmo período. Ao chegar o primeiro inverno eu cumpro, mas na primavera você não o faz. Em termos estritos, isso é diferente do problema contido no texto porque eu consegui o que exigi – sua promessa em troca. Ora, por esse motivo, devo continuar a limpar a entrada de sua garagem durante os próximos cinco anos, talvez acionando você pelo custo de um jardineiro substituto, ou posso considerar nulo o acordo com impunidade moral e jurídica? Em outras palavras, o fato de você haver rompido sua promessa cancela minha obrigação recíproca para com você ou simplesmente me proporciona um consolo para meu desapontamento? Não existe obviamente um motivo a priori para uma ou outra resposta. Parece mais justo liberar alguém de uma obrigação de confiança em relação a outra pessoa que não se mostrou disposto a aceitar a mesma obrigação. Essa solução não era reconhecida na jurisprudência até o século XIX. Antes daquela época, aparentemente a vítima de um rompimento de promessa não ficava liberada de sua obrigação recíproca, e precisava obtê-la mediante uma ação judicial por danos. No Capítulo 8 há um debate mais amplo sobre as condições.

por A para obter y.) A promete x a B, se B prometer y a A. No Direito, a promessa condicional de A é chamada de "oferta", e a de B, "aceitação". A promessa de B tem três funções superpostas: (1) satisfaz a condição da oferta de A.* (2) Constitui "aceitação" no sentido geral de que toda obrigação promissória é recíproca e portanto todas as promessas devem ser aceitas, mesmo as incondicionais. (3) Fornece a contraprestação (*consideration*) que o Direito anglo-norte-americano geralmente exige a fim de que uma promessa se torne legalmente vinculante. Diversas conseqüências cada vez mais complexas derivam desse simples conceito de oferta e aceitação.

Quando a promessa é condicional, como em meu exemplo esquemático, A não está juridicamente vinculado pela obrigação de uma promessa. Uma oferta não aceita pode ser revogada a qualquer tempo. Imaginemos que B reaja da seguinte maneira à oferta feita por A: aceito sua promessa, mas não prometo y. Essa aceitação "nua" (chamemo-la assim) é completamente destituída de efeito moral ou jurídico.[11] Vincular A com base em tal "aceitação", sem que sua condição fosse aceita, seria vinculá-lo a uma obrigação que ele não assumiu e, portanto, seria uma violação do princípio de ampliação da liberdade mediante a exigência de cumprimento das promessas. Na verdade, parece mais exato dizer que B de todo não aceitou a promessa de A; aceitou uma promessa que A poderia ter feito ou que B desejava que A tivesse feito, mas não aquela que A efetivamente fez. Vamos exprimir isso dizendo que um promitente deve ser capaz de controlar aquilo que significa aceitação de sua promessa. (Em Direito, costuma-se dizer que o ofertante é "senhor da barganha" [*master of the bargain*].) Mas se B não aceitou a promessa, nesse caso A não está obrigado por ela, e se não está obrigado, estará livre – livre para retirar a oferta.[12] Essa é a idéia perfeitamente racional por trás da doutrina de que um ofertante – ou promitente condicional, como prefiro

* Judith Thompson assinala (em um manuscrito inédito) que, a fim de evitar dificuldades, a promessa-oferta condicional deve ser construída como a afirmação "Se for o momento de fazer indicações, indico Jones." Se for efetivamente o momento de fazer indicações, não é preciso indicar Jones; já o indiquei. Assim, se você aceitar minha oferta, terei *eo ipso* prometido.

chamá-lo – está livre para retirar sua oferta a qualquer momento antes da aceitação e a qualquer momento antes que sua condição seja aceita. Por que não deveria estar? A promessa não foi aceita e, portanto, não pode obrigá-lo *como promessa* (embora, como veremos, possa obrigá-lo de outras maneiras e por outros motivos).

Imaginemos que a força de uma promessa seja uma corrente elétrica. Para que a corrente possa fluir, é preciso que o circuito se feche. Há dois interruptores, o do promitente e o do promissário. Se o promitente tiver ligado seu interruptor, estará em condições de vulnerabilidade: o circuito que o colocará sob obrigação pode ser fechado por um ato de aceitação do promissário. Mas se o promitente desligar seu interruptor antes da aceitação, a aceitação por si mesma é insuficiente para fechar o circuito. É possível ao promitente não se obrigar a manter seu interruptor ligado? Claro que sim, mas não apenas por meio da oferta-promessa, porque *isso* precisa ser aceito. Poderá, no entanto, fazer *outra* promessa, uma promessa diferente, subsidiária, de manter sua promessa principal em aberto (ou seu interruptor principal ligado). Isso é o que em Direito se chama uma opção, ou uma oferta firme. Mas, por sua vez, essa promessa subsidiária tem de ser aceita. A errônea equação entre contraprestação (*consideration*) e aceitação, feita pelo *common law*, levou à infeliz doutrina de que não apenas a aceitação, mas também a contraprestação (*consideration*) são necessárias para tornar vinculante uma opção.[13] (Existem, naturalmente, opções que de acordo com seus termos devem ser pagas. A menos que sejam pagas, e até que isso aconteça, nem mesmo o *common law* tem problemas para exigir seu cumprimento, mantendo em aberto a oferta principal.) A análise correta da opção gratuita exige apenas a simples aceitação da opção (a única aceitação solicitada pelo promitente). Essa aceitação manteria vigente a oferta principal (embora não feche por si mesma o circuito) durante o tempo disposto pela opção, de forma que durante esse período o promitente não pode retirar sua promessa, não pode desligar seu interruptor, permanecendo, portanto, responsável pelo fechamento do circuito pelo promissário segundo os termos definidos na promessa. (Como indiquei no Capítulo 3, os inconvenientes da regra do *common law* para com as opções são tão evidentes que ela tem sido derrogada por uma ampla variedade de leis.)

Quando o promitente especifica a aceitação por meio de uma contrapromessa, esta por si só fecha o circuito da obrigação promissória. Isso significará que as contrapromessas constituem uma exceção a minha afirmação de que é preciso que a promessa seja aceita a fim de que se torne vinculante? Absolutamente não.[14] A contrapromessa também tem de ser aceita para que se torne vinculante; mas a oferta-promessa contém o compromisso de aceitar a contrapromessa da pessoa que a recebeu, de maneira que essa contrapromessa tanto aceita a oferta original quanto deflagra a aceitação da contrapromessa por parte do ofertante. Sem dúvida, a aceitação deve ser um ato – por mais que seja implícito ou mínimo – e assim é neste caso: um ato de compromisso de aceitar a aceitação quando ela ocorrer. Essa condição fica satisfeita pela pessoa a quem a oferta é feita, e a aceitação se torna incondicional. Tampouco eu posso recusar a aceitação de sua contrapromessa quando ela me é comunicada. Devido a minha promessa original, estou obrigado a aceitar sua contrapromessa. O que me obriga? Minha promessa original, que se tornou vinculante devido a sua aceitação. Somente retirando-a antes que você a aceite posso novamente estar livre para recusar-me a aceitar sua contrapromessa, sua aceitação.

REJEIÇÕES, CONTRA-OFERTAS, CONTRATOS À DISTÂNCIA, OFERTAS CRUZADAS

A metáfora do circuito elétrico permite elucidar alguns quebra-cabeças persistentes. Tomemos o caso das contra-ofertas. Se eu oferecer (prometer) vender a você minha vaca por 100 dólares e você responder dizendo (prometendo) que comprará o animal por essa soma, mas só se eu acrescentar uma galinha, a análise pelo *common law* afirma que

Você não aceitou minha oferta.

Você me fez uma contra-oferta.

Sua contra-oferta funciona como *rejeição* de minha oferta.

Como você a rejeitou, minha oferta morreu; você não pode aceitá-la a menos que eu a renove.

Posso aceitar a contra-oferta, concluindo a barganha (*bargain*) nas condições que você apresentou.

Assim, a rejeição por parte do promissário desliga o primeiro interruptor, de forma que sua aceitação posterior é ineficaz para fechar o circuito.[15] Mas por que não exigir que o ofertante retire explicitamente a oferta, por que não permitir ao destinatário da oferta aceitar qualquer oferta até que ela seja retirada – mesmo depois de havê-la inicialmente rejeitado? Creio que não há motivos em princípio, nada que derive dos próprios conceitos, somente considerações de eqüidade e conveniência. Recordemos a vulnerabilidade de minha situação depois que fiz a oferta: o simples ato de aceitação de sua parte pode impor a mim uma obrigação. Estou em suas mãos. Haver sido o primeiro a falar no processo de negociação, ou barganha (*bargain*), constitui certa desvantagem, embora alguém tenha de ser o primeiro a falar. O equilíbrio de vantagens fica parcialmente restaurado ao exigir que você ou aceite minha oferta em seus termos exatos ou corra o risco de ficar sem a possibilidade de fechar negócio e ter de fazer sua própria oferta, se quiser manter vivo o processo de barganha (*bargain*). De outra forma, seria fácil demais para você controlar o jogo comigo: você poderia tentar vários caminhos, e se percebesse que eu estava prestes a perder a paciência e pronto a retirar-me completamente da negociação, sempre poderia fechar negócio afirmando aceitar o que fora inicialmente especificado.*

* Se a regra fosse o oposto, um promitente poderia mesmo assim atingir o efeito da regra atual condicionando explicitamente sua oferta. Assim como posso condicionar minha oferta da vaca por 100 dólares especificando que você terá de aceitá-la até o meio-dia de amanhã, da mesma forma, o princípio de liberdade afirma que posso condicionar minha oferta de outras maneiras – por exemplo, dizer que minha oferta não permanece válida caso você a rejeite ou faça uma contra-oferta. Como é provável que o ofertante muitas vezes queira impor tais condições, o Direito faz com que a regra se oriente dessa forma. Afinal de contas, um ofertante sempre poderá especificar que as rejeições não causarão a retirada de sua oferta, no raro caso de que esse seja seu desejo. (A pessoa que recebe a oferta também poderia especificar que sua contra-oferta é apenas experimental e que mantém minha oferta sob consideração. Isso mantém minha oferta vigente, mas debilita o poder de barganha da contra-oferta da parte que recebeu a oferta inicial.)

Ao examinar até agora a oferta e a aceitação, pudemos presumir o recebimento da aceitação especificada, porque imaginamos o aceitante encarando o promitente e dizendo: "Aceito". Como podemos saber, mesmo nesse momento, que o promitente ouviu e entendeu? Existe alguma forma de contato visual, um aperto de mão, que de alguma forma confirme ao promissário que o promitente recebeu a aceitação? E estaremos efetivamente presumindo a necessidade dessa confirmação da aceitação? E se essa confirmação pelo promitente de que recebeu a aceitação for necessária para vinculá-lo, nesse caso não deveríamos também exigir o recebimento da confirmação pelo promissário, e depois a confirmação *disso*, e assim por diante *ad infinitum*? Pode-se dizer que esse tipo de regressão infinita não é necessário, pois existe um ponto natural de parada logo depois que o ofertante confirma o recebimento da aceitação. Nesse ponto o promitente sabe que está vinculado (sua confirmação nos diz), e o aceitante sabe que está também comprometido (sua aceitação no-lo diz). Mas, na verdade, o promitente pode saber que está vinculado *antes* de confirmar o recebimento da aceitação; pode saber que está vinculado ao recebê-la, e o aceitante pode saber que está vinculado ao comunicar a aceitação. Além desse ponto, saber se cada um pode estar seguro de que o outro afirmou efetivamente o que pareceu afirmar, ou ouviu o que pareceu ouvir, é um problema que não pode ser completamente resolvido, por maior que seja o número de confirmações ou reconfirmações. Os filósofos reconhecerão essa questão como um aspecto de conhecidos problemas de linguagem, de sentido e de mentes alheias: como jamais poderemos saber o que outra pessoa quer dizer, ou que outra pessoa entendeu o que queremos dizer? Não precisamos esperar a solução desses agradáveis problemas. Quando A responde à pergunta de B na mesma língua e em condições normais, e B parece haver entendido, não nos preocupamos se B efetivamente entendeu a resposta de A, nem desenvolvemos mecanismos complexos para assegurar que o que parece ser uma comunicação bem-sucedida realmente o seja.

Os problemas jurídicos não ocorrem na comunicação direta, e sim em comunicação que leva tempo e utiliza meios imperfeitos. Os problemas ocorrem principalmente nos contratos por contraprestação postal. A regra costumeira no Direito anglo-norte-americano (conhecida como regra da caixa postal [*mailbox rule*]) prevê que em tais casos o contrato está concluído quando a aceitação é expedida através do correio,[16] e não quando é recebida – embora o promitente possa dispor o contrário. Já se gastou muita tinta na tentativa de deduzir essa regra a partir dos princípios gerais de oferta e aceitação. Christopher Columbus Langdell acredita que a regra está errada em princípio.*[17] Para os objetivos do presente ensaio, esse famoso enigma se resolve facilmente. Para que uma promessa seja vinculante é preciso que seja aceita, e a forma pela qual a aceitação é comunicada ao promitente, ou até a necessidade de que lhe seja comunicada, é algo que o promitente pode especificar no momento em que faz sua oferta-promessa. O que é necessário é que a aceitação seja inequívoca e irrevogável, pois de outra forma não fechará o circuito. Na comunicação postal ou telegráfica, existe o risco de que a aceitação seja retardada ou se extravie. As partes devem estar livres para distribuir esses riscos, e uma das regras do Direito nessa matéria – desde que a aceitação seja marcada por um ato irrevogável – é satisfatória enquanto ofereça somente uma alocação presumível do risco, permitindo às partes redistribuí-lo como desejarem.

No contexto de um sistema postal que no século XIX era notavelmente rápido e confiável, a regra da caixa postal tinha a virtude de criar

* A objeção de princípio parece ser a seguinte: a alocação contratual de riscos é voluntária, mas a menos que a aceitação seja recebida, não existe acordo concluído entre as partes – inclusive um acordo de distribuição de riscos – e, portanto, o ofertante jamais pode estar vinculado enquanto não receber a aceitação.

Há uma falácia aqui. Presume-se que a alocação de risco por parte do promitente quanto ao recebimento da aceitação do promissário deve ser objeto de um acordo separado, concluído entre ambos. É suficiente que o modo de aceitação seja indicado na promessa original. Se essa promessa for aceita tal como especificada, nesse caso, tanto a substância da promessa quanto a alocação de riscos são vinculantes. Naturalmente, para que sua promessa tenha sentido, o promitente/ofertante tem de saber em algum momento se houve aceitação. Mas nada *exige* que ele não seja vinculado sem tomar conhecimento dela. Embora possa desejar não ser assim vinculado e possa limitar sua oferta a fim de evitar ser vinculado quando ainda não tenha tomado conhecimento.

o máximo de certeza no ponto mais inicial. O promissário sabia que o trato estava fechado no momento em que colocava no correio sua aceitação, e podia continuar a agir sobre essa base, sem esperar uma confirmação. É verdade que o promitente tinha de levar em conta o risco de que pudesse estar vinculado a um contrato sem o saber, mas essa dificuldade é menos importante e é controlável: o promitente inicia a transação ao fazer a oferta, e, portanto, pode investigar caso não chegue uma resposta.[18] E se não quiser nem sequer assumir esse encargo, pode reverter a suposição da lei e exigir o recebimento da aceitação como condição de sua oferta. Presumir o oposto – que o contrato somente estará concluído com o recebimento da aceitação – deixaria o promissário, a respeito de sua situação, exatamente na mesma dúvida em que a regra da caixa postal deixa o promitente. E a data de vigência da obrigação seria retardada de um passo, sem qualquer acréscimo de certeza. (Quando o correio não é confiável e a incerteza aumenta, a regra oposta pode ser melhor. São tantos os ofertantes que podem aproveitar seu direito de exigir recebimento da aceitação, que a lei pode muito bem poupar-lhes esse trabalho.)

Se consideramos a regra da caixa postal como uma regra de conveniência, que distribui os riscos na ausência de uma distribuição pelas partes, os diversos refinamentos da regra se ajustam. O principais refinamentos têm a ver com (1) retirada de ofertas, (2) retiradas de aceitações que anulam aceitações anteriormente postadas e (3) tentativas posteriores de aceitação que anulam rejeições anteriormente postadas. A lei dispõe que uma oferta não tenha vigência enquanto não seja efetivamente recebida, e que uma aceitação tenha vigência no momento em que o promissário a retira irrevogavelmente de seu controle enviando-a ao promitente. Seria estranho dispor que a retirada da oferta pelo promitente tenha vigência de forma diferente da própria oferta. E uma regra que colocasse o promissário na posição de imaginar que o contrato estivesse concluído devido à regra da caixa postal e ao mesmo tempo o privasse desse contrato porque uma retirada da oferta tivesse sido despachada mas ainda não recebida no momento de sua aceitação seria quase perversamente destinada a promover a confusão. Igualmente injusta, mas de forma menos óbvia, seria uma regra que permitisse ao promissário interceptar sua aceitação previamente despachada a fim de anulá-la. A regra da caixa postal tem a vantagem de fixar – em caso de acidentes raros, porém inevitáveis – os direitos das partes da maneira mais verificável possível no ponto mais inicial e razoável. Se pudesse ter efeito uma retirada posterior de aceitação que chegasse antes da aceitação, a seguinte situação seria possível:

> A oferece vender milho a B, a 5 mil dólares o caminhão, que é o preço corrente de mercado. B despacha a aceitação, sendo três dias o prazo normal de entrega pelo correio. B sabe que se dentro desses três dias o preço do milho cair, poderá informar por telegrama ou telefone a retirada de sua aceitação; se o preço subir ou permanecer estável, permitirá que a aceitação siga seu curso.

Em vez de fazer cumprir uma regra de certeza e distribuição justa dos riscos, estaríamos permitindo ao promissário especular à custa do promitente.

Agora, naturalmente, o ofertante recebe primeiro a rejeição *posterior*, que não contém referência (como poderia não conter) a uma aceitação anterior, e isso pode prejudicá-lo fortemente. É levado a crer que sua promessa foi rejeitada e que não está vinculado. Talvez venda sua mercadoria a outro comprador. Em seguida, descobre que foi despachada anteriormente uma aceitação real. O ofertante havia feito uma promessa, que somente seria vinculante se fosse aceita. Bem, sua promessa está aceita ou não? O promissário criou uma confusão a respeito disso, e obviamente ele, e não o promitente, deve arcar com as conseqüências da confusão, especialmente porque o promitente tem pouca possibilidade de proteger-se. Esse pode ser mais um princípio de responsabilidade delitual (*tort*) do que um princípio contratual, mas, como veremos no Capítulo 5 em relação a outros acidentes contratuais, isso não é motivo para que uma parte inocente seja prejudicada.[19]

O quebra-cabeça final é gerado pelas ofertas cruzadas.[20] Na segunda-feira, A manda a B uma carta oferecendo x em troca de y. No mesmo dia, B manda a A uma carta em que oferece y em troca de x. Ambas as cartas chegam na quarta-feira. É difícil dizer se cada carta aceita a oferta contida na outra, e me parece mais natural afirmar que não há contrato, mas certas frases mágicas, como "encontro de mentes" e "consenso *ad idem*", sugerem a conclusão de um contrato. Talvez as mentes tenham se encontrado (o que quer que isso signifique), mas nenhuma das duas saltou do carro para apertar a mão da outra. Racionalizo minha intuição da forma seguinte: na segunda-feira, sem dúvida, não existe contrato, porque somente é possível aceitar uma oferta que tenha sido recebida. Tudo o que as cartas de A e B revelam na segunda-feira é uma disposição mútua de trocar x por y, mas a aceitação de uma promessa não é apenas um estado de espírito, uma disposição favorável, e sim um ato intencional que faz referência explícita ou implícita à promessa feita por outra pessoa. A regra da caixa postal se refere somente a aceitações – sem dúvida, não cobre cartas despachadas mesmo antes que uma oferta tenha sido recebida. E o que não era aceitação, nem pretendia sê-lo na segunda-feira, não pode transformar-se em aceitação na quarta-feira.

Consideremos o inconveniente de uma regra que afirmasse haver sido concluído um contrato na quarta-feira. Nem A nem B sabem que o outro recebeu a carta, e por isso as circunstâncias que criariam um contrato não são conhecidas por *nenhuma das duas* partes. No caso costumeiro, se A for o ofertante, embora não saiba que B aceitou a oferta ao despachar sua resposta, e embora, por essa razão, A esteja vinculado antes mesmo de sabê-lo, pelo menos B tem certeza de ter recebido a carta de A e igualmente tem certeza de que ele (B) despachou uma resposta, e, portanto, B sabe que todas as circunstâncias para que ambos estejam vinculados foram satisfeitas. É verdade que, no caso de ofertas cruzadas, cada qual pode presumir na quarta-feira que o outro esteja no mesmo dia abrindo a carta com a oferta, mas basear um contrato em *presunções* complementares mútuas como essas é uma proposição duvidosa. Cada qual poderia perfeitamente imaginar que sua carta tenha se retardado, ou que o outro esteja doente, ou fazendo uma viagem, e portanto não esteja em condições de ler sua contraprestação. E se uma das partes não recebeu a carta da outra, seria injusto para com essa parte fechar o circuito contratual, pois ainda não sabe que o que para ele era uma oferta foi "aceita" por meio de algo que aconteceu dois dias antes que a oferta tivesse sido sequer recebida. É verdade que, ao enviar ofertas, tanto A quanto B se mostraram dispostos a assumir o risco de estarem contratualmente vinculados sem o saber, e, portanto, talvez se possa dizer que considerá-los vinculados no momento em que cada qual recebeu a carta do outro não os expõe a riscos maiores do que os que eles estavam dispostos a correr. Mas concluir o contrato sobre essa base exigiria pelo menos a promulgação de uma regra para esse efeito, pois o resultado não possui a naturalidade intuitiva do caso padrão de oferta e aceitação. E se é preciso promulgar uma regra, não deveria ela dispor expressamente que uma das partes deve dar o passo adicional de aceitar a oferta da outra? E o que acontece se ambos o fazem – criando aceitações cruzadas? Não vejo problema em reconhecer um contrato no caso de aceitações cruzadas, que não é problema análogo ao de ofertas cruzadas.

O assunto é em grande parte teórico. Se surgisse hoje um caso de ofertas cruzadas, imagino que A e B imediatamente pegariam o telefone para esclarecer a confusão – o que demonstraria que eles efetivamente considerariam isso uma confusão a ser esclarecida. Note-se também que a confusão dificilmente surgiria em comunicações diretas, mas decorreu das regras convencionais que governam os contratos concluídos por contraprestação. Numa situação de *tête-à-tête*, afinal, se ambas as partes falarem simultaneamente dizendo as mesmas palavras – numa espécie de dueto não-intencional – é possível um ajustamento imediato, que realmente ocorrerá. Esse ajustamento é o que sugiro em casos de negociação por contraprestação.

Confiança em uma oferta

O ofertante é o senhor da barganha (*master of the bargain*). Pode condicionar sua oferta da maneira que quiser. No entanto, há situações em que uma pessoa a quem uma oferta é feita tem dificuldades ou despesas em conseqüência do recebimento da oferta, sem que afinal seja capaz de aceitar as condições e, portanto, vincular o promitente. No passado, a resposta a essa situação era que o promissário corria o risco de confiar. Assumia o risco, apostava e perdia, e não deveria lançar sobre o promitente uma responsabilidade que este não assumira.[21] Acreditava-se que essa severa resposta fosse necessária devido à própria natureza do contrato, por causa do princípio da liberdade. Eis dois casos paradigma:

I. A promete pagar a B desde que B termine uma tarefa especificada. (A promessa de B não é exigida nem desejada.) B inicia o trabalho, mas quando está no meio, A muda de idéia e retira a oferta.

II. Um subempreiteiro se oferece ao empreiteiro principal para fazer todo o serviço de eletricidade por certo preço. O principal responde que poderá usar a oferta para calcular o preço total da construção. Efetivamente, usa a oferta do subempreiteiro e obtém o contrato de construção, mas este último se recusa a fazer o serviço elétrico ao preço apresentado, argumentando que como sua oferta nunca fora aceita, e como o empreiteiro principal nunca se comprometera com ele, o subempreiteiro também está livre de qualquer obrigação.

No caso I, talvez não haja contrato, mas como veremos em capítulos subseqüentes, existem outras bases para fazer justiça entre as partes: a restituição e a responsabilidade delitual (*tort*).[22] Assim, por exemplo, se o serviço é a construção de uma cabana num terreno pertencente a A e este pretende anular o trato quando a construção está em meio, o princípio da restituição exige que A pague o trabalho que foi feito. E se B ainda não construiu nada, mas teve despesas em organizar uma equipe e encontrar material, o princípio da responsabilidade delitual (*tort*) pode ser usado para buscar o reembolso. A força intuitiva da argumentação em favor da restituição mostra que o princípio de restituição é especialmente eficaz onde é aplicável. Está aberto a debate, no entanto, a busca de solução por meio da responsabilidade delitual (*tort*). B foi prejudicado, mas terá assumido o risco? Além disso, ao contrário da argumentação para a restituição, A nada ganhou com a perda de B. Naturalmente, se tudo isso fosse um truque malicioso de parte de A para prejudicar B, não haveria dificuldade em exigir compensação, mas quando A cancela o trato por uma boa razão é preciso encontrar uma justificativa para afirmar que ele estava obrigado a levar em conta as perdas de B. Tampouco esse caso é como aqueles em que a lei compensa as perdas causadas pela confiança em uma promessa, pois A não prometeu – pelo menos não incondicionalmente. No máximo pode-se dizer que A deveria ter previsto que sua conduta condicional causaria prejuízo caso ele a retirasse, ou que deveria ter previsto que a retirada era conduta que causaria dano. Mas se seguirmos essa linha, a reivindicação de compensação fica sujeita a todas as qualificações da responsabilidade delitual (*tort*) no que toca à razoabilidade: A teria um motivo incontestável para desistir? E mais propriamente: teria B sido razoável ao incorrer em despesas, esperando que fossem reembolsadas? Se A deixar bem claro a B no início que este agia por sua conta e risco e que A se sente livre para desistir a qualquer momento antes do término da obra, não seria isso a negação da razoabilidade da confiança de B? Penso que sim – pelo menos na ausência de velhacaria ou má-fé de parte de A. Esse ponto fica bem ilustrado pelo caso no qual uma recompensa é oferecida a uma classe não especificada de pessoas.[23] As que não capturarem o culpado ou deixarem de encontrar o objeto perdido não têm direito a nada, por mais que tenham tido despesas para a busca. Aceitaram o risco.

O caso II apresenta uma situação diferente. Há um potencial de grave prejuízo e amargo desapontamento, mas não porque o empreiteiro principal tenha confiado em uma promessa condicional, incompleta e rudimentar do subempreiteiro. Nesse tipo de caso, o problema é causado exclusivamente pela perniciosa doutrina da contraprestação (*consideration*). O subempreiteiro fez uma promessa clara ao principal e este a aceitou no sentido de reconhecê-la, assentir a ela. Assim, segundo o princípio da promessa, o subempreiteiro deveria estar comprometido.[24] É verdade que o principal não aceitou, no sentido técnico de dar algum valor em troca ou comprometer-se, por sua vez, com o subempreiteiro, mas a doutrina da contraprestação (*consideration*), e não o princípio da promessa, exige esse elemento adicional.

Esse debate sobre oferta e aceitação completa a apresentação dos principais elementos da obrigação promissória e dos elementos paralelos do Direito Contratual. O que se segue é a consideração da reação a coisas que derem errado no regime promissório: suposições equivocadas, acontecimentos inesperados, quebras e falhas de uma ou ambas as partes, a questão de promessas injustas ou obtidas mediante coerção. Nessas questões, o princípio da promessa ou não se aplica absolutamente ou tem de competir com princípios morais rivais. O desafio é demonstrar que o princípio da promessa pode enfrentar de igual para igual esses rivais, deixando a eles, ao mesmo tempo, espaço suficiente para que exerçam a justiça substantiva que exista em suas esferas particulares.

Capítulo 5

Lacunas

A força moral que existe por trás do contrato como promessa é a autonomia: as partes estão vinculadas pelo contrato porque decidiram fazê-lo. Se uma ou as duas tiverem feito essa escolha por engano (dolo [*deceit*] será visto no Capítulo 6) essa *rationale* não se aplica, e mesmo assim existe algo que pelo menos se parece com um acordo – e em alguns casos é um acordo, embora equivocado. A teoria clássica do contrato não tratou bem desse problema. Talvez por demasiada ansiedade em preservar a integridade das promessas contra a intrusão de princípios impostos às partes por ação externa, a teoria clássica procurou aplicar também aqui o princípio da promessa, e o resultado freqüentemente deixou de ter plausibilidade intuitiva e até mesmo coerência. O recurso a bases de solução determinadas coletivamente – especialmente a noções de responsabilidade delitual (*tort*) – foi usado pelos críticos para demonstrar que em todos os casos essas bases estão ocultas por trás da fachada da promessa.[1] Neste capítulo examino o motivo pelo qual o erro (*mistake*) causou tanto embaraço e proponho uma solução que deixa intacta a teoria do contrato como promessa.

Erro, frustração e impossibilidade

A doutrina tradicional distingue dois tipos de surpresa: o erro (*mistake*) e a frustração (*frustration*), ou impossibilidade (*impossibility*). O erro (*mistake*) tem a ver com uma suposição falsa sobre o estado de coisas no momento do contrato; a frustração (*frustration*) e a impossibilidade (*impossibility*) estão ligadas a suposições incorretas sobre como serão as coisas mais tarde, quando chegar a hora do cumprimento.[2] A distinção é ilustrada por dois casos paralelos decorrentes de contratos de aluguel, por quantias substanciais, de quartos com vista para o trajeto do desfile de coroação do rei Eduardo VII em 1902. A coroação foi adiada devido a uma doença repentina do rei. Em *Griffith vs. Brymer*,[3] o contrato foi concluído *depois* da tomada da decisão de cancelamento do desfile na data prevista. O grupo que tinha esperado observar o desfile ganhou a causa por motivo de erro (*mistake*). Em *Krell vs. Henry*,[4] o contrato havia sido concluído antes do cancelamento, e a liberação da obrigação é geralmente explicada em termos da frustração (*frustration*) de seu objetivo essencial.

O tipo de situação na qual a liberação é autorizada devido a surpresas pós-contrato admite outras subdivisões. Além dos casos de frustração (*frustration*), como *Krell vs. Henry*, nos quais é perfeitamente factível prosseguir o trato mas não há muita razão para fazê-lo, existem os casos que recaem na categoria de impossibilidade (*impossibility*) ou impraticabilidade (*impracticability*). O paradigma é *Taylor vs. Caldwell*.[5] Uma sala de concertos foi destruída por um incêndio; o proprietário pleiteou ser liberado de suas obrigações contratuais para com artistas que tinham contratado o uso da sala em dias especificados, sob o fundamento de que disponibilizar a sala era ou uma impossibilidade literal (*literal impossibility*) (se o contrato dissesse respeito a uma sala específica) ou uma virtual impossibilidade (*virtual impossibility*) (se o contrato fosse interpretado como exigindo que o proprietário reconstruísse completamente o teatro). Embora liberação seja concedida em todos esses casos, a confusão começa na dicotomia e subdicotomia. Concordo com os críticos da doutrina clássica, como Grant Gilmore,[6] que enxergam aqui um único problema. Tanto em *Griffith* quando em *Krell* as partes não esperavam a doença do rei, e assim num certo sentido estavam equivocados em ambos os casos. Mas *Taylor* não pode ser facilmente descrito como um caso de erro (*mistake*): não se pode dizer que as partes pensassem equivocadamente (como aconteceu com o *Titanic*) que a sala de concertos era indestrutível; o que ocorreu é que não deram nenhuma importância ao assunto.

O que vicia o acordo não é a presença de risco ou incerteza, pois os contratos em geral são instrumentos de distribuição de riscos. Num contrato para entrega futura, o vendedor assume o risco de que o preço das mercadorias suba ou que, por alguma razão, seja mais difícil para ele cumprir o combinado, e o comprador assume riscos recíprocos. Falar em erro (*mistake*) sugere que a certeza é o paradigma, mas, na verdade, os contratos são em grande parte uma tentativa deliberada de tratar da incerteza. As partes poderiam ter previsto o risco da doença do rei ou do incêndio, mas não o fizeram. E as partes podem distribuir riscos quanto a circunstâncias existentes ou futuras. O explorador que compra uma área está assumindo um risco quanto à existência de minerais. No célebre caso *Wood vs. Boynton,*[7] o tribunal aprovou a venda, por um dólar, de uma pedra não identificada, que acabou revelando ser um diamante bruto, ao entender que na verdade se tratava de um risco de parte do comprador e do vendedor quanto ao valor da pedra. Em *Sherwood vs. Walker,*[8] o tribunal entendeu que o vendedor não havia transferido, nem o comprador havia pago, a possibilidade de que uma vaca premiada aparentemente estéril estivesse prenhe.

A presença do risco, comum nesses casos, não é a causa da dificuldade ilustrada por outro caso célebre, *Raffles vs. Wichelhaus,*[9] no qual um comprador se recusou a aceitar a entrega de um carregamento de algodão vindo a Liverpool de Bombaim no navio *Peerless*, conforme havia contratado, porque o *Peerless* que ele tinha em mente já partira em outubro, mas o *Peerless* mencionado pelo vendedor zarpava em dezembro.* Nesse caso, parece um tanto forçado falar de problemas de risco, previstos ou não. O ponto importante é que, embora as duas partes aparentemente tivessem chegado a um acordo, na verdade não era esse o caso. E isso, e não erro (*mistake*) ou risco, está no cerne de todos os três casos: simples-

* Desde a conclusão do contrato, a União havia tomado o importante porto algodoeiro de Nova Orleans, que anteriormente havia bloqueado, e o preço do algodão estava caindo fortemente. (Esse aspecto é mostrado por Gilmore, supra nota 1, em 37 e 38 n. 87.) O tribunal tratou os contratos de algodão dos dois navios como se fossem tão diferentes quanto os contratos com dois artistas para serem protagonistas, ambos, por coincidência, tendo o mesmo nome.

mente não há acordo sobre algo que se torna parte importante do arranjo.[10] Em *Raffles* houve acordo para comprar algodão da Índia despachado num navio de nome *Peerless*. Conforme ocorreram os fatos, não houve nenhum acordo a respeito da questão crucial de saber em qual dos navios chamados *Peerless*. Da mesma forma, no caso da coroação, e em *Taylor*, houve acordo a respeito de alguns elementos, mas nenhum sobre riscos (a doença do rei, o incêndio) que poderiam ter sido cobertos e que acabaram sendo cruciais. Assim, existe risco, mas somente enquanto um elemento a respeito do qual as partes poderiam ter chegando a um acordo, mas infelizmente não o fizeram. Em todos esses casos, o tribunal é obrigado a resolver as dificuldades que surgem quando as partes acreditam haver acordo, mas na verdade não há. A única base sobre a qual tais casos podem ser resolvidos é a base do acordo – isto é, do contrato como promessa. O tribunal não pode mandar cumprir a vontade das partes, porque as vontades são discordantes. O julgamento tem de basear-se, portanto, em princípios externos à vontade das partes.

Não admira que o Direito Contratual Clássico se sentisse pouco à vontade nesses casos. Ele fazia com que princípios não-voluntários de obrigação fossem potencialmente aplicáveis a todos os contratos. As partes desapontadas teriam todos os incentivos para descrever as circunstâncias em termos que escapavam aos termos explícitos de seus contratos. Sempre é possível levantar pontos que genuinamente não fazem parte do contrato, de maneira que o tribunal não possa evitar a questão (não coberta pelo acordo propriamente dito) do grau de importância desses pontos não cobertos pelo acordo. E se tivesse chovido, fazendo com que o desfile da coroação fosse mais rápido e a visão a partir da janela fosse em parte obscurecida pelos guarda-chuvas dos espectadores? Ou o que aconteceria se houvesse apenas um navio de nome *Peerless*, mas as partes tivessem errado a ortografia?

Diante de tais pressões, o Direito Contratual Clássico buscou refúgio em diversos dispositivos doutrinários, que faziam com que, afinal de contas, os casos parecessem estar sendo examinados segundo a vontade das partes e nada mais. Um desses mecanismos é a referência à intenção presumida.[11] Em filosofia da linguagem, é um truísmo dizer que ao interpretar as palavras de uma pessoa não estamos adivinhando o conteúdo oculto, porém definido, de uma lista de significados na cabeça da pessoa que fala.[12] Na verdade, nossos interesses particularizam significados em formação, tornando-os concretos. (Assim, quando uma pessoa se refere a todos os números pares entre 10 e 1000, também pretende referir-se ao número 946, embora esse número possa não figurar explicitamente em alguma lista em sua cabeça.) No entanto, em algum momento torna-se necessário esclarecer não que isso seja o que o interlocutor quer dizer, e sim que isso é o que ele poderia estar querendo dizer se a idéia tivesse lhe ocorrido. Da mesma forma, no Direito Contratual há uma vaga fronteira entre a interpretação do que foi acordado e a interpolação de cláusulas com os quais muito provavelmente as partes teriam concordado, mas não o fizeram. Quanto mais distante estiverem os tribunais da fronteira entre interpretação e interpolação, mais distante estarão da base moral do princípio da promessa e mais visivelmente estarão impondo um acordo. Afirmar que as partes poderiam ter concordado a respeito de determinado termo é apenas uma das razões que os tribunais podem encontrar para impor às partes um termo sobre o qual na verdade elas não concordaram. Essa é uma decisão dos tribunais e não das partes, como evidenciado pelo fato de que há alguns termos que os tribunais não imporiam ainda que acreditem que as partes teriam concordado com eles, se os tivessem levado em consideração. Por exemplo, os tribunais fariam questão de que os termos que impusessem fossem equânimes, que levassem em conta os interesses de ambas as partes, ainda que talvez as próprias partes não fossem tão minuciosas. Assim, à medida que nos afastamos da verdadeira intenção, o critério da intenção presumida tende a misturar-se com outros critérios substantivos usados para resolver o problema causado por uma falha do acordo.[13]

Outra das evasões clássicas com que o Direito escapa à inevitabilidade de usar princípios não-contratuais para resolver falhas dos acordos é o recurso ao chamado critério objetivo de interpretação.[14] Diante de uma alegação de intenções divergentes, o tribunal imagina estar respeitando a vontade das partes ao perguntar o que outra pessoa, por exemplo, o homem comum, teria querido dizer com tais palavras no acordo. Isso pode ser uma solução razoável em algumas situações, mas visivelmente acarreta a imposição de um critério externo às partes. Tanto a razoabilidade dessa abordagem quanto sua origem em critérios de justiça não-promissórios ficam mais evidentes nos casos que envolvam o chamado erro unilateral (*unilateral mistake*).[15] Em tais casos, somente uma das partes se surpreende com o que acontece, ou com o que se verifica ser desde o início a verdadeira questão.

I. Um vendedor, comerciante de instrumentos musicais, vende a um comprador, sem fazer alegações sobre o objeto, um violino agradável, porém sem maiores atrativos, do início do século XIX, por 800 dólares – preço normal. O comprador, no entanto, acredita firmemente que encontrou um Guarnerius que vale pelo menos vinte vezes o preço da compra. Ao compreender mais tarde, por meio de provas conclusivas, que se enganou, o comprador busca liberar-se do trato.[16]

II. Um funcionário, temendo uma recessão em seu campo profissional, assina um contrato de dois anos com o patrão, por um salário um pouco mais baixo do que seria o caso em um contrato sem prazo fixo. Seis meses depois, a empresa sofre uma redução nas encomendas e o patrão procura despedir o empregado sob o fundamento de que não esperava que as coisas corressem daquele modo e, portanto, deveria ser liberado de sua obrigação.

Não será surpresa se os tribunais não acolherem a alegação de erro (*mistake*) no primeiro caso ou de frustração (*frustration*) ou impraticabilidade (*impossibility*) no segundo. No entanto, se acreditarmos no comprador e no patrão, ambos acabaram tendo de correr riscos que não haviam concordado em assumir, assim como o vendedor da vaca supostamente estéril em *Sherwood* ou o espectador esperançoso em *Krell*.

Podem haver merecido o resultado, mas não por causa de um risco que resolveram correr. Para desviar-se do fato de que aquilo que mereceram não é baseado no consentimento deles, os tribunais propuseram uma análise de que (a) houve acordo sobre algo (a venda *daquele* violino, *aquelas* condições de emprego), e (b) não sendo as presunções errôneas seguintes compartilhadas, e sim simplesmente unilaterais, elas não viciam a força daquele acordo. Como mostram casos como *Sherwood* e *Griffith*, o fato de ter havido acordo sobre alguma coisa dificilmente pode ser considerado suficiente para decidir a questão.* Tampouco, nas duas hipóteses, a área de desacordo é desprezível. A lei dá ênfase ao fato de que a presunção errônea não é compartilhada, mas isso dificilmente constitui consenso, pois devido a presunções diferentes sobre uma questão crucial o consenso não existe. O contrato deve ser cumprido nesses casos de erro unilateral (*unilateral mistake*) apesar dessa falta de acordo, e, portanto, segundo princípios diferentes do princípio da promessa. O princípio mais provável reconhece que em cada caso uma das partes está sendo obrigada a suportar uma perda que não havia assumido conscientemente, mas que a outra parte supôs que o risco dessa perda havia sido distribuído entre ambos, de tal forma que entre as duas partes, as expectativas daquela que agiu de maneira razoável no curso normal dos acontecimentos não deveriam ser desapontadas. E isso porque (1) se é inevitável uma perda e ambas as partes são inocentes, a parte cuidadosa não deveria jogar essa perda sobre a parte prudente; (2) a possibilidade de que as reservas do comprador ou do empregador sejam resultado de raciocínio posterior é grande demais para que justifique uma investigação judicial sistemática.[17]

A primeira dessas razões pode ser levada à conta da consideração de equanimidade ou do estímulo ao devido cuidado. A segunda tem a ver

* Todos os tipos de notável lógica têm sido usados a respeito da questão de saber se o acordo trata de substância ou meramente de uma qualidade, da coisa em si ou de um acidente. Ver Francis de Zulueta. *The Roman Law of Sale: Introduction and Select Texts* 18-30 (Oxford, 1945). Assim, por exemplo, em *Wood* considerou-se que o acordo era sobre a coisa em si – aquela pedra – enquanto em *Sherwood* concluiu-se que uma vaca estéril e outra prenhe era de alguma forma coisas essencialmente diferentes. Naturalmente, tudo isso é bobagem. É inevitável certa medida de falta de consenso, e até que ponto o trato ficará viciado é uma questão de grau.

não com a equidade final, e sim com problemas de administração. Ambas as considerações repousam em bases diferentes do princípio da promessa. Isso aparece nas variantes de casos de erro unilateral (*unilateral mistake*), quando a parte que não se equivocou sabe que a outra está enganada (por exemplo, o vendedor sabia que o comprador achava estar adquirindo um Guarnerius), ou mesmo quando tenha motivos para saber,[18] ou ainda – como alguns casos dão a entender – embora não saiba, a perda sofrida pela parte equivocada seria muito grande, e a parte não equivocada não perderia nenhuma oportunidade justa caso o trato fosse desfeito.[19] Os tribunais não tratam dessas considerações para fazer cumprir o que foi acordado pelas partes, pois elas absolutamente não concordaram quanto às premissas. Como as partes não concordam, o tribunal não pode senão utilizar padrões extrínsecos de equanimidade para encontrar uma solução. A tentativa inútil de considerar esses casos segundo o princípio da promessa somente serve para dar razão aos que vêem em todo o Direito Contratual princípios não promissórios de equidade em ação.*

É mais fácil para o Direito intervir (1) quando ambas as partes cometem os mesmos erros ou erros complementares (isto é, casos de erros mútuos em *Raffles*) ou (2) quando ocorrem riscos que nenhuma das duas partes previu. É necessária uma solução. Os casos de liberação devido a erro mútuo (*mutual mistake*) parecem apresentar maior desafio ao conceito do contrato como promessa porque a lei impõe um resultado (em geral nada mais do que a anulação da transação) que não se baseia na vontade de nenhuma das partes. No casos de erro unilateral (*unilateral mistake*), a vontade de pelo menos *uma* das partes é satisfeita, e por isso o exemplo de imposição *ab extra* não é tão nítido. Da mesma forma, nos casos de impossibilidade (*impossibility*) e frustração (*frustration*) em que

* Os contratos feitos por pessoas incompetentes fornecem outra ilustração da mesma gama de problemas. Parece correto dizer, como fizeram os casos mais antigos, que não se pode tomar como juridicamente vinculante a vontade expressa por um louco. Mas disso não decorre que, portanto, alguém que tratou inocentemente com essa pessoa e cuja situação anterior não possa ser restaurada deva suportar a carga daquela deficiência – por exemplo, não ser pago por mercadorias que o louco tenha comprado e não possa devolver. Para uma apreciação geral, ver Richard Danzig, *The Capability Problem in Contract Law* (Mineola, N.Y., 1978).

a liberação é concedida, ocorre a mesma aparência de imposição de um resultado que não foi previamente desejado por nenhuma das partes. Esses casos, no entanto, também são compatíveis com a concepção de que a obrigação promissória mutuamente auto-imposta (a vontade das partes) é a própria vida do contrato. Pode-se perguntar o que poderia significar efetivar a "vontade das partes" num caso em que a vontade não seja convergente a respeito da questão em tela.

Deixar o dano onde cair

A teoria clássica tem reagido negando o direito de liberação em tais casos e fazendo questão, em vez disso, de uma interpretação "estrita" ou "literal" do contrato, aconteça o que acontecer. Gilmore apresenta *Stees vs. Leonard* como exemplo dessa atitude draconiana.[20] Um empreiteiro, ao encontrar terreno inesperadamente pantanoso, chega a quase terminar a construção que prometera, mas ela desmorona. Ele reconstrói, mas o prédio desaba novamente. Finalmente, desiste. Williston e outros adeptos da linha dura acham que o empreiteiro não pode ser eximido do desempenho prometido.[21] (No caso real, o proprietário pleiteava primordialmente a devolução dos pagamentos pelo término de cada etapa da obra.) Como o compromisso do empreiteiro o obriga a construir, ele tem de fazê-lo, quantas vezes for necessário. Esse resultado severo e tolo é para os críticos um exemplo constante dos resultados a que pode levar a teoria liberal, ou da vontade, ou promissória. Os resultados rigorosos assim são inaceitáveis, mas a teoria do contrato como promessa não os exige. Na verdade, *nenhuma* teoria coerente poderia exigir tal conclusão. Ao demonstrar a incoerência dessa assim chamada visão estrita, mostro que nenhuma teoria simplesmente severa poderia produzi-la.

A visão estrita, ou literal, sempre determina, ou ratifica, uma certa distribuição do risco. Em *Stees v. Leonard*, o tribunal atribuiu ao construtor o risco de desabamento. Se não for reconhecida a liberação aos locatários de quartos ao longo do trajeto do desfile da coroação, o risco de cancelamento será, por implicação, imposto a eles e não aos que ofereceram esses cômodos em aluguel. Ora, por que motivo essa alocação de riscos será mais "estrita" do que o contrário? Será porque o contrato reza "construir uma casa" ou "alugar quartos em..."? Será porque liberar o construtor ou o locatário implica uma cláusula em que conste "a menos que o solo seja mais instável do que qualquer um de nós dois considera provável", "a menos que não haja desfile a ser assistido"? Mas se o motivo é esse, por que não argumentar o contrário: deveria haver liberação, já que o contrato não diz "construir uma casa, qualquer que sejam as condições do terreno", ou "alugar os quartos na data atualmente prevista para a coroação, haja ou não cancelamento posterior"? É verdade que as palavras efetivamente utilizadas admitem qualquer das duas interpretações, mas por que motivo isso torna a interpretação mais "severa" mais suscetível de ser escolhida entre as duas possibilidades? Suspeito que seja por um preconceito permanente de que a interpretação mais severa seja a mais simples, a menos qualificada, a mais natural, enquanto aquela que permitiria a liberação exige que o tribunal acrescente palavras, superimponha algo à vontade das partes. Mas justamente o que se argumenta quanto às questões em debate é que as partes *não tinham manifestado* vontade, e, portanto, qualquer solução dada ao problema será necessariamente imposta pelo tribunal. Em resumo, ocorreu um acidente, e qualquer solução dada ao acidente é uma espécie de julgamento, uma espécie de intervenção.[22]

Suspeito de que a visão estrita ou literal esteja relacionada com a convicção de que os danos por acidentes em geral devem permanecer onde recaírem. O domínio habitual para permitir que os danos permaneçam onde venham a cair é o direito da responsabilidade delitual (*tort*), e os comentaristas notaram que a atitude que deu origem à visão estrita em relação aos contratos também se fez notar em uma aversão a transferir os ônus no direito da responsabilidade delitual (*tort law*). Como afirma Gilmore, teoricamente, segundo essa visão, ninguém jamais seria responsável por coisa alguma.[23] Mas o que significa dizer, mesmo no direito da responsabilidade delitual, que o dano permanece onde venha a cair (*the loss lies where it falls*)? Vale a pena esclarecer isso, pois minha argumentação é que o erro (*mistake*) e a impossibilidade (*impossibility*) também são tipos de acidente – acidentes contratuais.

A idéia intuitiva é de que o ônus por um acidente deve permanecer com aquele que tiver sofrido o prejuízo. Mas a parte prejudicada pode resolver tomar o caso em suas próprias mãos e transferir o ônus a outrem (o causador do prejuízo ou um terceiro) e, então, dali em diante o ônus ficará com esse outro. Quando um ladrão rouba, a menos que o Direito indenize a vítima ou esta se socorra a si mesma, o prejuízo será da vítima. Se um agressor dá um soco em seu nariz, o prejuízo será seu, a menos que haja uma compensação. Portanto, deixar que o ônus fique onde tiver recaído de forma alguma descreve uma ordem, pois nada intrinsecamente nos diz onde terminaria essa imposição não-judicial do prejuízo. Afinal, por que motivo ela deveria cessar após o primeiro elo da cadeia de acontecimentos; por que motivo a vítima no final do primeiro elo não haveria de transferir o prejuízo a alguém, e em seguida a outrem? Esse ponto é vital no que se refere a contratos. Isso porque se realmente os ônus devessem permanecer onde recaíssem, nenhum contrato jamais seria cumprido. Se alguém acabasse sendo prejudicado por haver confiado na palavra de outra pessoa, bem, não deveria ser tão tolo assim! O Direito Contratual faz com que as promessas sejam cumpridas e não permite a uma parte desapontada suportar seu desapontamento simplesmente por haver recaído sobre si, assim como o Direito da responsabilidade delitual (*tort law*) não permite que a vítima de uma agressão ou de um ato temerário suporte os prejuízos que outro lhe causou. Por outro lado, é possível que alguns danos permaneçam onde venham a cair: se eu tropeçar e escorregar caminhando na praia, ou se meus negócios ficaram arruinados devido a um concorrente mais eficiente, ou se eu fizer uma especulação malsucedida no mercado monetário. Os motivos pelos quais alguns prejuízos são transferidos e outros não são tão variados quanto o próprio Direito, mas deve haver motivos. Deixar que os danos permaneçam onde venham a cair não é um argumento, uma razão: no máximo repete a possível conclusão de uma argumentação.

Existem diversas atitudes gerais por trás da tendência a deixar que os danos permaneçam onde venham a cair. Uma dessas atitudes reluta em praticar a intervenção que a transferência das perdas provoca, mas isso é apenas uma atitude, e não uma teoria, pois, como vimos, não pode ser adotada sistematicamente. No máximo exprime uma preferência pela não-intervenção, tudo o mais permanecendo igual, mas nesse caso precisaremos de uma teoria para saber quando as coisas serão realmente iguais. Outra atitude, relacionada com essa, vê na transferência de ônus uma ameaça à autonomia individual, pois obrigar outros a compartilhar prejuízos ameaça de maneira correspondente a possibilidade de aproveitar ganhos decorrentes de talentos, esforço e realizações individuais. No entanto, essa atitude é também demasiado vaga a menos que seja reforçada por uma teoria de responsabilidades e de direitos, uma teoria que identifique quando determinado indivíduo é responsável por seu próprio bem ou mal, ou pelos de outrem, e quando um ato representa o exercício de um direito próprio ou viola direitos alheios. Finalmente, a atitude confusa do darwinismo social, que já gozou de certo favor,* pode haver sugerido que a recusa em transferir ônus permitiria aos mais fortes triunfar sobre os menos aptos para que a raça – ou o que quer que seja – se aperfeiçoasse.[24] Como essa última postura redundaria na irrelevância de todo o Direito e toda a moral, não precisamos tratar dela.

O mesmo conjunto de atitudes confusas se esconde por trás da noção de que quando um acordo é expresso em termos gerais, e se essas palavras gerais parecem cobrir um caso surpreendente específico, nesse caso o dano por essa surpresa deveria permanecer onde viesse a cair em conseqüência de haver tomado aquelas expressões gerais como cobrindo esse caso específico, ainda que nenhuma das partes haja pretendido isso. Na medida em que essa noção possa ser atraente, será como uma afirmação um tanto confusa e aproximada de outra concepção mais coerente: uma concepção que, no entanto, levará a resultados bastante diferentes.

* Holmes, a quem Gilmore relaciona com uma predileção por deixar que os danos permanecessem onde caíssem, sentiu-se bastante atraído por essa atitude. Ver Gilmore, supra nota 1, em 14-17; Mark Howe, *Justice Oliver Wendell Holmes II*, 44-49 (Cambridge, 1963).

Mas por que devemos achar que essas palavras incluem o resultado não pretendido, surpreendente e específico? As palavras gerais poderiam *habitualmente* implicar esse resultado específico. Mas no caso *deste* contrato e *destas* partes, por hipótese, nenhuma das partes pretendeu ou previu que tais palavras gerais cobrissem aquele caso específico. Talvez um promitente não devesse ser autorizado a alegar que não quis dizer com determinada palavra aquilo que essa palavra geralmente significa. Mas se não lhe permitirmos desculpar-se revelando sua intenção privada e especial, não será por duvidarmos de que às vezes as pessoas tenham efetivamente intenções especiais. Em vez disso, podemos impedir essa alegação como questão de equanimidade para com a outra parte ou como questão de conveniência prática. Na verdade, suspeitamos que ou (1) o requerente realmente quis dizer aquilo que as palavras efetivamente significam, arriscou-se, e agora pretende escapar de algo que se transformou em mau negócio; ou (2) embora não tenha querido dizer o que disse, a outra parte entendeu assim, e presumiu razoavelmente que ela também tivesse querido dizer o que a outra parte entendeu, de forma que seria agora uma injustiça desapontar as expectativas da outra parte descobrindo alguma intenção secreta, surpreendente, inesperada. Mas isso não significa voltar as costas e deixar que o dano permaneça onde tiver recaído. Esses são motivos perfeitamente razoáveis e práticos para administrar um sistema que em geral procura realizar as verdadeiras intenções das partes. Quando pudermos estar realmente seguros de que nenhuma das partes pretendeu prever esse caso particular, e quando pudermos chegar a essa conclusão sem temer uma desintegração contagiosa da confiança nas obrigações contratuais em geral, não haverá razão remanescente para mandar cumprir esse contrato.

Paralelos com a teoria jurídica geral: um excurso

Uma possível origem da visão "estrita" do erro (*mistake*) e da impossibilidade (*impossibility*) é uma analogia (errônea) com a proposição de que não existem lacunas na legislação. Essa proposição, que faz parte da maioria das concepções de um sistema jurídico maduro, afirma que o sistema jurídico abrange todas as questões que possam ser suscitadas em seu âmbito. Não existe ato sobre o qual o Direito não possa fazer um julgamento, considerando-o ou permitido, ou proibido, ou exigido. O julgamento de "*non-liquet*" fica em princípio excluído.[25] Ronald Dworkin mostrou de que forma esse axioma da integralidade constitui um embaraço para um tipo particular de teoria legal, o positivismo jurídico, e mais especialmente para a variedade de positivismo divulgado por John Austin sob o título de teoria do "comando",[26] que considera toda lei como "vontade" ou "comando" de um soberano. Em todos os casos genuinamente novos, a respeito dos quais ninguém antes se pronunciou, a teoria voluntarista do Direito enfrenta um dilema. Dworkin dá o seguinte exemplo: a legislatura afirmou que os contratos sacrílegos são inválidos. Será inválido um contrato assinado num domingo? O Direito silencia sobre esse ponto. Se juntarmos esse axioma positivista de que a lei é o que o soberano (a legislatura) afirma que ela é ao axioma da integralidade, pareceria que já que a legislatura *não* criou um direito de fazer cumprir o contrato, tal direito não existe. Mas se ela tampouco disse que o contrato é inválido, nesse caso existe um direito de fazer com que seja cumprido. Uma manobra positivista para livrar dessa contradição a teoria voluntarista propõe o juiz como uma espécie de soberano subsidiário, emitindo ordens e assim *criando* direitos legais nas lacunas deixadas pelas ordens do soberano principal. Mas isso não resolve a questão; advogados e litigantes não presumem que nos casos "difíceis" ou controvertidos eles não tenham direitos até que o juiz anuncie sua decisão. Ao contrário, argumentam para que o juiz lhes confira um direito que afirmam já possuir. Apelam para princípios que consideram obrigatórios para o juiz, e esperam dele não um ato de legislação ou de vontade, mas um ato de raciocínio, um argumento e uma conclusão baseados nos princípios do Direito. Mas se isso está correto, então ao definição do Direito não depende da identificação de algum ato de vontade anterior de algum soberano, e sim da elaboração meditada de princípios – inclusive princípios morais – que agora são considerados como fazendo tão parte da legislação quanto os decretos legislativos. E, naturalmente, essa interpenetração íntima do Direito e da moral é justamente o que Dworkin defendeu e a teoria positivista da vontade procura negar.[27]

Há importantes pontos de contato (além do simples nome) entre a teoria da vontade no Direito e a teoria da vontade nos contratos. Os mesmos teóricos jurídicos que propuseram a teoria da vontade no Direito como forma de fazer com que a lei fosse específica e distinta das questões controvertidas de moralidade sentiram-se atraídos para a teoria da vontade nos contratos como forma de fazer com que, tanto quanto possível, os direitos e deveres das pessoas dependessem da sua própria vontade e não de padrões de justiça externos a essa vontade. Alguns desses críticos trataram de ambas as teorias. Já que a teoria da vontade fracassou como teoria geral do Direito, esses críticos supõem que deva também fracassar como teoria do Direito Contratual: se o Direito não é somente a vontade do soberano, mas também é em parte um fenômeno moral, tampouco pode o contrato basear-se na vontade das partes. Assim, acredita-se que a teoria da vontade nos contratos fica refutada por analogia. Os que procuram refutar a teoria da vontade nos contratos utilizam o erro (*mistake*) e a impossibilidade (*impossibility*) da mesma forma que aqueles que procuram refutar a teoria da vontade na lei utilizam os casos novos ou "difíceis". E aqueles que pretendem defender a teoria da vontade tanto nos contratos quanto na teoria geral do Direito ficam tentados a fazer o mesmo movimento dúbio em ambos os casos: ocultam-se no refúgio inexistente de palavras genéricas e construção estrita. Em ambos os casos, procuram demonstrar que de alguma forma o que a legislatura afirmou, ou o que dispõem as palavras do contrato, permite por si mesmo uma decisão do caso embaraçoso baseada em princípios. Mas espero haver dito o bastante para demonstrar que esse caminho leva somente ao paradoxo.

Embora o embaraço do caso não previsto seja fatal para a teoria da vontade no Direito, não é absolutamente fatal para uma teoria da vontade nos contratos adequadamente concebida, pois não existe na doutrina dos contratos um equivalente para o axioma de que o Direito não tem lacunas. O Direito tem de ter resposta para todas as disputas suscitadas diante dela. Não existe, no entanto, necessidade equivalente de que um contrato possua resposta determinante para todas as disputas que possam surgir com relação a seu conteúdo. Embora seja fatal para uma teoria do Direito que a lei tenha lacunas – e assim fica refutada a teoria da vontade no Direito o – o fato de que os arranjos contratuais possuam lacunas não é fatal para uma teoria da vontade nos contratos. Afinal, a própria lei impõe responsabilidade contratual à base de um conjunto complexo de julgamentos morais, políticos e sociais. Os limites dessa responsabilidade terão de depender de julgamentos; o que existe do outro lado (o lado não contratual) desses limites está igualmente no âmbito do controle desses julgamentos que constituem o Direito. Portanto, as lacunas em um contrato não apresentam nenhum problema teórico. As lacunas são problemas quando não sabemos preenchê-las, mas sabemos perfeitamente como preencher as lacunas de um contrato. Assim, pode-se dizer que quando as relações entre pessoas não estão cobertas pela roupagem contratual, a pele nua não aparece. Essas relações ocorrem sob o manto geral do Direito. Com efeito, a própria ausência de lacunas na lei torna mais fácil admitir que haja lacunas nos contratos. Isso porque quando as relações entre as partes não são governadas pelas promessas que elas tenham efetivamente feito, serão governadas pelos princípios residuais gerais do Direito.

Preencher as lacunas

Seria irracional ignorar as lacunas nos contratos e recusar-se a preenchê-las. Seria irracional não reconhecer acidentes contratuais e recusar-se a fazer ajustes quando eles ocorrerem. O princípio da promessa não pode preencher as lacunas e nem pode orientar os ajustes. Já encontramos anteriormente os dois princípios residuais rivais da obrigação civil que passam a reger quando termina a promessa: o princípio da responsabilidade delitual (*tort*) para compensar prejuízos causados e o princípio da restituição por benefícios auferidos. Cada um desses princípios pode ser aplicado, porém somente de maneira limitada ou enigmática, aos casos que nos interessam. Se uma das partes contratantes ocultou conscientemente ou deixou de levar em conta por negligência uma eventualidade que altera os riscos de forma significativa – por exemplo, se o proprietário no caso *Stees* soubesse ou tivesse podido tomar conhecimento com facilidade da perigosa condição de seu terreno – podemos obrigá-lo por esse motivo a suportar a perda resultante. Se uma parte outorgou benefícios (construiu alguma coisa, pagou adiantadamente) por força de um contrato que posteriormente fracassa devido a frustração (*frustration*), o benefício deve ser pago ou devolvido. Nos casos decorrentes do cancelamento da coroação, por exemplo, os quartos acima do caminho do desfile tinham valor simplesmente para aquele objetivo e poderiam ser novamente alugados quando a coroação fosse remarcada. Seria absurdo permitir que os proprietários recebessem duas vezes. (Mas, e se não tivesse havido um desfile posterior?)

Infelizmente, em muitos casos nos quais ambas as partes são prejudicadas, nenhuma é culpada e nenhuma se beneficia. A casa semiconstruída é arrasada por um terremoto.[28] A máquina semiterminada torna-se inútil devido a uma regulamentação governamental.[29] O programa impresso para uma regata cancelada não interessa a ninguém.[30] Em tais situações, entra em cena um terceiro princípio distinto para a distribuição dos ganhos e perdas: o princípio da partilha (*principle of sharing*).[31] Consideremos os seguintes casos:

III. Um homem e uma mulher que passam a noite juntos em um hotel acham um envelope contendo grande soma de dinheiro no fundo de uma gaveta de um móvel. Não é possível identificar o proprietário original. Quem deve ficar com o dinheiro: o homem, a mulher ou o hoteleiro, ou eles deveriam dividi-lo?[32]

IV. Durante uma tempestade extraordinariamente forte, um navio cargueiro perde uma parte da carga pertencente a vários expedidores, mas não toda. Deve a perda ficar com os prejudicados, ou suportada pelo proprietário do navio, ou dividida entre todos os expedidores e o proprietário?[33]

Esses casos mostram a diferença entre a partilha, por um lado, e os princípios do benefício e prejuízo, por outro. No beneficio e prejuízo o predicado para a transferência de um encargo ou uma vantagem é o ato responsável de uma das partes. Essa responsabilidade pode decorrer de culpabilidade – inclusive negligência – de um ato voluntário ou da assunção prévia de responsabilidade, como por um contrato. No entanto, conforme ilustram os casos III e IV, em certas situações pode não existir base para responsabilizar as partes, individualmente ou uma em relação a outra. Ao contrário, pessoas ligadas por alguma relação, talvez empenhadas em algum empreendimento comum, sofrem uma perda imprevista ou recebem um benefício inesperado. O princípio da partilha (*principle of sharing*) entra em jogo quando não há acordo, ou nenhum dos participantes do relacionamento é culpado e ninguém conferiu ao outro um benefício. A partilha se aplica quando não há direitos a respeitar. É o princípio que se aplicaria se um grupo de nós aterrissasse em outro planeta.[34] É especialmente adequado para preencher as lacunas dos acordos, para as reparações após acidentes contratuais. Aplicado à casa que desaba em *Stees* ou à máquina recém-construída que se tornou inútil, esse princípio afirma que a perda não permanece onde recaiu, e sim que as partes compartilharão a perda – o que talvez significasse que o proprietário ou o comprador pagariam metade do trabalho inaproveitável já realizado. Os tribunais hoje caminham nessa direção.[35]

Por que motivo, perguntaria você, somente as partes do acordo deveriam compartilhar os benefícios e as perdas? No caso da máquina semiconstruída, o governo não deveria pagar parte do custo? No caso da casa, por que os vizinhos não entrariam em ação, pois os danos do terremoto poderiam afetá-los? No caso do dinheiro encontrado no hotel, por que os frutos da sorte não poderiam ser espalhados mais amplamente? A pergunta necessariamente nos leva a temas muito gerais de filosofia política, e a relutância em reconhecer e preencher lacunas nos arranjos contratuais pode haver surgido em conseqüência de preocupações nesse nível mais geral. Admite-se que uma obrigação geral a compartilhar seja corretamente considerada uma ameaça aos princípios da autonomia e da responsabilidade pessoal. Se devemos compartilhar os benefícios e prejuízos de acidentes contratuais aleatórios, por que não compartilhar todos os benefícios e danos da vida? Por que não considerar a boa ou má sorte nos investimentos, a escolha da profissão ou a estratégia de mercado como acidentes a serem reparados por meio da partilha? E ainda, por que não considerar como acidentes até mesmo as diferenças de talento, caráter ou disposição? Finalmente haveria uma partilha integral, e ninguém gozaria os benefícios nem suportaria as responsabilidades de suas escolhas pessoais – e até mesmo de sua pessoa.[36] Em tal sistema, o conceito de autonomia, que está por trás do contrato como promessa, ficaria sem sentido.

As democracias liberais modernas e a teoria política liberal procuraram desenvolver um conceito de partilha que ainda assim deixa intactas a pessoa e suas liberdades. Como argumenta com mais detalhes o Capítulo 7, procura-se a acomodação por meio da divisão básica de funções, no Estado moderno de bem-estar, entre a autonomia (contratual) do mercado privado e os esquemas gerais de distribuição do bem-estar. Essa acomodação pressupõe que a obrigação de compartilhar é de ordem geral, da qual todos devem participar por meio das contribuições fiscais. O sistema procura reduzir as extremas disparidades na riqueza geral que solapam a possibilidade de realizar a comunidade e ao mesmo tempo proporcionar tanto oportunidades justas de progresso quanto um mínimo social garantido. Esse sistema se destina a fornecer um quadro, uma estrutura dentro da qual os indivíduos possam efetivamente exercer sua autonomia e colher os benefícios ou sofrer as conseqüências de suas escolhas. Embora a fórmula exata do que constitui disparidade tolerável e mínimo social decente possa estar sujeita a variação e julgamento político, afirmo que essa estrutura e seus objetivos são em princípio corretos.

Quererá isso dizer que não há lugar para o princípio da partilha (*principle of sharing*) no terreno contratual, que admiti-lo nesse campo ameaçaria ou solaparia o saudável compromisso entre autonomia e comunidade implícito nas democracias liberais? Creio que não. Ao estabelecer uma relação contratual, A e B deixam de ser desconhecidos um para o outro. Estão mais próximos do que aqueles que são meramente membros de uma comunidade política. Assim como as pessoas em meus exemplos, elas estão ligadas num empreendimento comum, e, portanto, têm certa obrigação de compartilhar benefícios e perdas inesperadas no caso de acidente no curso desse empreendimento. Assim como dizemos que C não deve participar dessas perdas, tampouco dizemos que A e B devam partilhar perdas que estejam inteiramente fora do âmbito de seu empreendimento.

Essa atraente resolução suscita dois problemas. Não será a empresa contratual apenas uma empresa na qual as obrigações mútuas foram contraídas voluntariamente, e no entanto os acidentes contratuais ocorrem precisamente porque não houve comprometimentos mútuos; não estaremos portanto construindo uma espécie de penumbra não consensual em volta do cerne consensual? Em que termos construímos essa penumbra? Não nos termos de vontades ou promessas das partes. Evidentemente, o controle deve caber a algum padrão de partilha *externo* à intenção das partes. Mas se a lei está livre para impor padrões externos à intenção das partes de um contrato a fim de dividir de maneira equânime as perdas em caso de acidente contratual, isso não significa que os princípios da partilha (*principles of sharing*) estejam potencialmente disponíveis para distribuir encargos e benefícios entre qualquer conjunto de cidadãos? Se for assim, nesse caso não apenas o nexo contratual é necessário para criar o atributo *em favor* da partilha, mas também a própria partilha pode ser vista como princípio tão poderoso que seja capaz de sobrepujar esse nexo, revertendo os efeitos dos acordos até mesmo quando não tenha havido acidente.

Não precisamos ir tão longe. As pessoas ligadas por relações concretas ou pessoais devem ter mais interesse recíproco do que as que se encontram em relações abstratas umas com as outras, como concidadãos ou seres humanos.[37] Por meio desse princípio, os membros de nossa família ou os amigos fazem jus, e podem aspirar, a uma parcela maior de nossa justiça do que a que a justiça arbitrária prescreve. Também por meio desse princípio, o prejuízo direto ou intencional constitui uma infração. Fazer de outra pessoa o objeto de sua intenção, um passo no caminho da realização de seus planos, particulariza essa pessoa e forma uma relação concreta entre você e ela. Normalmente, essas relações concretas são livremente escolhidas. Embora alguns laços familiares não sejam escolhidos, os laços de amizade o são, e quanto ao prejuízo, a intenção de lesar uma outra pessoa específica (desconhecida ou não) é quintessencialmente voluntária.

Uma relação contratual é um bom exemplo de relação concreta que pode originar um dever mais concentrado de compartilhar a boa ou má sorte de outra pessoa. A relação, afinal de contas, é livremente escolhida. Com efeito, a idéia é a mesma do empreendimento comum das partes de um contrato – um empreendimento no qual resolveram entrar.[38] É verdade que o laço se estende além dos termos explícitos do contrato, pois os problemas de que estamos tratando não estão, por hipótese, explicitamente previstos no contrato. O contrato, no entanto, impõe também um limite para a obrigação. Se venho fornecendo ao longo dos anos máquinas para sua fábrica, estou envolvido em seu empreendimento industrial em um grau não especificado, porém certamente não em relação às desventuras que possam ocorrer a você devido a alguma especulação independente, ou a suas dificuldades familiares. Se concordei em vender a você uma pequena peça padronizada, um fio elétrico para extensão ou uma lâmpada, minha implicação em sua empresa (e a sua na minha) terá uma penumbra muito pequena além do efetivo acordo de venda. Assim, ao preencher as lacunas, é natural procurar no próprio acordo alguma indicação da natureza e extensão do empreendimento comum. Como a intenção real (por hipótese) não aparece, o tribunal respeita tanto quanto possível a autonomia das partes mediante a distribuição dos encargos e benefícios que pessoas razoáveis fariam nesse tipo de arranjo. (O tribunal trata o contrato como uma espécie de carta, ou constituição, para a relação entre as partes.) Isso, como argumentei anteriormente, é uma investigação que contém elementos inevitavelmente normativos:

partes "razoáveis" não procuram simplesmente realizar objetivos racionais; fazem-no constrangidas pelas normas de equanimidade e honestidade. Finalmente, esse recurso aos princípios da partilha (*principles of sharing*) a fim de preencher lacunas não ameaça nem sobrepuja o princípio promissório, pela simples razão de que as partes estão perfeitamente livres para controlar o significado e extensão de seu relacionamento por meio do próprio contrato.

Capítulo 6

BOA-FÉ

Acredita-se que o desafio mais direto à concepção do Direito Contratual como expressão coerente o princípio da autonomia decorra das doutrinas da boa-fé, abusividade (*unconscionability*) e coação (*duress*)[1]. Essas doutrinas autorizam explicitamente os tribunais, em nome da equanimidade, a rever arranjos contratuais ou a derrubá-los completamente. A boa-fé é uma forma de tratar com uma parte em um contrato: de maneira honesta, decente. É uma noção adverbial que se refere a evitar trapaças e práticas indevidas (má-fé [*bad faith*]) seja para entrar em um acordo seja para cumprir seus termos. A coação (*duress*) é um vício inerente à pressão utilizada para obter o acordo, enquanto a abusividade (*unconscionability*) se refere a um vício no próprio acordo: um acordo abusivo (*unconscionable*) é injustamente unilateral, aproveitando-se da vulnerabilidade de uma das partes. (Embora um acordo obtido mediante coação [*duress*] também provavelmente seja parcial, não é preciso que o seja, e por isso as duas doutrinas podem divergir.)

Diz-se também que essas doutrinas desafiam o conceito do contrato como promessa porque de uma forma ou de outra elas negam que a promessa seja suficiente para definir a relação entre as partes contratantes. O cumprimento dos deveres assumidos por força do contrato pode não ser imposto se o acordo for julgado abusivo (*unconscionable*) ou ter sido obtido mediante coação (*duress*); deveres não explicitamente assumidos pelas partes podem ser impostos quando exigidos pela boa-fé. Como a aplicação dessas doutrinas depende do julgamento de eqüidade por parte de um tribunal, pareceria que as relações contratuais não dependem da vontade das partes e sim de julgamentos morais substantivos, impostos externamente, sobre quais devem ser as relações entre as partes. A existência de direitos e deveres que não tenham sido voluntariamente assumidos e acordados dificilmente pode por si mesma constituir um desafio, pois muito poucos autores na verdade sugerem que todos os direitos e deveres, todas as relações entre cidadãos, sejam baseadas em acordos explícitos – ver, por exemplo, o debate no Capítulo 5 sobre o dever dos tribunais de preencher lacunas em um acordo mediante o uso de princípios jurídicos e morais de eqüidade. O desafio, na verdade, é o seguinte: mesmo que tenha havido acordo explícito, não é o acordo, e sim os julgamentos de eqüidade e de bem substantivo, o que define a maneira pela qual as pessoas devem comportar-se umas em relação às outras. Diz-se que admitir a força (*force*) ou o dolo (*fraud*) como circunstância invalidante mostra que o contrato não se baseia no princípio da promessa, no princípio de conferir efeito a obrigações livremente assumidas pelas partes contratantes. Ao contrário, isso demonstra que o contrato é aquilo que o Direito inevitavelmente deve ser: a imposição *ab extra* de uma decisão destinada a atingir o que os tribunais e a sociedade consideram uma distribuição justa de ônus e vantagens. Afinal, argumenta-se, uma maior força ou facilidade para enganar alguém (*deception*) nada mais são do que duas vantagens dentre muitas que podem fazer o equilíbrio de um trato inclinar-se em favor do mais bem dotado. Se admitirmos que os tratos podem ser cancelados ou revistos devido a um desequilíbrio desse tipo de vantagem, o caminho fica aberto para o reexame e a revisão de acordos, geralmente em termos de sua eqüidade. Sem dúvida, no fim desse caminho estará a revisão de um acordo simplesmente por causa do equilíbrio de vantagens *em seu resultado*, sem referência alguma a um desequilíbrio anterior na situação das partes. Se não tivesse havido desequilíbrio preexistente, por que motivo, então, teria sido produzido um acordo desequilibrado? Os resultados injustos são tratados como evidências conclusivas de procedimentos injustos, e acredita-se que os dois tipos de julgamento se misturam.[2]

Em meu exame do dolo (*fraud*) em conexão com a boa-fé e de ameaças em conexão com a coação (*duress*), demonstro que esse é um argumento especioso, que para condenar o dolo (*fraud*) e a força (*force*) existem bases que não se referem absolutamente ao equilíbrio de vantagens resultante de seu uso. Com efeito, é um *non sequitur* argumentar que como o uso de força (*force*) ou dolo (*fraud*) pode conferir vantagens no processo de barganha (*bargain*), segue-se que o objetivo geral de condená-las seja conseguir um equilíbrio desejado de vantagens entre as partes contratantes (ou até mesmo entre todos os cidadãos). Em suma, embora a condenação de tratos alcançados por meio de força (*force*) ou dolo (*fraud*) tenha efeitos distributivos, isso não quer dizer que os objetivos de redistribuição estejam por trás desses julgamentos. Para minha argumentação afirmativa, no entanto, terei de propor uma teoria que explique as doutrinas do dolo (*fraud*) e da coação (*duress*) e mesmo assim deixe intacta a concepção do contrato como promessa.

Um ataque mais sutil contra o contrato como promessa utiliza primordialmente o conceito de boa-fé. Esse ataque afirma a base relacional do Direito Contratual, mas não a localiza na assunção deliberada, por parte dos promitentes, de um conjunto de direitos e deveres limitados, e sim a coloca alhures. Segundo essa visão, as relações contratuais estabelecem laços de comunidade entre as partes, e esses laços geram seus próprios imperativos morais, bem diferentes das obrigações limitadas que as partes podem haver assumido ao criar a relação. Essa visão é (e pretende ser) uma rejeição deliberada e uma reversão da tese de Henry Sumner Maine em *Ancient Law*, de que o Direito moderno se afastou das relações baseadas no *status* e caminhou para relações baseadas na promessa, isto é, relações baseadas na vontade das partes. Em contraste com a tese redistributiva, essa visão não afirma que um conjunto de obrigações seja imposto às partes pela sociedade para objetivos sociais gerais; ao contrário, o próprio relacionamento é visto como implicando direitos e constrangimentos morais. Muitos autores chamaram atenção para esse abandono das concepções de Maine – Macneil, Fuller, Gilmore, Kessler, Atiyah.[3] Num artigo recente e muito influente, Duncan Kennedy contrapõe o individualismo ao altruísmo e propõe o altruísmo como a moralidade competitiva para as relações contratuais. O altruísmo é uma moralidade de partilha e sacrifício. Caso uma das partes comece a obter grandes ganhos à medida que uma relação se desenvolve, deve partilhar esses ganhos com a outra parte. Caso sofra grandes perdas, o parceiro deve sacrificar-se e assumir um pouco do ônus desses prejuízos. O individualismo, ao contrário, permite que cada parte conserve as vantagens de que dispõe e não dá possibilidade de reivindicar alívio nas dificuldades. Os deveres das partes, uma em relação à outra, são somente os que elas assumiram, e nada mais.[4] O modelo da relação altruísta é a família, em contraste com o rude individualismo das relações comerciais. Na opinião de Fuller, Macneil e Kennedy, no entanto, a dicotomia é falsa, e todas as relações – sejam de amizade ou de comércio – podem ser impelidas pela ética do altruísmo, e quando não o forem espontaneamente, devem ser moldadas segundo esse ideal por meio da intervenção dos tribunais. E como o interesse primordial do altruísmo é ir fazendo ajustes à medida que o relacionamento se desenvolve, a ele está naturalmente ligada a rejeição da preocupação individualista com a identificação e o cumprimento do acordo original segundo seus termos. Essa rejeição toma a forma de uma investida contra um vício vagamente definido, chamado formalismo. No debate sobre a boa-fé examinarei a acusação de que o contrato como promessa é afetado por esse vício.[5]

Esses dois ataques ao contrato como promessa – o ataque em nome da redistribuição e o ataque em nome do altruísmo – têm relação entre si. Como o altruísmo exige partilha, é também um exemplo da busca de objetivos redistributivos por meio do Direito Contratual. As duas críticas, no entanto, têm enfoque diverso. O altruísmo se concentra na partilha dentro de uma relação específica. Assim, esse parece ser um ataque menos profundo, porque pelo menos reconhece a significação especial das relações particulares que as próprias partes estabeleceram. Em outro sentido, entretanto, subverte mais o individualismo. A redistribuição – como ensina a moderna economia do bem-estar[6] – pode pelo menos contentar-se com a definição de dotações amplas de riqueza e recursos, que as partes estariam então livres para comerciar conforme desejarem (isto é, fazendo contratos individualistas). O altruísmo nega ao individualismo esse refúgio contratual. E, naturalmente, nada no altruísmo exige que ele esteja confinado à partilha e sacrifício entre parceiros contratuais ou outros em relacionamento próximo. Pode-se dizer que essas relações especiais impõem deveres *adicionais* de partilha e sacrifício.

"Honestidade de fato"

O Código Comercial Uniforme define a boa-fé como honestidade de fato.[7] À primeira vista, a honestidade nada tem a ver com a partilha, com o altruísmo ou com uma preocupação ativa com os semelhantes. Um homem honesto pode ser um negociador duro, mas o faz de maneira aberta, sincera. Pode-se dizer que a honestidade é a virtude mais próxima do individualismo clássico e do princípio da autonomia:[8] se uma pessoa for bem informada e estiver segura no gozo de seus direitos, nesse caso quaisquer arranjos que deseje fazer merecem ser cumpridos. Eles representam a decisão racional de um homem livre sobre como dispor do que lhe pertence, de que forma comprometer-se. A quintessência da honestidade é o cavalheiro vitoriano, que, embora seja rígido e talvez nada generoso, além de duro negociador, mantém a palavra dada e não mente. A honestidade assegura, em primeiro lugar, que a pessoa não enganará a outra quanto aos fatos a fim de aproveitar uma decisão mal informada de parte dessa outra. Também assegura que os compromissos assumidos serão honrados. A boa-fé, no sentido de honestidade, pode ser vista como manifestação da crença liberal na objetividade dos fatos, na autonomia individual e na importância de manter a palavra dada.

Consideremos o importante caso *Obde v. Schlemeyer*.[9] O vendedor sabia que sua casa estava infestada de cupins e também sabia que nada mais tinha feito, em termos de tratamento, do que esconder e reparar todos os sinais visíveis dessa infestação. O comprador, no entanto, nada indagou sobre cupins, e nem o vendedor deu garantias sobre as condições em que se encontrava a casa. Não obstante, um tribunal decidiu que o comprador havia sido defraudado e concedeu-lhe indenização pelos prejuízos sofridos.

O que podemos dizer sobre esse caso? O vendedor, sem dúvida, agiu de maneira desonesta, e se Schlemeyer tivesse mentido claramente, nem o advogado e nem o moralista teriam tido a menor dificuldade com esse caso.[10] Mentir é errado, e por isso é uma forma inadmissível de obter uma vantagem. Já tratei extensamente desse ponto alhures.[11] Quanto a isso, quero relacionar a inadmissibilidade da mentira com minha tese sobre a base moral da promessa e com o especioso argumento de que a proibição contratual do dolo (*fraud*) seja uma forma de redistribuição.[12] Na visão que venho propugnando, a capacidade de formar julgamentos verdadeiros e racionais e agir segundo eles está no cerne da personalidade moral e é a base do direito de uma pessoa a exigir respeito como ser moral. Um mentiroso procura realizar seu objetivo criando uma falsa convicção em seu interlocutor, e por isso pode-se dizer que ele causa prejuízos atingindo a mente, assim como um agressor causa prejuízo ao corpo de sua vítima. Além disso, o mentiroso obtém essa vantagem utilizando a confiança de outra pessoa, porque a mentira somente tem efeito invocando a expectativa de veracidade. Esse vício cresce quando a mentira causa efeito no contexto de uma promessa. Uma mentira simples prejudica por ser objeto de crédito; uma mentira na qual se acredita e, portanto, suscita a promessa da vítima somente causa prejuízo se a promessa for cumprida. Mas obrigar ao cumprimento da promessa significa invocar *contra a vítima* a própria moralidade de respeito e confiança que o mentiroso traiu ao obter a promessa. É possível descrever essa condenação do dolo (*fraud*) como uma redistribuição de vantagens, mas isso é pouco esclarecedor, porque a "vantagem" foi obtida mediante a violação de um princípio moral que absolutamente não se interessa pelas preocupações distributivas.

Portanto, a mentira é um caso fácil, mas será que Schlemeyer mentiu? Ele parece haver feito "não mais" do que falhar em revelar informações que sabia serem muito úteis ao comprador. É possível mentir de outras formas que não por meio de palavras. Schlemeyer ocultou (literalmente) os traços da infestação de cupins, sabendo que isso criaria uma impressão equivocada no comprador e sem dúvida pretendia que isso ocorresse. Será isso uma mentira? Os críticos da concepção do contrato como promessa argumentam que o conceito de dolo (*fraud*) é instável, que não pode ser limitado a um campo analiticamente definido ou intuitivamente evidente de conduta claramente delituosa e que inevitavelmente implica o dever de partilhar informação, o que, por sua vez, inevitavelmente admite um dever de partilhar vantagens em geral. O caso *Obde* pode ser considerado como o primeiro passo nesse declive escorregadio que leva a um dever geral de partilha (*general duty of sharing*).

Consideremos o seguinte caso:

I. Uma companhia petrolífera realiza extensa investigação geológica procurando identificar possíveis reservas de petróleo e gás. Essas investigações são extremamente dispendiosas. Havendo identificado uma localização promissora, a companhia petrolífera (agindo por meio de um corretor) compra uma grande extensão de terras de um próspero proprietário de uma fazenda, sem nada revelar sobre a investigação, seus objetivos e nem mesmo sua identidade. O preço pago é o preço corrente para terras agrícolas daquela qualidade na região.[13]

Será a conduta do comprador diferente da do vendedor em *Obde*? Devemos obrigar o vendedor a cumprir sua promessa de vender a terra, o que *não* faríamos no caso do comprador em *Obde*? Seria correto dizer que o comprador enganou o vendedor? Ao contrário de Schlemeyer, a companhia petrolífera evitou cuidadosamente enganar o vendedor. Não mandou à região agentes fantasiados de caipira. Suas investidas foram feitas por meio de um corretor que sabidamente agia em nome de um comprador não-identificado. Ora, como regra geral, a proibição de mentir dificilmente pode acarretar um dever geral de remover todas as possibilidades de ignorância e erro que podem existir a seu redor; você não causa maior prejuízo ao deixar de desfazer o erro de um desconhecido do que ao não se esforçar para preencher uma carência não satisfeita de algum outro desconhecido escolhido ao acaso. A existência na cidade de Columbus, em Ohio, de uma criança que ficará mais feliz ao ganhar um sorvete não cria para você nenhuma obrigação moral; nem tampouco o equívoco da mãe dessa criança ao acreditar que o bom tempo de hoje será duradouro, e que a faz sair de casa sem guarda-chuva. Você não foi causador do problema dela; não o está usando para seus próprios fins e tampouco causou a ignorância dela. O problema e a ignorância por si sós não criam uma obrigação generalizada para aqueles que poderiam aliviá-los.[14] No caso hipotético I, no entanto, a companhia petrolífera não está apenas deixando de aliviar um infortúnio, não está apenas deixando deliberadamente de remover a ignorância, mas também está usando a ignorância para realizar seu objetivo e aumentar seus lucros.

Esse caso está na vanguarda do sistema de desenvolvimento do Direito, e alguns autores modernos defendem a necessidade de compensar o prejuízo do fazendeiro.[15] Com que fundamento? Não houve mentira. Se for identificado um dolo (*fraud*), pareceria simplesmente que estamos igualando as vantagens (de informação) entre as partes. Para aguçar nossas intuições, consideremos o caso seguinte:

II. Os fatos são os mesmos do caso I, com a exceção de que a companhia petrolífera pretende obter direitos de exploração não de um fazendeiro, e sim de uma empresa que possui amplos recursos naturais. A companhia petrolífera é pequena e aventureira, disposta a assumir grandes riscos e confiar em dados geológicos controvertidos. Novamente, nenhuma das duas partes explicita suas expectativas e o fundamento de sua ação. A companhia petrolífera propõe um preço à empresa de recursos naturais, a qual aceita, e o arranjo é concluído.

A reação intuitiva a esse caso é completamente diferente da reação aos fatos do caso *Obde*, e nada possui da ambivalência que o caso da companhia petrolífera e do fazendeiro poderia suscitar. Por quê? Certamente não será porque nesse caso temos empresas dos dois lados da transação, ou porque sintamos algum tipo de atração sentimental pelos interesses dos agricultores. Tampouco a riqueza das partes é significativa. Afinal, o fazendeiro poderia ser muito rico, dono de muitas terras. Se nos inclinarmos por considerar importante a riqueza da parte ingênua, deve ser devido à presunção tácita de que a riqueza traz conhecimento, experiência e oportunidades, de forma que um fazendeiro rico poderia concluir o trato por haver feito o cálculo de não gastar parte de suas posses a fim de obter a informação adquirida pela companhia petrolífera – ou talvez não tenha feito nenhuma reserva de direitos na eventualidade de descobertas minerais simplesmente por estar desejoso de obter o que parecia ser um bom preço.

As intuições conflitantes nesses casos poderiam, penso eu, ser levadas à conta do conceito básico do contrato como promessa. Isso porque a obrigação da promessa não tem vigência quando o promitente não assumiu conscientemente essa obrigação. Como vimos no Capítulo 5, nos casos em que as partes não pretenderam empreender uma atribuição de riscos e vantagens, o simples fato de que as palavras genéricas que descrevem seu empreendimento pareçam cobrir uma eventualidade inesperada não deveria por si só vinculá-los nesse caso. Houve um erro (*mistake*). O caso I e *Obde* são, na verdade, casos de erro (*mistake*) na medida em que o contrato está viciado. O erro (*mistake*) em cada caso é unilateral: o vendedor em *Obde* sabia da existência dos cupins. A companhia petrolífera no caso I pelo menos apostava conscientemente na existência de petróleo; o fazendeiro vendedor não. (O vendedor no caso II poderia estar fazendo uma aposta.) Como vimos, a reivindicação de compensação é menos forte em caso de erro unilateral (*unilateral mistake*), especialmente quando uma das partes no trato simplesmente procura fazer cumprir seu entendimento em relação à transação. Mas *Obde* não é assim. Schlemeyer sabia que Obde estava com uma impressão equivocada acerca da situação (*misconception*);[16] na verdade, ajudou a criar essa impressão. Minha tese é que em todos os casos de erro (*mistake*) é preciso usar não a promessa, e sim os ditames da eqüidade em disputa, a fim de resolver o inevitável dilema causado por um acidente contratual. No entanto, quando uma das partes é a causadora do acidente (como em *Obde*), as regras de eqüidade claramente não a favorecem. Seu comportamento desonesto não impede a realização do contrato – de qualquer forma, o contrato não se realizou. Impede, sim, que o trapaceiro reivindique, por eqüidade, o mesmo tratamento que receberia em um contrato honesto.

É mais difícil tratar desse modo os casos que envolvem a companhia petrolífera. O causador de um erro (*mistake*) alheio perde o direito de reivindicar honestamente o cumprimento de um trato imperfeito, mas no caso I a companhia petrolífera no máximo conhecia o erro (*mistake*) do fazendeiro (e tentou aproveitar-se dele). Não obstante, se lhe fosse permitido seguir adiante com o contrato, o motivo não poderia ser a existência de completo acordo sobre a matéria da promessa. Não havia acordo. Embora não haja um dever genérico (altruísta) de auxiliar e compartilhar, e portanto nenhum dever genérico de partilhar informação a fim de anular o engano prejudicial de outrem,* o cumprimento desse acordo imperfeito não deve ser tornado exigível a menos que haja um motivo equânime para isso. O fato de que a companhia petrolífera busque conscientemente tirar vantagem da ignorância do fazendeiro dificilmente aumenta sua possibilidade de recorrer à eqüidade. E sem que haja alguma eqüidade, o acordo fenece.

Sem dúvida, sentimos ambivalência em relação a esses casos que tratam do dever de informar. Isso porque temos pouca inclinação a negar à companhia petrolífera os frutos de sua barganha (*bargain*). Com efeito, o Direito em geral daria razão à companhia petrolífera mesmo num caso como o do exemplo I.[17] O recém-redigido *Restatement (Second) of Contracts* dispõe, no art. 161, que:

---

* Imaginemos este caso: eu vejo que você está prestes a construir um hotel num terreno próximo a meu restaurante, o que me beneficiará muito. Não tenho o dever de dizer a você que o terreno é pantanoso e que os alicerces custarão mais do que você poderá estar acreditando.

> a não revelação, por parte de uma pessoa, de um fato dela conhecido, é equivalente à afirmação de que o fato não existe somente se... (b) ela sabe que a revelação do fato corrigiria um erro (*mistake*) da outra parte em relação a uma presunção básica à base da qual essa parte realizou o contrato *e* se a não-revelação do fato corresponde a uma omissão de agir de boa-fé e de acordo com padrões razoáveis de negociação honesta... (itálico meu).

O comentário a esse dispositivo afirma explicitamente que "não se espera normalmente que o comprador de uma propriedade, por exemplo, revele circunstâncias que tornam a propriedade mais valiosa do que supõe o vendedor." Por que não? Qual será a eqüidade oculta que recomenda conferir uma vantagem à companhia petrolífera, embora (se minha análise for correta) não exista verdadeiro acordo? No caso II, vemos que ambas as partes pertencem a um mundo no qual está entendido que a pesquisa e os cálculos sobre as qualidades que aumentam o valor de uma propriedade são de responsabilidade de cada parte. Assim, num sentido muito geral, esses riscos fazem parte das presunções relativas ao trato. Ou, alternativamente, as regras da eqüidade favorecem a companhia petrolífera porque esses entendimentos gerais subjacentes a levaram a investir recursos para adquirir o conhecimento relevante, e esse investimento seria em grande parte absorvido pelo vendedor (que não assumiu nenhum risco de investimento) caso a revelação fosse exigida. Para o fazendeiro, o caso é difícil, porque ele pode ou não fazer parte daquele mundo, e por isso as vantagens decorrentes das regras da eqüidade referidas no interesse da companhia petrolífera não o prejudicam da mesma forma. Mas também no caso I há vantagens para a companhia petrolífera. Se essas são as convenções gerais com que ela agiu, não haverá razão para que se comporte de maneira diferente em relação a uma pessoa atípica, que não conhece tais convenções. Não podemos fazer uma exceção para o fazendeiro sem conferir a ele a maior parte do ganho, embora ele não tenha corrido nenhum risco.

Talvez isso seja o que sustenta a observação do *Restatement*, em tom severo:

> Se a outra parte é indolente, inexperiente ou ignorante, ou se seu julgamento é deficiente ou não tenha acesso à informação adequada, em geral não se pode esperar que seu adversário [!] compense essas deficiências.

É um juízo demasiado amplo. Eu diria, em vez disso, que quando a parte mais bem informada não puder compensar as deficiências da outra sem privar-se de uma vantagem com a qual as convenções concordam que ela conte, o fato de deixar de fazer a revelação não fará com que as considerações de eqüidade se voltem contra ele.

Anthony Kronman escreveu recentemente que esses argumentos sobre estímulo ao investimento em obter informação mostram que o resultado em tais casos depende de uma política de eficiência e redistribuição, e que assim deve ser. As decisões favorecem a companhia petrolífera porque até mesmo os vendedores estarão em melhor situação a longo prazo se estiverem sujeitos a uma regra que estimule tais investimentos em conhecimento. E, em geral, argumenta Kronman, a escolha dos contratos a serem obrigatoriamente cumpridos é (ou deveria ser) sempre apenas função daquilo que dará melhores condições à parte em posição menos vantajosa naquele tipo específico de transação.*[18] Mas esse é um entendimento equivocado da argumentação. A companhia petrolífera não ganha a causa porque desejamos estimular seus investimentos futuros, mas porque seria injusto negar suas razoáveis expectativas pretéritas. É claro que nossa determinação de sermos justos mesmo diante de pressões sentimentais em prol do favorecimento de uma parte mais fraca (o fazendeiro) estimulará o investimento – isto é, um planejamento racional para o futuro. Mas Kronman usa o argumento ao contrário, e de maneira equivocada. Com efeito, se formos justos para com a companhia petrolífera somente porque (e somente na medida em que) isso leva a uma produtividade econômica maior ou melhora a situação da parte em desvantagem, nesse caso nossa atitude de honestidade em determinada ocasião não criaria confiança e, portanto, não produziria esses supostos benefícios gerais.

* A formulação de Kronman, inspirada em Rawls, é econômica e instrumental. Outra versão, ainda no modo econômico, perguntaria simplesmente se uma regra de revelação seria mais eficiente. O próprio Kronman usou essa formulação em uma obra anterior, supra nota 9.

Podemos em geral obter os benefícios sociais, coletivos, somente se formos fiéis perante a própria confiança tomada como valor em si, e não em prol dos benefícios dela resultantes.

Os partidários da visão instrumental do dever de revelar a informação – seja seu objetivo apenas a eficiência ou a eficiência conferida à parte menos favorecida – estão corretos na seguinte medida: muitas das convenções que estabelecem a expectativa subjacente, que estabelecem (nas palavras do *Restatement*) "critérios razoáveis de negociação honesta", realmente tendem a produzir resultados eficientes. E talvez algumas dessas convenções tenham sido adotadas ou tenham evoluído justamente por levarem à eficiência. Seria falso, no entanto, concluir disso que essa eficiência (ou, na versão de Kronman, eficiência mais redistribuição) deva determinar os resultados *em um caso particular*, em vez das considerações de honestidade (*fairness*) que acabo de propor.

Primeiro, essas convenções sobre divulgação de um conhecimento são também impelidas por outras forças. O exemplo mais claro é o dever de revelar informação no caso de uma parte que tenha uma relação de confiança para com o promissário: por exemplo, quando uma das partes se coloca em posição de agir segundo os interesses da outra (como um advogado, guardião ou agente). A falta de revelação da informação nesses casos viola a confiança criada pelos termos daquela relação fiduciária (*fiduciary relationship*).[19] Mas talvez esses casos fiduciários mostrem que não apenas a eficiência, mas também uma política altruísta que favoreça as pessoas mais débeis ou dependentes determina quais seriam os deveres gerais a serem obrigatoriamente cumpridos ou não. Essa é a tese dos que concordam com Kennedy e Macneil, os quais realçam o aspecto relacional contido na doutrina contratual. Segundo, quer as convenções subjacentes sejam motivadas por preocupações econômicas ou altruístico-relacionais, ambas as perspectivas tendem a esquecer a questão crucial de que essas convenções *precedem* o encontro contratual específico (fracassado). Sendo convenções, elas definem expectativas, permitem o planejamento e condicionam a busca, por parte dos tribunais, de eficiência ou altruísmo nos casos particulares. Isso porque se a eficiência ou o altruísmo fossem nossa única preocupação, não haveria motivo *a priori* para que essas considerações estivessem mais bem observadas quando os tribunais às vezes tomam a si a decisão de casos particulares em bases *ad hoc*, livres dos constrangimentos de convenções preexistentes.[20] Mas os tribunais em geral não funcionam em bases *ad hoc*, e raramente o admitem quando o fazem – o que milita poderosamente contra teses como as de Kronman e de Kennedy.[21]

Eficiência, redistribuição e altruísmo, sem dúvida, são alguns dos muitos objetivos do Direito. Ao perseguir esses objetivos segundo, e apenas segundo, convenções estabelecidas – inclusive as estabelecidas prospectiva ou gradualmente pelos tribunais –, a coletividade reconhece que os indivíduos possuem direitos e que não podem simplesmente ser sacrificados em nome de objetivos coletivos. O recurso a convenções prévias permite aos indivíduos planejar, meditar e perseguir seus próprios objetivos. E uma vez tendo feito seus planos, ou empreendido ação segundo esse pano de fundo, seria injusto modificar as regras no meio do caminho e exigir revelações e partilhas inesperadas no caso de que os planos tenham êxito. As modificações deveriam ser somente prospectivas. Com efeito, se os tribunais efetivamente ignorassem as convenções estabelecidas ao atuar como agentes de política social, nesse caso a própria coletividade seria culpada da mesma quebra de confiança (*trust*), a mesma má-fé (*bad faith*) condenada nas transações entre indivíduos. (No capítulo seguinte desenvolvo esse ponto a respeito dos direitos de propriedade em geral.)

Finalmente, essa fidelidade aos entendimentos subjacentes que suscitam planos e esforços individuais constitui o cerne da atitude que os críticos do individualismo caricaturaram sob o nome de formalismo. Um tribunal que procure manter a confiança entre a coletividade e os indivíduos deve investigar os entendimentos subjacentes (inclusive os estabelecidos por decisões anteriores) de um caso particular. Para aqueles que não têm paciência em relação a nada, exceto as políticas avançadas de aperfeiçoamento social, essa investigação parecerá um exercício inútil, até mesmo tolo – assim como seria a adesão escrupulosa dos indivíduos a suas promessas.[22] Sem dúvida, nos casos difíceis, essa busca interpretativa poderá às vezes ser misteriosa e controvertida.[23] A esse respeito também terei mais a dizer no debate que se segue.

Boa-fé no cumprimento

O conceito de boa-fé costuma ser invocado não apenas para condenar o engano (*deception*) e a falta de franqueza no momento da conclusão de um negócio (*bargain*), mas também para exigir uma atitude sincera, condenar a trapaça e as práticas cavilosas no cumprimento das obrigações contratuais.[24] Isso levou alguns a argumentar que, pelo menos nesse estágio adiantado, a boa-fé implica um dever de compartilhar, um dever de altruísmo.[25] Assim, embora a boa-fé, no sentido de honestidade, seja perfeitamente compatível com o conceito do contrato como promessa, porque somente as obrigações assumidas com conhecimento de causa podem ser assumidas livremente, a boa-fé no sentido de lealdade (para usar um contraste proposto por Roberto Unger)[26] impõe deveres que vão além do princípio da promessa. Considera-se que um contrato cria uma espécie de relacionamento de *status*, como um contrato de casamento, ou como um contrato de emprego em alguns países, e esse relacionamento passa a ter vida própria. Três casos-padrão poderão dar forma mais concreta à idéia da boa-fé na execução.

Em *Patterson v. Meyerhofer*,[27] a autora da ação, compradora em perspectiva de um terreno, concordou em que o réu adquirisse a terra para ela e depois a vendesse a ela mesma a um preço especificado. Em seguida, disputou o terreno num leilão contra o réu, ganhou a disputa e processou o réu por prejuízos decorrentes da não-execução do contrato. O tribunal negou provimento sob o fundamento de que estava implícita em seu contrato com o réu a obrigação de não agir de maneira a interferir no desempenho do parceiro no contrato. O caso *Iron Trade Products Co. v. Wilkoff* contrasta com *Patterson*.[28] Neste, o autor havia contratado a compra de certa quantidade de trilhos ferroviários usados do réu e mais tarde entrou no mercado para comprar uma grande quantidade de trilhos, causando um aumento de preços e dificultando ao réu fazer as compras necessárias. O tribunal decidiu que a conduta do comprador não configurava de forma alguma uma violação do contrato, que as partes que comerciam com determinada mercadoria se consideram livres para especular por conta própria e que qualquer pessoa que faça um contrato antecipado de venda entende que todos os atores potenciais no mercado, inclusive o comprador por antecipação, podem continuar a especular no mercado.

Em *Neofotistos v. Harvard Brewing Co.*[29] uma cervejaria estava obrigada, devido a um contrato de longo prazo com um agricultor, a fornecer-lhe todo o resíduo de cevada usado na fabricação da cerveja para servir de alimento para o gado. A cervejaria passou por um período de redução da demanda e acabou fechando. O fazendeiro iniciou uma ação judicial, dizendo que o fechamento violava a obrigação de boa-fé. Em certa época, os tribunais tendiam a considerar esse tipo de contrato – fornecer todas as necessidades de um comprador, ou aceitar toda a produção de um fornecedor – demasiadamente indefinido para que o cumprimento pudesse ser obrigatório. Afinal, raciocinavam as cortes, determinar as necessidades do comprador ou a produção do vendedor era algo que dependia deles, e, portanto, ao comprometer-se a comprar ou vender nessa medida a parte não estava se comprometendo de todo. (Como não se comprometera a nada, sua promessa era "ilusória" e não poderia ser tomada como contraprestação [*consideration*] da promessa da outra parte.) Mais tarde reconheceu-se que, pelo menos no que respeita à produção *exclusiva* ou contratos de fornecimento, o promitente havia na verdade restringido significativamente sua liberdade de ação.[30] A Harvard Brewing, por exemplo, somente poderia deixar de fornecer a cevada caso deixasse de funcionar, e presumivelmente haveria outros fatores, além de apenas o mercado de resíduos, que influenciavam suas decisões sobre a quantidade de cerveja que produziria. O Código Comercial Uniforme, no entanto, tinha ido mais além ao exigir que a decisão de reduzir a produção fosse feita de boa-fé, e sugerindo que fazê-lo simplesmente para evitar perdas não constituía boa-fé, enquanto a redução para evitar a falência (*bankruptcy*) é permissível.[31]

Nenhum desse casos leva necessariamente à conclusão de que a boa-fé no cumprimento reduz a natureza autônoma da obrigação contratual. Em cada caso, uma interpretação razoável do acordo entre as partes, de suas intenções originais, contra o pano de fundo de práticas e entendimentos normais nesse tipo de transação, seria suficiente para produzir solução satisfatória. Em *Patterson*, por exemplo, o réu/corretor deve terse surpreendido bastante ao ver a autora da ação participando do leilão e dando lances contra ele. Certamente uma das coisas que diria em sua defesa seria que, se tivesse pensado nessa possibilidade, sem dúvida a teria impedido explicitamente no contrato. Diria que não pensara nisso porque lhe parecera óbvio. E assim, mais uma vez, temos a imprecisão inerente à determinação do sistema de expectativas subjacentes, à reconstrução do contexto de um acordo.

Lon Fuller gostava de citar um exemplo de Witttgenstein, no qual alguém que recebeu a tarefa de "mostrar um jogo às crianças" ensinou-lhes um jogo de azar com dados.[32] Não somente os arranjos contratuais, mas também as palavras, expressões e frases possuem um sistema de expectativas subjacentes, que não podem ser integralmente especificas por antecipação, e cujas limitações somente se tornam visíveis ao serem transgredidas. Assim como uma palavra, uma expressão ou uma frase devem ser entendidas em seu contexto – e nem todo contexto estará explícito – assim também deve ocorrer com um compromisso contratual. A questão que surge é a mesma que consideramos no Capítulo 5: esse sistema de expectativas subjacentes, esse contexto, será suscetível de especificação fática e cognitivamente identificável, ou será normativo? Eu reconheceria que nesse caso, como no caso geral da linguagem, esse sistema de expectativas subjacentes dificilmente pode ser especificado por meio de um sistema de condições necessárias e suficientes, previamente identificável em princípio. Às vezes, é possível que não se saiba o que está incluído no sistema até que a questão seja levantada. Isso faz com que a especificação do significado pareça mais uma questão de escolha do que de compreensão, e as escolhas, naturalmente, obedecem a valores e normas. Assim, estabelece-se uma dicotomia entre questões de fato, por um lado, as quais se imagina serem verificáveis, pelo menos em princípio, por rotinas não-controvertidas, teoricamente mecânicas, e, por outro lado, questões de valor, que estão relacionadas com as escolhas e, em princípio, são arbitrárias. Trata-se de uma falsa dicotomia. É possível considerar que alguma coisa seja questão de entendimento, mesmo que seus verdadeiros resultados não possam ter sido previamente especificados em termos de condições necessárias e suficientes. Assim, a determinação daquilo que cabe num conceito de valor não é *apenas* questão de escolha. O fato de não se poder dizer, por exemplo, que conhecemos previamente todos os casos catalogados como de comportamento cruel não significa que considerarmos um caso novo como verdadeiramente cruel seja uma decisão arbitrária. Existe um elemento de entendimento, e o próprio conceito de crueldade determina nossa decisão, embora não possamos fazer integralmente essa determinação por antecipação.

Dessa forma, a concepção liberal do contrato fica parecendo inadequada por haver-lhe sido impingida uma concepção insustentável de linguagem. As promessas, como toda expressão humana, são feitas em relação a um pano de fundo não expresso de objetivos e experiências compartilhadas, e até mesmo uma teoria comum a respeito do mundo. Sem tal pano de fundo compartilhado, a comunicação seria impossível. Naturalmente, a congruência do conjunto de experiências passadas entre duas pessoas nunca é mais do que parcial, mas somente os solipsistas derivam disso conclusões pessimistas. O que é ao mesmo tempo evidente e notável é o grau no qual o intercâmbio prático e profundo é possível. Na conversação, milhares de indícios experimentais – às vezes tão mínimos quanto o contato visual – permitem às partes perceberem se a comunicação entre elas é ou não bem-sucedida, para que possam ajustar-se, reformular, tornar explícito o que de outra forma teria ficado implícito, e finalmente lhes permita restabelecer a comunicação com base em um contexto compartilhado mais geral. A ausência desses indícios pode explicar por que motivo interlocuções mútuas altamente limitadas, como a troca de cartas em *Raffles v. Wichelhaus* a respeito do navio *Peerless*, podem facilmente converter-se em insucesso por mais que as partes compartilhem uma "consciência" comum. Podemos também verificar o quanto é absurdo o desejo de certos teóricos clássicos do contrato de limitar o escrutínio para interpretação da promessa aos quatro cantos do próprio documento. Essa tolice está relacionada com a doutrina de deixar que os danos permaneçam onde caírem, comentada no Capítulo 5.

Não há necessidade de que as partes concordem antecipadamente ou que desejem a mesma coisa a fim de serem capazes de entender-se e chegar a um acordo. Existe sempre um nível mais profundo, mais geral de experiências e esforços compartilhados que pode ser utilizado a fim de tornar mutuamente inteligível aquele projeto específico. Havendo inteligibilidade mútua, o palco está preparado para a troca de promessas. E isso é crucial para uma visão adequada, não exagerada, do conceito de boa-fé. Isso porque a possibilidade de compreensão mútua mostra que a boa-fé não exige lealdade a algum relacionamento não-identificado, e sim apenas lealdade à própria promessa – a fiel execução das promessas mútuas que as partes, tendo chegado a entender seus objetivos *separados*, decidiram trocar. Essa concepção da lealdade à promessa acaba de uma vez por todas com a idéia de que o contato como promessa acarreta uma atitude rabugenta, mesquinha ou formalista em relação à obrigação contratual. Além disso, preenche o hiato entre a boa-fé como sinceridade e a boa-fé como lealdade. Tomemos o exemplo da sugestão a respeito de contratos de fornecimento e insumos (*supply and requirements contracts*) contida no Código Comercial Uniforme, tal como se aplicaria ao caso *Neofotistos*. Parece extremada a sugestão de que somente a iminência da falência (*bankruptcy*) pode justificar reduções nos fornecimentos. Uma resolução saudável exige levar em conta que o contrato presume um pano de fundo de variações normais de necessidades e condições, e por isso pode-se considerar que a boa-fé prescreve que, enquanto as condições dos negócios forem normais, a latitude na linguagem do contrato não pode ser usada para arrancar à outra parte um lucro inesperado ou novas concessões. Em caso de mudança das condições subjacentes, as obrigações podem decair. Seria obviamente absurdo que uma cervejaria deficitária continuasse a funcionar simplesmente para fornecer um subproduto a fazendeiro, e isso não teria sido acordado pelas partes se tivessem pensado em mencioná-lo, assim como os lances competitivos em *Patterson* não teriam sido autorizados.*

Como vimos no debate sobre erro (*mistake*) e impossibilidade (*impossibility*), a interpretação pode deixar de localizar um núcleo de acordo, e em algum ponto teremos de reconhecer que o contrato fracassa. Nesse caso nada mais temos a fazer senão procurar outros princípios para solução, diferentes da promessa. Entre esses estão não apenas princípios de culpa, mas também de partilha e de altruísmo. Se houver a possibilidade de conseqüências drásticas para uma ou outra parte e estivermos chegando aos limites do acordo real (e quem diz que o limite tem de ser sempre nítido? – os formalistas, quem quer que sejam eles) inevitavel-

* Surgiu uma grande controvérsia em casos recentes sobre a conseqüência de um dever de boa-fé na dispensa de funcionários cujos contratos ou não dispõem sobre duração ou podem ser explicitamente rescindidos à vontade do empregador. Em *Fortune v. National Cash Register Co.*, 353 Mas. 96, 364 N.E. 2d 1251 (1977), um empregador aplicou uma cláusula explícita de rescisão "a qualquer momento", despedindo um funcionário com 25 anos de casa no dia seguinte ao que ele conseguira uma encomenda de 5 milhões de dólares. O tribunal decidiu que o motivo da dispensa era pagar a *Fortune* o mínimo possível em comissões e bônus sobre essa encomenda. Ao reconhecer por implicação o dever de despedir de boa-fé, concedeu compensação na importância suficiente para indenizar *Fortune* pelas comissões não recebidas. Alguns acham que essas decisões exemplificam um movimento no sentido de conceder aos funcionários, por meio da doutrina da boa-fé, direitos de segurança no emprego semelhantes aos criados pela legislação em outros países. Ver Nota, "Protecting At Will Employees against Wrongful Discharge: the Duty to Terminate Only in Good Faith", 93 *Harv. L. Rev.* 1816 (1980). O caso *Fortune* pelo menos não exige uma doutrina tão abrangente para permitir que se fizesse justiça. Podemos admitir o direito do empregador de despedir seu empregado sem dar-lhe o direito de não pagar as comissões, que seriam consideradas devidas mediante uma interpretação razoável do contrato. Mesmo os casos que pareceriam ir adiante, por exemplo, *Monge v. Beebe Rubber Co.*, 114 N.H. 130, 316 A 2d 549 (1977), são reações a dispensas não por motivos comerciais, e sim por intenção de prejudicar, perseguição pessoal e até mesmo extorsão. Não tenho dificuldade em aceitar o julgamento de que tais ações são erradas e suas vítimas merecem compensação. Ver Capítulo 2 e Capítulo 7.

mente haverá pressão para evitar exagerar na linguagem e encurralar o parceiro contratual. Esse é o princípio da civilidade, que permite o funcionamento tranqüilo não somente das instituições privadas, mas também das cívicas; as vantagens duvidosas não serão levadas a seus limites, para não comprometer a disposição de cooperar e não exagerar nas necessárias limitações de linguagem e boa vontade (*goodwill*).

Roberto Unger conclui o exame do contrato com uma comovente peroração sobre o contraste entre Veneza e Belmont, as duas regiões do *Mercador de Veneza* que exemplificam as duas abordagens do Direito Contratual. Belmont é o império do amor, das relações familiares – em suma, do altruísmo. Veneza é a terra do comércio, onde até mesmo o trato mais severo tem de ser cumprido literalmente, qualquer que seja o custo em termos de sofrimento. A visão liberal, segundo Unger, mantém rigidamente separados esses dois terrenos, com a alma dilacerada do homem viajando ansiosamente de um para o outro. Em suas transações comerciais, em seus negócios, e, portanto, em suas atividades públicas, o homem é regido pelo regime estrito dos contratos, não suavizado por nenhum toque de humanidade ou clemência. E isso somente se torna tolerável devido a sua capacidade de refugiar-se periodicamente em Belmont, um mundo particular de doçura e luz. O contraste é entre as relações comerciais e as familiares, sendo aquelas regidas pelas doutrinas literalistas do contrato, formalmente realizáveis, e estas por um espírito de partilha e sacrifício.

O contraste é completamente falso. Sem dúvida, é verdade que as relações no seio de uma família devem ser governadas por um espírito altruísta, um espírito de objetivo comum, de partilha e sacrifício. Uma família na qual todos os benefícios e ônus fossem distribuídos mediante arranjos estritos e prévios, cujos ajustes somente pudessem ser feitos mediante duras negociações de *quid pro quo*, seria uma paródia. Mas isso nada prova, porque a partilha no seio de uma família é voluntária, e assim deve ser. Quando a partilha é determinada por uma autoridade mais elevada, transforma-se em despotismo. O despotismo pode ser benigno, até mesmo necessário, como quando os pais põem em prática um regime de benevolência entre os filhos pequenos. Mas essa direção paterna se torna gradualmente menos tolerável à medida que os filhos crescem. Exigida em relação a adolescentes mais velhos ou a adultos é pura tirania. Entre os membros adultos ou quase adultos da família, a partilha deve ser livre. Quando falta a vontade de compartilhar, em pouco tempo o instinto mais firme, mais saudável, faz com que a unidade se dissolva.

Tampouco nas relações comerciais existe algum imperativo para que os parceiros num contrato se recusem a compartilhar. Na verdade, há muitas razões para essa partilha em muitos contextos comerciais: desde o desejo de manter a boa vontade para que o relacionamento prossiga no futuro até uma preocupação genuinamente altruísta pelo semelhante, seja cliente ou parceiro em negócios. Nada no conceito liberal do contrato, nada no conceito liberal de humanidade e do Direito torna esse altruísmo improvável ou sem sentido. A disposição de ver-nos uns aos outros com simpatia (*kindness*) e benevolência (*forbearance*) é um bem afirmativo, que o liberalismo de forma alguma pretende negar. Mas, assim como na família, a prática forçada de tal postura se aproxima da tirania. As partes entram em relações contratuais com certas expectativas; o desrespeito a essas expectativas pelo Estado constitui de parte *dele* uma forma de tirania e engano (*deception*).

Capítulo 7

Coação e abusividade

Alega-se que certos contratos são injustos embora as partes os tenham concluído com os olhos abertos. As doutrinas jurídicas relativas a essa alegação são a da coação (*duress*) e a da abusividade (*unconscionability*). Uma promessa feita sob coação (*duress*), ainda que conscientemente, não foi feita de forma livre. Assemelha-se a uma promessa induzida pela ameaça de uso da força (em contraposição ao dolo [*fraud*]); e, por extensão, é uma promessa feita em reação a alguma pressão indevida. A noção de abusividade (*unconscionability*) é mais vaga, mais ligada ao desequilíbrio, à injustiça substantiva do acordo propriamente dito. Elevadas taxas de juros, condições injustas de crédito, salários baixos ou preços altos, assim como disposições que permitem a extinção incondicional e unilateral de relações de emprego ou de franquia ou que limitem severamente as garantias na venda de mercadorias; tudo isso tem sido condenado por abusivo (*unconscionable*). No uso jurídico comum, a abusividade (*unconscionability*) freqüentemente se refere a defeitos cognitivos tanto quanto substantivos. Por exemplo, o Código Comercial Uniforme – num dispositivo confuso e causador de confusão – fala de "surpresa injusta" e de "opressão", sem deixar claro até que ponto essas duas noções são distintas.[1] No capítulo anterior, tratei de dolo (*fraud*) e de outras formas de obter vantagem a partir de falhas de cognição, e por isso deixo de lado esse aspecto da abusividade (*unconscionability*). Dessas três noções – boa-fé, coação (*duress*) e abusividade (*unconscionability*) – esta última é a mais ampla, pois sugere que até mesmo contratos celebrados consciente e livremente (isto é, não em conseqüência de pressões indevidas) podem ser julgados de tal forma injustos que não sejam considerados vinculantes.

Neste capítulo examino a possibilidade de admissão da defesa com base em coação (*duress*) ou abusividade (*unconscionability*) sem abrir mão do cerne de minha posição. Diferentemente da doutrina da boa-fé, a coação (*duress*) e a abusividade (*unconscionability*) não poderiam ser usadas para impor obrigações que as partes jamais assumiram. Ao contrário, elas liberam da obrigação. Mas esse poder liberatório, se for sistematicamente usado para realizar algum equilíbrio de vantagens determinado extrinsecamente, pode transformar-se em uma autoridade geral sobre as pessoas e seus arranjos. Portanto, minha tarefa aqui é também mostrar que a coação (*duress*) e a abusividade (*unconscionability*) não precisam ser consideradas convites em aberto para reorganizar os entendimentos a que as pessoas tenham chegado. Preciso, porém, ir mais adiante a fim de mostrar que essas doutrinas desempenham funções diferentes que não apenas são compatíveis com o conceito do contrato como promessa, mas também lhe são essenciais.

COAÇÃO

A coação (*duress*) é um vício na construção do acordo. Além disso, esse vício nada tem de cognitivo: a vítima da coação (*duress*) sabe perfeitamente o que está acontecendo e o que lhe acontecerá. A coação (*duress*) não se relaciona com a racionalidade ou a cognição, e sim com a liberdade e a vontade. Assim como o contrato como promessa exclui as obrigações assumidas por pessoas que não sabem o que estão fazendo – loucos, pessoas que não compreendem o idioma, que operem segundo presunções equivocadas ou que estejam demasiadamente confusas para compreenderem o significado de suas ações – exclui também os casos em que o assentimento dado por alguém não seja voluntário.[2] Se eu for hipnotizado para concluir um contrato ou se minha mão for guiada por outrem a fim de fazer uma marca que signifique concordância, não terei feito uma promessa. Obviamente, o conceito de coação (*duress*) não seria de grande interesse caso se referisse apenas esses exemplos grosseiros de assentimento involuntário aparente. Na verdade, a coação (*duress*) abarca muitos tipos de situação nas quais não parece correto tratar como vinculante um ato *consciente* porque, de uma forma ou de outra, não houve uma escolha justa. Essa intuição, no entanto, apresenta um dilema para a doutrina do contrato e para a teoria do contrato como promessa, do contrato como autodeterminação autônoma. Quando um promitente sabe o que está fazendo, examina completamente as alternativas e faz uma escolha dentre elas, como se pode dizer corretamente que sua escolha não foi livre?[3]

O homem astuto e corajoso que entrega a carteira de dinheiro a um assaltante armado toma uma decisão calculada. O fanático colecionador de selos confrontado com um preço elevado para o último selo raro faltante em sua coleção faz uma escolha calculada. Até mesmo o bondoso tio que promete pagar a viagem do sobrinho à Europa faz uma escolha quando confrontado com esse sonho dourado de uma pessoa a quem ele deseja agradar. Em algum desses casos, a promessa terá sido feita sob coação (*duress*)? Seria absurdo dizer que uma escolha somente é suficientemente livre para servir de base a uma promessa quando for de certa forma gratuita ou não motivada.[4] Se somente as escolhas não motivadas fossem livres, os tribunais teriam de reexaminar, sob alegação de coação (*duress*), todas as decisões contratuais oriundas dos objetivos e desejos das partes. Se, por outro lado, a coação (*duress*) se concentrar somente na riqueza relativa ou nas vantagens das partes em uma transação e se considerarmos que as disparidades desses elementos prejudicam a voluntariedade da escolha, nesse caso seria melhor redistribuir diretamente, obrigando os ricos, mas não os pobres, a cumprir seus tratos. Ambas as opiniões são inconsistentes com o conceito do contrato como promessa, como autonomia.

O problema não é apenas teórico; é também (e tradicionalmente assim tem sido considerado) um grave desafio à teoria liberal econômica do mercado.[5] Isso porque se a justificativa para o mercado é outra que não a justificativa instrumental de proporcionar a mais eficiente alocação de recursos, deve ser porque o mercado é um sistema de homens livres contratando (prometendo) livremente entre si. As dúvidas sobre o *status* moral das escolhas calculadas tais como incorporadas nos tratos (ou, como no caso da promessa do tio, até mesmo em donativos), dúvidas essas que fazem com que tais escolhas somente sejam validadas quando estão de acordo com um julgamento externo e imposto, prejudicam a justificativa em favor do mercado e também a do ato de prometer. Por isso o Direito procurou definir a coação (*duress*) em termos formais, ou de qualquer forma, em termos que não impliquem julgamento substantivo sobre as escolhas feitas.

A definição-padrão de coação (*duress*) nos livros didáticos se concentra na compulsão mediante ameaça.[6] Como as ameaças se exercem sobre a vontade e a resposta à ameaça é de natureza voluntária, o Direito enfrenta imediatamente o problema que acabo de descrever. A primeira tentativa de solução, um tanto débil, afirma que somente as ameaças capazes de sobrepujar a vontade de uma pessoa de firmeza normal viciam o assentimento.[7] Suponho que o tipo de caso aqui contemplado seja o de uma pessoa ameaçada com a tortura de um ser amado. Essa fórmula imagina uma ameaça tão forte que o próprio poder de escolha, de cálculo, é posto em questão. Procura evitar o iminente problema ao estender a noção de coerção física para algum tipo de coerção psicológica. Embora essa extensão pudesse ser facilmente aceita, ela obviamente não é suficiente, e muito cedo percebeu-se a necessidade de ir além. Por exemplo, ela não cobre a ameaça do assaltante, e não cobriria a ameaça de incendiar minha casa caso eu não concordasse com determinado acordo.

Coerção e direitos

Consideremos três casos:

I. Um assaltante armado ameaça a vítima numa rua escura e deserta: "A bolsa ou a vida."

II. Um dos muitos supermercados concorrentes num bairro de gente rica oferece aos fregueses ervilhas a 39 centavos a lata.

III. Um colecionador de selos oferece a outro um selo raro a um preço elevado, sabendo que o comprador precisa somente desse selo para completar um conjunto.

No primeiro caso, a coação (*duress*) está claramente presente, mas ausente no segundo. Uma maneira natural e conhecida de distinguir entre esses dois, e de examinar o terceiro caso, é em termos do conceito de coerção. No primeiro, a vítima concorda mediante coerção; no caso da compra de ervilhas, isso não ocorre. Que distinção está sendo verificada, e como se aplica ao colecionador de selos? Num debate filosófico sobre a coerção, Robert Nozick diferencia ameaças, ofertas e advertências, e propõe que somente a primeira é coercitiva.*[8] A ameaça piora a situação de quem a recebe; ele preferiria não a receber. Uma oferta pelo menos deixa indiferente seu destinatário e, em geral, melhora sua situação, aumentando as opções a seu dispor. O assaltante claramente faz uma ameaça, o supermercado e o vendedor de selos fazem ofertas. Como reconhece Nozick, no entanto, a distinção exige refinamento.

IV. Pickles, que possui terras sob as quais corre um curso d'água subterrâneo, dispõe-se a bloquear a corrente a menos que o bairro de Bradford, que precisa da água para melhorar o abastecimento, lhe prometa pagamento.[9]

V. Um proprietário de terras num canto afastado que tem sido usado durante vários anos (ainda que por menos tempo do que o necessário para estabelecer o direito de passagem) como atalho conveniente, fecha o caminho e se recusa a reabri-lo a menos que seja remunerado.

VI. Um estudante de piano que durante anos deu recitais anuais gratuitos na igreja de sua aldeia anuncia que dali em diante cobrará honorários.

* O foco sobre as ameaças é forte, porque os gestos obtidos mediante a força física, como da mão obrigada a marcar X num documento, não são considerados ações. E as advertências são alheias ao tema, porque quem adverte simplesmente informa a respeito de um estado de coisas que ele não pode ou não deseja mudar, qualquer que seja a reação da outra parte.

VII. Um jornalista ativo descobre que um professor de filosofia moral foi condenado por falsificação anos atrás. Propõe publicar esse fato num artigo de crítica literária sobre o novo livro do professor, a menos que este prometa pagar-lhe alguns milhares de dólares.

Esses casos mostram que a distinção entre as propostas que pioram a situação da outra parte (ameaças) e as que podem melhorá-la ao aumentar o número de opções (ofertas) não trata de saber como identificar a situação anterior daquele que as recebe. Seria excelente se o critério para determinar se uma proposta piora ou não a situação pudesse ser puramente factual. No caso I, a resposta seria clara, mas nos casos IV a VII o *status quo* pode ser descrito de várias maneiras.

O rio subterrâneo sempre correu, a trilha existia e estava sendo usada, e portanto pode-se dizer que Pickles e o proprietário do terreno estejam propondo mudar o *status quo* para pior. No caso do pianista, no entanto, não sabemos o que dizer. Seria o *status quo* aquilo que existia anteriormente ao dia do concerto anual, de forma que sua realização constituiria uma melhora? Ou a definição do *status quo* incluiria um concerto *anual*? Podemos ficar em dúvida quanto às propostas de Pickles ou do proprietário do terreno, mas poucos achariam a proposta do pianista coercitiva ou de alguma forma reprovável. Note-se que não faz diferença passar de um *status quo* estático (a situação no instante imediatamente anterior ao da proposta) para um *status quo* dinâmico no qual se fala mais amplamente de uma interferência com o curso normal dos acontecimentos, porque no curso normal dos acontecimentos o pianista teria tocado e o jornalista teria publicado seu artigo – no entanto, o pianista propõe uma transação comercial normal e o jornalista propõe uma chantagem. Poderíamos dizer, então, que obter uma promessa por meio da ameaça de um *prejuízo* seria coercitivo? Mas assimilar a coerção com uma proposta de causar um prejuízo (em oposição a recusar um benefício) acarreta dificuldades análogas. Pickles causaria um prejuízo à cidade ao impedir o curso da água? Ao colocar uma corrente barrando o caminho o proprietário prejudicaria os usuários potenciais? O pianista "cessaria" seus concertos, prejudicando assim os habitantes da aldeia, ou simplesmente se recusa a proporcionar um benefício? Finalmente, nem mesmo a idéia de prejudicar *malevolamente*, usando um prejuízo a outrem como meio escolhido para conseguir o que se deseja, serve a nossos objetivos: Pickles e o proprietário se dispõem a enfrentar certo transtorno simplesmente para privar outros de um benefício. O pianista pode desejar tocar e pode propor permanecer em casa simplesmente como uma tentativa de receber um cachê. A proposta em cada caso é estratégica. E no caso do chantagista, a mudança proposta é *evitar* um prejuízo que ele de outra forma causaria no curso normal dos acontecimentos.

Esses quebra-cabeças devem ser suficientes para mostrar que não podemos escapar usando algum critério normativo para distinguir entre ofertas e ameaças. E isso é uma pena, porque o objetivo da investigação é em si mesmo normativo: identificar a coerção e portanto determinar quais as promessas (e contratos) que não são moralmente (ou legalmente) vinculantes. Sempre há mais precisão quando se pode fazer com que uma conclusão moral se baseie em critérios não morais, pois quando a moral depende da moral existe o perigo de um círculo vicioso. E, naturalmente, existem aqueles que acreditam que considerar um contrato como produto de coerção não tem outro resultado senão o de anunciar nossa decisão de não cumpri-lo. Mas se um critério moral for mais profundo, mais geral, ou for de qualquer forma independente da questão moral que determina, nesse caso não há circularidade. O que temos de procurar é esse critério da coerção, mais profundo, porém moral.

Uma proposta não será coercitiva se oferecer algo que o proponente tem direito de oferecer ou não, a sua escolha. Será coercitiva se propuser um prejuízo ao objeto da proposta.[10]

O assaltante não tem direito de infligir o prejuízo que ameaça causar; ele faria um mal a sua vítima. O gerente do supermercado tem o direito de oferecer a lata de ervilhas ao preço que preferir, e o freguês não tem o direito de levá-la sem pagar o preço. Assim, o *status quo* que a proposta altera fica definido em termos do direito das partes. Embora os transeuntes já tivessem utilizado a trilha do proprietário, não tinham direito a isso – estavam invadindo a propriedade alheia. Se não puderem mais invadir, seus direitos não foram reduzidos. Ao contrário, pela primeira vez, gozam da possibilidade de poder usar legalmente a trilha, desde que possam pagar por esse privilégio.*

O êxito do critério de coerção dependerá de ser ou não possível fixar uma concepção do que é correto e do que é errado, ou que direitos as pessoas têm nas relações contratuais, independentemente de serem ou não obrigadas a cumprir seus contratos. Sem dúvida, a violação dessa norma independente deve necessariamente prejudicar a validade de uma promessa obtida por meio dessa violação. Estabeleçamos uma norma independente N, de forma que fazer n a uma pessoa constitua uma violação de seus direitos. Presumamos que uma pessoa busque obter uma promessa ameaçando fazer n ao promitente, o qual mais tarde se recusa a cumprir a promessa. O promissário não pode alegar que foi enganado, que deixou de fazer n (infligir uma lesão física à vitima de um assalto, por exemplo) em troca de uma promessa agora não cumprida. Num foro judicial, essa alegação seria absurda. Tampouco pode o promissário queixar-se de imoralidade de parte do promitente, de uma quebra de confiança. Isso porque (conforme argumentei nos Capítulos 2 e 3), embora uma troca não seja necessária para a obrigação de uma promessa quando a promessa é de fato parte de uma troca, a relação de confiança deve ser mútua para que possa existir. Reconhecer essa troca-promessa como vinculante – jurídica ou moralmente – é reconhecer a validade da troca e, portanto, negar que ela ameace os direitos do promitente. Se o promitente for condenado por agir errado ao quebrar sua promessa, estará o promissário agora liberado

* Aparentemente, uso de forma indiscriminada as palavras "direitos", "correto" e "errado". Se tenho um direito, nesse caso não causo prejuízo a ninguém ao exercê-lo, e você me causa um prejuízo se violar esse direito. Quando uma pessoa prejudica outra, viola o direito da vítima de não ser prejudicado dessa forma. Dizer que uma pessoa não tem o direito de fazer alguma coisa é ambíguo. Pode significar que ele tem algo que em Direito se chama liberdade – ele não causa prejuízo ao fazer essa coisa, mas não está sendo prejudicado se for impedido de fazê-la. Mas, na fala comum, a expressão tem um sentido mais forte, o de que fazer essa coisa é em si errado. Ver *Right and Wrong*, caps. 4 e 5.

de sua obrigação recíproca? Que significaria isso? Seria agora permissível fazer n, violar a norma N? Isso significa que se a ameaça for bem-sucedida, anularia a norma.*

Portanto, concluo que uma promessa obtida mediante ameaça de prejudicar o promitente, uma ameaça de violar seus direitos, não tem força moral. Essas ameaças constituem a categoria jurídica de coação (*duress*).

PROPRIEDADE

Aqueles que consideram o Direito Contratual simplesmente como um mecanismo de política social, seja de redistribuição ou de eficiência, e que argumentam que a doutrina da coação (*duress*) nada mais é do que uma forma de redistribuir vantagens na execução da política social, provavelmente não serão detidos por minha formulação da questão. Para eles, a atribuição de direitos simplesmente reflete o julgamento político desejado. Mas o argumento de que a condenação das ameaças físicas (como as feitas pelo assaltante) reflete um julgamento redistributivo é certamente mais absurdo do que o argumento similar sobre o engano (*deception*) examinado no Capítulo 6. A violência intencional (e, portanto, sua ameaça) à pessoa de outrem é errada independentemente do equilíbrio geral de vantagens entre o assaltante e sua vítima. Sem dúvida, a condenação dessa violência e a atribuição de um direito de não ser sua vítima afeta o equilíbrio de vantagens entre as duas partes, mas não é esse o fundamento da condenação. Também se tem argumentado que tal condenação leva a uma alocação mais eficiente de recursos.[11] A correção ou mesmo a coerência dessa alegação estão abertas ao debate, mas mesmo aceitando o argumento, isso não mostra que a eficiência seja a base da condenação moral. Como procurei demonstrar alhures,[12] a condenação da violência intencional está mais firmemente ligada a noções morais de

* Esse último ponto tem relação com o conhecido dilema moral de saber se é permissível mentir a um assassino que procura a vítima. Santo Agostinho e Kant consideram a mentira absolutamente errada e, portanto, negam a justeza de tal mentira. Eu acompanho Benjamin Constant no argumento de que o assassino perdeu o direito de não ouvir uma mentira nesse caso. Ver *Right and Wrong*, Capítulo 3.

respeito a pessoas e à base física da personalidade. O direito de estar livre de tal violência exprime o julgamento de que nossas pessoas (e, portanto, nossas pessoas físicas) não estão disponíveis para serem usadas por outros contra nossa vontade. Essa mesma idéia explica o caso do pianista (Caso VI). Negar a ele o direito de dispor de seu trabalho e talento nos termos que quiser é afirmar que a população da aldeia também tem direitos sobre essas coisas, e por isso a proposta de cancelar a apresentação se transformaria em ameaça de privar a população de algo que lhe é devido. Mas o direito de alguém a sua própria pessoa e, portanto, a seu talento e esforços é um preceito fundamental do individualismo liberal, e não apenas um julgamento passageiro, contingente, destinado a realizar algum plano econômico ou social específico sob circunstâncias particulares. Por isso, o fato de que o contrato do assaltante é nulo devido à coação (*duress*) e o do pianista não o é pode ser determinado pela noção de certo e errado, que é independente das questões contratuais que ela resolve.

O mesmo não é obviamente verdadeiro no caso de Pickles (IV). No caso do vendedor de selos (III), parece bastante natural (embora aqui também haja problemas) dizer que se o selo raro lhe pertence, ele não causa prejuízo ao oferecê-lo pelo preço que o mercado suportar. A propriedade da terra por parte de Pickles, no entanto, não comporta obviamente o direito de bloquear o rio subterrâneo. E uma vez suscitada essa dúvida, vemos que o caso do atalho (V) somente fica esclarecido mediante uma estipulação: se os vizinhos tivessem usado a trilha durante mais alguns anos ou se o período para a aquisição do direito de passagem inocente tivesse sido definido como de alguns anos menos, a exigência do proprietário seria tão extorsiva quanto a do jornalista chantagista – sobre a qual é preciso dizer mais alguma coisa. Na verdade, embora Pickles tenha obtido ganho de causa em 1895 na Inglaterra, a legislação nos Estados Unidos em geral proíbe atos maliciosos ou mesmo não razoáveis de parte de um proprietário de terras com o objetivo de bloquear fontes de água.[13] E quando passamos para a superfície da terra, Morton Horwitz[14] nos recorda que o regime jurídico que regula o direito de desviar águas que corram por um terreno nosso, ou por seus limites, tem sido sujeito a grandes variações: a lei inglesa difere da norte-americana, e a legislação norte-americana também foi modificada, em reação – afirma Horwitz – a modificações nas correntes políticas intelectuais e a percepções cambiantes das necessidades da economia. O ponto importante, naturalmente, é que as regras da propriedade são em grande parte convencionais.

Se a promessa é anulada pela coação (*duress*), se esta é o mesmo que coerção, se, por sua vez, a coerção é uma ameaça de violação de direitos, se a propriedade é uma fonte de direitos, se a natureza e extensão da propriedade são convencionais e se as convenções da propriedade são estabelecidas ou desenvolvidas para servir aos objetivos (de eficiência ou redistribuição) da comunidade,[15] então por que motivo disso parece derivar que a própria obrigação da promessa seja produto da vontade da comunidade e não da vontade individual?[16] No entanto, os elos dessa cadeia de raciocínio estão ligados por duas falácias cruciais.

Primeiro, nem toda propriedade é convencional.[17] A base para o reconhecimento de um direito (de propriedade) sobre a própria pessoa, talento e esforços é não-convencional, no sentido de que faz parte da teoria da moral – o individualismo liberal, mas também outras teorias morais – e, portanto, não depende de argumentos de conveniência social, e sim da veracidade da teoria moral. Se é isso o que se entende por direito natural, nesse caso tais direitos são naturais. (Isso é análogo ao argumento, expendido no Capítulo 6, de que certas regras de dolo (*fraud*), como as proibições contra a mentira e a violação de certas regras de confiança, dependem de padrões morais, e não convencionais.)

Segundo, mesmo os direitos que são convencionais – como o direito aos cursos de água – são *direitos* convencionais. Ao formular a relação entre uma pessoa e uma coisa em forma de um direito, estamos *pro tanto* retirando-a do domínio da imposição coletiva.[18] Dizer que o selo raro do colecionador lhe pertence significa assimilar essa relação à relação entre um homem e o que é quintessencialmente seu, isto é, sua pessoa, seus esforços, seus talentos. Ora, não nego que os direitos de propriedade sejam em parte definidos para realizar objetivos sociais. O que o argumento coletivista deixa de perceber é que esses objetivos coletivos são realizados por meio da criação de *direitos*, da atribuição de controle discricionário aos indivíduos, uma esfera privada de atividade. Alguns teóricos políticos, como Adam Smith e Friedriech Hayek,[19] argumentam que os objetivos coletivos são de fato mais bem atingidos recrutando a iniciativa individual por meio de um regime de direitos. Não estou convencido de que seja assim, mas acredito que ainda que fosse assim esse argumento não seria o único fundamento para prosseguir nesse caminho. O regime de direitos de propriedade representa um compromisso entre os interesses coletivos (que determinam os contornos específicos dos direitos de propriedade) e um respeito pelos indivíduos, cuja colaboração é atraída no entendimento de que eles conservam a parcela de discrição que todo direito implica. Com efeito, retirar do regime de direitos todas as relações com as coisas seria tornar em grande parte inútil o direito natural de cada um à própria pessoa e aos próprios esforços, pois estes são expendidos no mundo externo.[20]

Tampouco o caráter intercambiável da propriedade constitui um obstáculo intransponível, desde que as mudanças sejam graduais ou prospectivas.[21] Uma mudança muito brusca na definição significa confisco.[22] É um procedimento desonesto, que somente tem êxito por meio da pilhagem da confiança dos indivíduos, assim como um governo, na véspera de uma desvalorização da moeda, lança desmentidos negando suas intenções iminentes. Um argumento sofista baseado na natureza mutável, variada e convencional dos direitos de propriedade procura evitar essa acusação de má-fé coletiva definindo desde o início cada direito de propriedade de maneira a incluir a possibilidade de redução drástica desse direito a qualquer momento, conforme a vontade da comunidade.[23] Tal proposta é astuta, mas apenas pela metade. Sem dúvida, um direito deve ter limites, e esses limites podem tanto ser temporais quanto espaciais, mas se a condição é tão ampla que na realidade o direito esteja colocado inteiramente sob a discrição de outros, nesse caso não se trata absolutamente de um direito. Isso é uma questão de grau, mas existe um direito na medida em que um espaço de discrição – temporal, espacial ou conceitual – seja concedido ao indivíduo.*

Vamos testar essas generalidades no caso do jornalista chantagista (VII). O que havia de tão ofensivo em sua conduta? Por que temos tanta certeza de que uma promessa feita a ele não precisa ser cumprida? Será porque ele, como o assaltante, se propõe a prejudicar em vez de oferecer um benefício, e, portanto, há algo malicioso em sua conduta? Como vimos, esse raciocínio não funciona, porque Pickles (IV), o proprietário de terras (V) e o pianista (VI) se propõem a fazer alguma coisa – se é que não tocar piano quando você gostaria de tocar é fazer alguma coisa – que causará prejuízos, a fim de obter pagamento. Mas nesses casos a malícia não parece desempenhar um papel. Ao condenar a chantagem, excluímos o uso da propriedade (inclusive a propriedade de nosso próprio esforço) para o objetivo geral de prejudicar outros; excluímos o investimento no potencial *prejudicial* das coisas, do esforço ou do talento. O uso da terra para um atalho é em geral um uso benéfico; o uso do talento por parte do pianista resulta em um benefício. Atribuir um direito de propriedade nesses casos permite que o benefício seja retirado, mas o chantagista investiu inicialmente em um prejuízo potencial. Não deve ter sido surpresa que um tribunal considerasse que um contrato feito com um chantagista tenha sido feito sob coação (*duress*), ainda que fosse essa a primeira vez em que tal julgamento ocorresse. Essa decisão não terá sido destituída de princípios, e sim aplicou uma avaliação geral da comunidade de que os investimentos no sofrimento alheio não devem ser lucrativos. Também seria possível distinguir o caso VII de outro no qual o jornalista tivesse feito uma pesquisa, tivesse plena intenção de publicá-la e somente pedisse, em troca de seu silêncio, aquilo que perderia se não publicasse. Afinal, por

* Deixo de lado a questão das emergências. O fato de que possam ser invocadas (e têm sido regularmente invocadas) pelos governos com má-fé sempre que os direitos se mostraram inconvenientes não significa que sua invocação de boa-fé vicie minha argumentação. Da mesma forma, também as circunstâncias modificadas podem alterar os termos do pacto entre cidadãos e governo de maneiras análogas às debatidas no Capítulo 6 deste livro.

que razão a motivação não deveria figurar no julgamento da conduta do jornalista? (Somente um formalista insistiria em dizer que tais julgamentos devem derivar, como um logaritmo, de regras prévias explícitas, e como argumentei, o formalismo é uma posição com a qual a teoria liberal do contrato não está de forma alguma comprometida.) A motivação também poderia ser usada no caso de Pickles, distinguindo o direito de um proprietário de usar as fontes de água para qualquer objetivo seu – ainda que com isso ele excluísse outros – de um direito de excluir outros somente para obter pagamento. Uma distinção desse tipo, no entanto, é mais convencional, mais instrumental do que natural (comparada com o caso da chantagem) e, por esse motivo, a eqüidade exige que esteja ligada de maneira mais clara às decisões anteriores existentes.*

* Vamos presumir que um direito de passagem ou um curso de água na verdade pertença ao proprietário do terreno, para fazer com eles o que desejar. Poderá ele negá-los, bloqueá-los, nem mesmo exigir o cumprimento de um trato leonino, somente para fazer mal a uma pessoa em particular que deseje utilizá-los? Nessa ordem de idéias, pode um operário recusar-se a trabalhar, ainda que seja pelo que ele considere um salário esplêndido, para alguém de quem não gosta? Não vejo dificuldade em argumentar que é imoral, errado, em certas circunstâncias, privar uma pessoa inocente, por motivo de ódio ou desprezo, de uma vantagem que você estaria disposto a conceder a outros. Esse ódio ou desprezo é em si mesmo uma lesão moral, a menos que seja justificada pela conduta da outra pessoa, e mesmo assim há limites para uma reação adequada. É imoral discriminar entre pessoas sem motivo, e tratar algumas como se fossem menos dignas de respeito. Sendo assim, não há razão, em princípio, para não condenar também como errada uma recusa a entrar em relações contratuais baseadas em atitudes imorais de ódio e desprezo. Nada há no individualismo ou na teoria da autonomia que justifique essas atitudes. Cf. *American Law of Property*, supra nota 13; Hayek, supra nota 19, em 135-137.

As dificuldades de fundamentar decisões judiciais nesse julgamento moral são somente práticas, porém grandes. Estaríamos dispostos a concordar, por exemplo, que um operário considere mais agradável a companhia de outros colegas, que uma pessoa possa achar certas pessoas mais interessantes do que outras. Se as atitudes nas quais essas discriminações se baseiam não envolverem atitudes de desprezo – como, por exemplo, no caso do ódio racial – não há objeção moral a que um operário queira trabalhar por um salário mais baixo em companhia de amigos e portanto por salário mais elevado quando em companhia de desconhecidos. Assim, o julgamento moral é complexo, Na verdade, a lei procura levar em conta essas complexidades, reconhecendo ao mesmo tempo suas limitações práticas. Por exemplo, nas leis antidiscriminatórias sobre habitação em geral há exceções para as moradias ocupadas por seus proprietários, talvez não tanto porque o ódio racial seja justificável em tais contextos quanto por uma relutância em interferir com o instrumento cego da lei em questões de relacionamento pessoal. Quanto mais improvável seja a presença de discriminações justificáveis, mais disposta estará a legislação a fazer observar um regime de imparcialidade. Mas, naturalmente, nada disso reduz a noção de que uma pessoa possa procurar obter o melhor preço numa negociação inclusive mediante ameaça de retirar benefícios a menos que receba um preço que considera aceitável.

TRATOS SOB PRESSÃO

Os casos já decididos não invocam a doutrina da abusividade (*unconscionability*) de forma sistemática, ou mesmo coerente. Alegações de injustiça substantiva se mesclam a insinuações de dolo (*fraud*), deficiência cognitiva e coação (*duress*), de maneira que não é possível discernir um padrão nas situações de fato nas quais se exerce esse episódico poder liberatório. Certos casos importantes, no entanto, representam tendências distintas em Direito. Utilizo-os nesta seção como pontos de partida para minhas próprias propostas substantivas.

Abusividade (*unconscionability*), *coação econômica (economic duress) e justiça social*

Consideremos os seguintes casos:

VIII. Um lojista em um bairro de classe C oferece eletrodomésticos de grande porte a preços muito mais elevados do que os das lojas de departamentos e as de descontos. Oferece também crédito aos clientes, muitos dos quais não têm emprego fixo e não conseguiriam crédito pelos procedimentos usuais. As condições do crédito são exorbitantes: altas taxas de juros, ausência de transferência da propriedade dos bens comprados e confisco dos bens mesmo depois de pequenas faltas de parte do comprador. Um cliente cujo rendimento é um seguro-desemprego deixa de pagar a prestação de uma compra de móveis, fogão, geladeira e aparelho de ar-condicionado depois de haver pago mais de dois terços do valor. O comerciante procura receber toda a mercadoria de volta. O valor de revenda dos artigos é tão baixo que não dá sequer para cobrir o débito remanescente.[24]

IX. Um pequeno empreiteiro especializado em reparos de fachadas oferece emprego com baixos salários a jovens, em época de alto índice de desemprego. Explica que o trabalho é perigoso e que seu equipamento de segurança e cobertura de seguro são limitados. Todos os empregados assinam um termo em que aceitam o risco integral do trabalho e se comprometem a não pleitear em juízo compensação por danos físicos. Um dos operários cai de uma escada defeituosa, de cujo mau estado ele tinha conhecimento, e se fere gravemente. Entra em juízo, alegando que o empregador foi negligente e não providenciara condições seguras de trabalho. (Esqueçamos, por um momento, que a legislação atual sobre acidentes de trabalho tornaria essa ação impossível e desnecessária.[25])

X. Todos os fabricantes de automóveis concordam entre si em oferecer uma garantia padrão que exclui qualquer responsabilidade por danos físicos causados por defeitos de fabricação ou de projeto. Um comprador se machuca com um volante mal projetado e busca indenização.[26]

Em casos como esses, alguns tribunais têm se recusado a determinar o cumprimento das promessas, considerando abusivos (*unconscionables*) seus termos.[27] O raciocínio que sustenta essas decisões pode ser resumido assim: O promitente não tinha opção real *e* as condições oferecidas eram substancialmente desleais (*substantially unfair*) para com ele, especialmente devido a sua pobreza ou relativa vulnerabilidade.* A expressão "falta de opção real" é evidentemente insatisfatória, por si só, para explicar essas decisões, pois qualquer consumidor diante de um mercado perfeitamente competitivo para um artigo ou conjunto de artigos necessários não tem opção real senão pagar o preço de mercado, assim como os produtores não têm opção real senão aceitar esse preço. A alegação de injustiça substantiva também é opaca; é inconcebível, por exemplo, que um tribunal mandasse anular o trato do colecionador de selos sob o fundamento de que o preço era escandalosamente elevado. O foco é sobre os bens essenciais: um carro ou um emprego são coisas

* A falta de confiança na solidez desse raciocínio surge pelo fato de que, em geral, a explicação dá a entender uma falha cognitiva – como a referência à surpresa desleal do Código Comercial Uniforme – porém de maneira pouco clara, ou sem ser definitiva o bastante para que valha a pena perguntar se o promitente realmente foi surpreendido ou se essa surpresa é um elemento necessário. Ver Leff, supra nota 1, em p. 497-501.

necessárias. O que precisa ser examinado é a noção de injustiça substantiva. A análise revela que é feita de dois terços de sentimento e um terço de bom senso.

O grau em que possamos estar dispostos a condenar o comerciante aparentemente ganancioso (VIII) ou o empregador (IX) dependerá de circunstâncias adicionais. Suponhamos que a freqüência maior de inadimplementos tenha tornado necessário elevar os preços e estabelecer as condições draconianas do crédito necessárias ao comércio com uma clientela muitas vezes destituída de recursos.[28] Suponhamos que, tendo de pagar salários baixos, melhorar o equipamento e pagar prêmios de seguro de acidentes, o pequeno empreiteiro não conseguisse manter sua firma e seus operários ficariam desempregados. Com essas suposições, a acusação de injustiça pareceria sentimental e nem um pouco desleal. Tanto o comerciante quanto o empreiteiro estão oferecendo a suas supostas "vítimas" opções mais amplas, aumentando suas oportunidades; se as alternativas parecem severas, é uma circunstância lamentável, mas pela qual nenhuma das partes desses contratos é responsável.* Será ainda errado "aproveitar-se" desse infortúnio? Essa pergunta suscita mais sentimentos. Qual seria o efeito de deixar-se levar pelo sentimento e condenar esses contratos como abusivos (*unconscionables*)? O consumidor indigente seria poupado de mais um sofrimento e humilhação numa vida já cheia deles. O jovem trabalhador seria indenizado pela inaptidão resultante do acidente, e talvez essa única reversão de suas expectativas não causasse a falência (*bankruptcy*) de nenhum dos dois empreendedores. Mas o julgamento não pode ser limitado a "essa única vez". Se cada um dos dois homens de negócios estiver operando com uma pequena margem (tanto em relação à falência [*bankruptcy*] quanto ao ponto em que seja preferível uma utilização alternativa para seu capital e esforço), nesse

* Às vezes se diz que as pessoas pobres não entendem os dispositivos de um contrato ou são incapazes de calcular racionalmente os riscos. Esses argumentos são geralmente condescendentes e paternalistas. Quando são válidos, a doutrina do erro oferece ajuda. Ver Capítulo 5. O mesmo faz a legislação que exige explicações detalhadas e compreensíveis e um período de tempo para reflexão.

caso tal julgamento será um sinal para reduzir as perdas e fechar o negócio. Bem, talvez *queiramos* frustrar as expectativas deles e trazer o comerciante mais para perto dos pobres que ele parece explorar. Mas esse julgamento é também confuso. Por que somente esse único representante das classes mais favorecidas deveria suportar o ônus de nosso zelo redistributivo? Certamente não por haver ele buscado suas oportunidades oferecendo opções mais amplas aos pobres. Presumivelmente, desejamos que os pobres sejam capazes de comprar refrigeradores a crédito; também queremos que trabalhadores pouco qualificados tenham oportunidade de emprego. O julgamento de abusividade (*unconscionability*) em tais circunstâncias seria mais um exemplo de dolo social (*social fraud*) que apontei em relação à troca das regras de revelação de informações na definição de dolo (*fraud*) ou as regras do que é errado ou certo na definição de coação (*duress*). Isso porque a sociedade consegue o que deseja – mais oportunidades para os pobres – atraindo investimentos sobre bases que não irá honrar.

Essa conclusão faz com que o princípio da promessa (assim como a moralidade política liberal) pareça duro e insensível diante da situação dos menos favorecidos, até recordarmos que a teoria política liberal (e a prática também) aceita a justiça distributiva como meta da ação coletiva, porém a ser perseguida pela coletividade como um todo, financiada pelas contribuições gerais de todos os cidadãos. A redistribuição não é uma carga que possa ser suportada de forma aleatória, *ad hoc*, por aqueles que por acaso se relacionam com pessoas mais pobres do que eles. Essa concepção, por mais calorosamente espontânea que possa ser, acabaria por prejudicar nossa capacidade de viver nossas vidas da forma que escolhermos. As democracias liberais preferiram realizar a redistribuição (assegurar um mínimo social) mediante benefícios de assistência social, por um lado, e impostos gerais baseados na capacidade de pagamento, por outro.[29] Dessa forma, os governos, ao buscar contribuições para desfazer desigualdades, permanecem neutros quanto à forma pela qual os mais abastados adquirem sua maior riqueza, recolhendo (pelo menos em princípio) a mesma contribuição daqueles que possuem o mesmo grau de riqueza.

Assim, o lojista e o empreiteiro de nossos exemplos pagariam impostos na medida do lucro de seus negócios. Esses impostos, por sua vez, serviriam (ou deveriam servir) para a redução da pobreza e para melhorar as condições que tornam muitos consumidores pobres inadimplentes em potencial e os operários não-especializados tão ansiosos por conseguir até mesmo empregos mal pagos e perigosos. Mas não há motivo para que o lojista ou o empreiteiro assumam encargos maiores a esse respeito do que, por exemplo, um cirurgião plástico do bairro rico de Beverly Hills cuja renda é dez vezes maior, simplesmente porque o cirurgião nunca teve ocasião de tratar com os pobres e os desempregados. Assim, embora as condições gerais que dão origem aos contratos nos casos VIII e IX possam ser injustas, é também injusto (e em última análise, contraproducente) obrigar pessoas específicas, que fazem seus arranjos particulares diante do pano de fundo de condições que não criaram, a suportar o ônus da correção dessas condições. A prestação de um mínimo social justo deve ser responsabilidade geral da sociedade, e não de atores econômicos individuais, a não ser quanto ao pagamento de impostos para financiar esse mínimo.

Esse é o princípio liberal, mas presume a existência de um mercado que funcione bem e privações causadas somente pela relativa pobreza das partes e pela insuficiência geral de recursos. Essas condições ideais nunca se dão completamente, e às vezes estão de tal forma longe de realizar-se que ocorrem graves distorções. Pode acontecer, por exemplo, que dificuldades de ingressar no mercado, pequeno número de competidores, ou concentração de produtores *versus* dispersão de consumidores permitam aos fabricantes de automóveis do exemplo X, por meio de acordos de cartel, reduzir para si o custo dos acidentes à custa do consumidor e com isso obter lucros monopolistas – isto é, um lucro maior do que o necessário para assegurar um nível ótimo de investimento na indústria automobilística. Ao recusarmo-nos a aceitar a cláusula que os exime de oferecer garantia, estaremos forçando os fabricantes de automóveis a desistir de seus lucros monopolistas e transferi-los aos consumidores, e o resultado será maior eficiência econômica – os fabricantes serão estimulados a prozir mais carros, ou carros mais seguros, a um preço mais baixo.[30] Uma decisão a favor do motorista acidentado, portanto, não é sentimental, no sentido de que estejamos obedecendo a um impulso do momento e recusando-nos ao mesmo tempo a afirmar suas conseqüências sistemáticas. Ao contrário, o que queremos são justamente as conseqüências sistemáticas da decisão.

Mas pode ser que ignorância, temor ou preconceito constituam barreiras tão eficazes contra a competição quanto os altos custos de capital, de maneira que talvez o comerciante do caso VIII e o empreiteiro do caso X, longe de proporcionar um serviço de mercado a preço de mercado, estejam na verdade explorando um monopólio natural. Pode ser, por exemplo, que os comerciantes que trabalham com custos baixos e grandes volumes tenham condições de fazer negócio nas favelas e bairros pobres em termos muito menos onerosos do que os mencionados em VIII. Quando permitimos a um lojista obter maior lucro, estamos recompensando-o por haver percebido e aproveitado a oportunidade. Mas então por que não podemos "recompensar" os fabricantes de automóveis por aproveitar as suas oportunidades? (Na verdade, o respeito aos direitos de propriedade sobre qualquer recurso escasso, inclusive o talento e a capacidade de empreendimento, conferirá em certa medida, status de monopólio a quem detiver tais direitos.) Mas há uma diferença crucial: por meio do acordo que fizeram (conspiração para restringir o comércio) os fabricantes de automóveis criam e mantêm condições de monopólio; o lojista e o pequeno empreiteiro não fazem nada disso. O tipo de conspiração dos fabricantes de automóveis pode ser proscrito antecipadamente pela legislação. Não há, porém, forma de fazer distinção entre a vantagem obtida pelo laborioso lojista ou empregador e a conseguida pelo inventor do bambolê, com exceção de que os lucros de ambos vêm dos pobres – e isso, por si só, ao que argumentei, não é motivo para condenar os negócios como abusivos (*unconscionables*). Se a pobreza é o que cria as oportunidades deles, nesse caso somente a erradicação da pobreza evitará as características que consideramos desagradáveis em seus arranjos. Os arranjos em si mesmos são irrepreensíveis.*

As regras de insolvência (*bankruptcy laws*) proporcionam uma aparente exceção a esse princípio de que a redistribuição deva ser um ônus social e não seja imposta episodicamente aos indivíduos quando entram em relações contratuais com pessoas pobres específicas. Essas leis – com seu sistema de exclusões e isenções, talvez recuando até a abolição da pena de reclusão por dívidas – dispõem que qualquer que sejam as obrigações contratuais de uma pessoa, esta não ficará impossibilitada de sustentar a si mesmo e sua família em um nível razoável. Tampouco ficará incapacitada devido a ameaças (como a da prisão por dívidas) caso não tenha de entregar seus ganhos, nem devido à penhora desses ganhos mínimos ou dos bens (alimento, roupas, um mínimo de móveis e moradia) que comprem.**[31] Isso pode ser visto como um caso em que o mínimo *social* não provenha de recursos *sociais*, e sim venha à custa de parceiros contratuais específicos cujos direitos contratuais integrais não sejam reconhecidos – como se fosse realmente abusivo (*unconscionable*) extrair sem considerações caritativas um pagamento de um promitente em dificuldade. Longe de constituir uma anomalia, o regime de exclusões do sistema de insolvência (*bankruptcy*) se ajusta bem a um sistema de assistência pública. Ninguém sugere, por exemplo, que os pagamentos a título de assistência social sejam usados para resgatar dívidas contratuais. Mas se a assistência pública implica um piso abaixo do qual não se permite que as pessoas afundem, a fim de impedir que os pagamentos de assistência social sejam usados para ressarcir obrigações contratuais, não será

* Estou deixando de lado as regras que, por exemplo, proíbem a exclusão de certas garantias, ou (como no caso de certos contratos de seguros) exigem a inclusão de cláusulas padronizadas, ou regulam certos ramos de negócio ou relações, estabelecendo padrões obrigatórios de segurança ou exigindo seguros compensatórios para trabalhadores. Primeiro, essas regras são gerais, geralmente legislativas. Segundo, têm em geral a finalidade de consertar certas imperfeições do mercado. Terceiro, muitas delas (como as leis de salário mínimo) podem ser ineficazes ou contraproducentes.

** Nos casos em que uma obrigação contratual proíba competição com um ex-empregador, tampouco será mandatória caso o efeito de sua execução seja privar o trabalhador de sua capacidade de ganhar a vida na ocupação habitual. Ver *Restatement* (2d) § 330 (1); 6 Corbin § 1394, p. 101-104; Harlan M. Blake, "Employee Agreements Not to Compete," 73 *Harv. L. Rev.* 625 (1960); G. Kreider, "Trends in the Enforcement of restrictive Employment Contracts", 35 *U. Cin, L. Rev.* 16(1966).

difícil afirmar que na verdade os tribunais não pressionarão um indivíduo até o ponto em que ele seja obrigado a recorrer à assistência pública. Sem dúvida, o "peso" dessa política recai sobre um indivíduo específico, mas de uma maneira diferente de dolo (*fraud*), roubo ou catástrofe natural. Com efeito, os parceiros em um contrato em geral tratam a insolvência (*bankruptcy*) como um risco para a conclusão com êxito de seus empreendimentos. Será isso um exemplo de altruísmo? Não há dúvida de que sim – mas um altruísmo muito geral, claramente definido e circunscrito.

Maus samaritanos

Parece difícil obrigar ao cumprimento de alguns tratos, embora sejam aprovados em todos os testes que apresentei até agora. Consideremos os seguintes casos:

XI. Em *Post v. Jones*,[32] dois barcos baleeiros encontram um terceiro baleeiro avariado em águas remotas a cerca de 8 mil quilômetros do porto mais próximo. Estando ambos vazios, organizam uma espécie de "leilão" e carregam todo o óleo do barco impossibilitado de navegar a uma fração do preço que renderia se levado para terra. O Supremo Tribunal dos Estados Unidos considerou inválida essa venda forçada e limitou os dois baleeiros às taxas normalmente permitidas para salvados.

XII. Em *Botsakis v. Demotsis*,[33] a ré, que precisava desesperadamente de dinheiro pouco depois da ocupação da Grécia pela Alemanha, pediu emprestada certa quantia em moeda grega, que naquelas circunstâncias caóticas poderia equivaler a no máximo 50 dólares, contra sua promessa de restituir 200 dólares mais juros de mercado, retirados de fundos que controlava nos Estados Unidos. O Supremo Tribunal do Texas acolheu o acordo segundo seus termos.

Esses contratos *são* ofensivos à decência, e diferem dos que eu vinha apresentando em um aspecto importante. O lojista e seus clientes pobres negociam dentro de um sistema social em funcionamento, que possui poder e responsabilidade para distribuir riqueza e proporcionar um mínimo social. Se essa responsabilidade tiver sido cumprida de modo razoavelmente eficaz, o trato celebrado entre as partes simplesmente reflete a situação econômica sancionada por essa concepção de justiça social. E se as exigências da justiça social não tiverem sido atendidas (embora o sistema político seja democrático), nesse caso a responsabilidade de cada cidadão é trabalhar politicamente em prol de mais justiça social. Nenhum cidadão privado, no entanto, tem o dever de procurar reparar essas desigualdades sistêmicas em bases individuais e à custa de suas vantagens particulares (em oposição às políticas), assim como um juiz tampouco é competente para forçar esse altruísmo episódico declarando abusivo (*unconscionable*) o contrato. Mas esses dois últimos casos colocam uma questão diferente. Em *Post v. Jones*, a relativa debilidade do navio avariado não está sancionada por nenhuma prestação social geral. É um acontecimento aleatório, um acidente em relação ao qual (naquela época, podemos presumir) não era possível tomar medidas sistemáticas. Em *Batsakis v. Demotsis*, a ordem social havia desaparecido diante do impacto de um invasor bárbaro. Não existiam nem mesmo as condições mínimas de paz social, estabilidade e interesse necessárias para ratificar transações individuais.

Como argumentei em detalhe alhures,[34] é concepção incorreta excluir do individualismo liberal qualquer dever de preocupar-se com os demais e assisti-los. Para os liberais, pelo menos a partir de Kant, tem sido evidente o argumento de que a indiferença para com os semelhantes desvaloriza nossa humanidade comum e, por isso, põe em perigo a base moral do respeito que reivindicamos como indivíduos.[35] Se há algo que distingue o liberalismo como posição moral, é sua tentativa de conciliar esse dever de altruísmo com o direito dos indivíduos de definir e perseguir sua própria concepção de bondade, sem ser consumido pelas necessidades alheias. O sistema político de redistribuição social que mencionei diversas vezes é parte crucial dessa conciliação. Como vimos, ele deixa intacto o contrato como promessa. Mas às vezes a conciliação fracassa – seja porque a previsão humana não é capaz de tratar de todos os detalhes, ou porque a perversidade e ilegalidade humanas destroem a complexa estrutura que a personifica. Em tais casos, poderíamos perfeitamente permanecer em estado natural, e nesse estado nosso dever de humanidade é auxiliar o desconhecido em aflição. Em *Post v. Jones*, o caráter aleatório da situação garante que a imposição não será demasiado onerosa. E como ela surge de uma lacuna num sistema que de outra forma funciona bem, é razoável esperar compensação justa, quando após a tempestade todos tenhamos chegado ao porto – literal e metaforicamente.[36] Em *Batsakis*, a catástrofe é mais completa, e o dever de ajudar é mais oneroso. Mas como sem a sociedade civil os direitos individuais são praticamente sem valor, não admira que nossos laços comuns sejam especialmente exigentes numa situação de iminente barbarismo: ao afirmá-los, estamos também afirmando a esperança de que a civilidade não será extinta e a sociedade civil voltará a existir.

Os salvadores em *Post* tinham o dever de ajudar, e Batsakis tinha o dever de compartilhar com seus compatriotas empobrecidos (com a devida vênia do Supremo Tribunal do Texas). Embora haja graves problemas quanto à execução juridicamente obrigatória de tais deveres,[37] esses problemas não ocorrem quando é negado reconhecimento jurídico a promessas recebidas em troca de uma prestação a que o promissário de qualquer forma estava obrigado. Portanto, mediante a aplicação direta do princípio apresentado anteriormente neste capítulo, vemos que essas promessas foram obtidas sob coação (*duress*). (Recordemos o arquiteto chantagista no caso VIII do Capítulo 3.) Podemos hesitar em executar uma ação afirmativa contra alguém que deixa de agir como bom samaritano. Também não precisamos absolutamente hesitar para negar ao mau samaritano seu lucro injusto.

Capítulo 8

A IMPORTÂNCIA DE SER HONESTO

O Direito Contratual é muitas vezes extremamente técnico; importantes conseqüências dependem de coisas que para alguém que não seja advogado podem parecer pequenas diferenças. Certamente é por isso que tantos, entre advogados e leigos, duvidam de que o Direito Contratual possa realmente ser a expressão de um princípio moral. Neste capítulo, exploro algumas dessas doutrinas intrincadas e talvez surpreendentes, e mostro que, longe de serem invenções perversas dos advogados, elas decorrem do princípio da promessa. As promessas são auto-impostas. Têm a função de marcar uma clara diferença entre aquilo a que nos comprometemos e aquilo que de outra forma teria ocorrido. Portanto, uma pessoa que possa reivindicar o benefício de um princípio promissório sempre gozará de grande vantagem, enquanto a pessoa que se priva desse benefício pode ter de conformar-se com os princípios da tutela (*remedy*), muito menos vantajosos. A passagem de um princípio ao outro pode representar uma grande diferença no resultado. Isso não deve surpreender, pois, por meio da promessa, as pessoas procuram fazer importantes mudanças. A expressão natural do princípio da promessa no Direito Contratual é a disposição de fazer o promitente cumprir a palavra dada, fazê-lo cumprir o que prometeu – ou pagar o equivalente ao desempenho prometido. O fato de estarem a situação da pessoa, seus direitos e deveres controlados pela promessa ou pelos princípios circunjacentes não-consensuais da responsabilidade delitual (*tort*) e da restituição fará uma grande diferença, pois a função da promessa é alterar essa situação, e a do Direito Contratual é traduzir em realidade a obrigação promissória.

Os críticos do princípio da promessa encontraram apoio teórico para seus ataques nas mudanças às vezes abruptas da sorte que o princípio provoca. Os instrumentalistas de todos os tipos – tanto economistas quanto os impelidos por uma atitude altruísta ou vagamente socializante – tendem a abominar essas peripécias bruscas.[1] No entanto, se levarmos a sério a autonomia como princípio para o ordenamento dos assuntos humanos, as pessoas têm de suportar as conseqüências de suas escolhas, e esse imperativo conferirá aos resultados subseqüentes uma qualidade descontínua, binária. Saber se uma pessoa prometeu ou não é pergunta que pede resposta afirmativa ou negativa. Se prometeu, será julgado pelo regime da promessa. Se não, o controle passa a outro regime. E se uma pessoa fez uma promessa e recebeu outra em troca, a rejeição de suas obrigações promissórias o privará do direito a insistir que suas próprias alegações sejam julgadas segundo o regime promissório. É crucial estar sempre do lado correto.

Sempre é possível receber o dinheiro de volta

Consideremos este caso:

I. Um revendedor espera comprar um número especificado de automóveis de luxo, pouco econômicos ("bebedores de gasolina"). Como o ano está chegando ao fim, ele anuncia uma "venda especial" desses carros e consegue pagamento integral de 8 mil dólares do comprador de um carro desse tipo, ficando a cor e os acessórios opcionais para serem decididos mais tarde. O cliente fica satisfeito com o trato, porque o preço normal desses carros é de 10 mil dólares. Antes da data de entrega, acontecem duas coisas: (1) é instituído um racionamento de gasolina e (2) o modelo deixa de ser fabricado prematuramente, e, portanto, o revendedor não consegue comprar nenhum dos carros. Com o racionamento de combustível, o preço de varejo de "bebedores de gasolina" semelhantes cai para aproximadamente 6 mil dólares. O cliente pretende obter de volta o total pago de 8 mil.

Tanto o bom senso quanto a legislação dizem claramente que o cliente pode recuperar seu dinheiro, ainda que se o revendedor tivesse cumprido sua parte do trato o cliente estaria em piores condições, pois sofreria uma perda de 2 mil dólares.[2] Podemos também considerar uma versão do caso *Security Stove* apresentado no Capítulo 2 como caso IV. No caso real, a companhia de fogões recuperou seu prejuízo decorrente da confiança, quando a Railway Express deixou de recolher e entregar a amostra de fogão que deveria ter sido exposta na convenção. Se a companhia de fogões tivesse pagado antecipadamente o custo do transporte expresso, não há dúvida de que poderia ter recuperado esse pagamento mesmo que a Railway Express pudesse ter provado que a exposição teria sido um fracasso completo (o que teria derrotado a reivindicação de compensação por parte da companhia de fogões). Parece tão evidente que o comprador do carro e a companhia de fogões devessem recuperar seu dinheiro nesses casos que podemos facilmente deixar de lado alguns problemas. Para apreciá-los, consideremos este outro caso:

II. Um construtor foi contratado para construir uma casa para um especulador pelo preço fixo de 100 mil dólares. Desde a assinatura do contrato, a inflação cresceu muito, e o preço dos materiais como madeira, fiação e equipamento hidráulico subiu a uma taxa ainda mais elevada. O construtor já concluiu metade da casa, mas o especulador, com poucos recursos líquidos por causa de taxas de juros crescentes, é obrigado a mandá-lo parar a obra. No momento da suspensão dos trabalhos, o término da construção custaria ainda mais 70 mil dólares, e o preço de mercado para a construção de uma casa desse tipo já chegaria a 140 mil. O construtor entra em juízo contra o especulador (ou seu representante na falência [*bankruptcy*], se você preferir um pouco mais de realismo).

Para quem não é advogado, pode surpreender que o tratamento normal nos livros didáticos para a ação iniciada pelo construtor permitiria que ele reivindicasse 70 mil dólares, e não apenas os 50 mil que representam a metade do preço ajustado.[3] Mas se o princípio em que se apóia a clara intuição de que o cliente pode recuperar integralmente seu dinheiro no caso I for aplicado ao caso II, o resultado será exatamente esse. Esse é o princípio de restituição, apresentado no Capítulo 2, segundo o qual quem tiver enriquecido injustamente à custa de outrem não pode conservar, deve ser obrigado a devolver, o benefício recebido. Se pretendo pagar a Mary os 10 dólares que devo a ela, mas mando o dinheiro a você por engano, você se enriqueceu a minha custa e não há motivo para que fique com esse dinheiro. Da mesma forma, se você roubar 10 dólares que me pertencem, terá de devolvê-los. Bem, se você conseguir 10 dólares meus porque confiei numa promessa que você mais tarde não pôde ou não quis cumprir, parece igualmente injusto que você possa conservar o dinheiro. Havendo repudiado sua promessa, você não pode insistir que minhas obrigações para com você sejam julgadas segundo minha promessa recíproca. O trato fica extinto.

A lógica dessa argumentação se estende ao caso II, pois não há razão para limitá-lo à recuperação dos pagamentos em dinheiro. Dois colecionadores concordam em trocar relógios antigos. O primeiro entrega seu relógio, mas o segundo não. Parece tão justo que o segundo restitua o relógio quanto que o revendedor no caso I devolva o dinheiro.[4] E se eu tiver dado a quem rompeu a promessa algo que ele não possa restituir – dei uma garrafa de vinho, que já foi bebido, ou construí para ele parte de uma casa no terreno dele – da mesma forma permanece válido o princípio da restituição. Quando for impossível a devolução do bem específico, o valor do benefício conferido deve ser restituído. E é isso exatamente o que o construtor pretende no caso II ao exigir não 50 mil, e sim 70 mil dólares – o valor do benefício que ele entregou.

Não nos sentimos satisfeitos com o resultado do caso II. O construtor assumiu os riscos dos aumentos de preço, assim como o especulador assumiu o de reduções, e o preço acordado inclui as estimativas desses riscos feitas por ambas as partes. Por que motivo pode agora o construtor passar ao especulador o ônus do que se tornou um trato com prejuízo?

Será porque o especulador rompeu o contrato? Mas já vimos que, para fazer cumprir o contrato, a vítima de uma quebra somente tem direito a sua expectativa, ao que ele obteria se o contrato fosse integralmente cumprido. O objetivo do contrato é comprometer o futuro, distribuir às duas partes os riscos de uma transação. Mas dar ao construtor a possibilidade de escolher entre reivindicar o que esperava obter ou o valor real do benefício que entregou parece conferir-lhe uma vantagem injusta. O especulador parece suportar o risco tanto de que a casa saia mais barata do que o orçamento quanto de que fique mais cara. Esse não pode ter sido o arranjo objeto do contrato. Há uma anomalia aqui, que precisa ser explicada mesmo em face de nossa convicção de que no caso I o cliente deve receber de volta seu dinheiro, libertando-se assim de um encargo que seria seu nos termos do trato feito.[5]

Vejamos esta variante do caso I:

III. Um proprietário tem motivos para acreditar que exista petróleo no subsolo de suas terras e contrata um perfurador para furar um poço exploratório. O custo do poço é de 100 mil dólares, pagos adiantadamente. Após o pagamento, mas antes que haja qualquer perfuração, outros poços exploratórios perfurados em terrenos vizinhos mostram com virtual certeza que não existe petróleo na região. Enquanto isso, no entanto, o perfurador se dedica a outras operações mais lucrativas e informa não desejar cumprir o trato.

Deve o perfurador poder ficar com os 100 mil dólares pagos pelo proprietário sob o fundamento de que se tivesse cumprido sua obrigação isso de nada teria servido ao proprietário, que perderia seus 100 mil? Aqui podemos perceber talvez com mais clareza a incongruência do perfurador ao esconder-se atrás de uma promessa, que ele nem sequer começou a cumprir, a fim de limitar o proprietário à recuperação das perdas relativas a sua expectativa, isto é, as perdas quantificaram o contrato.

Ao resistir à restituição, o vendedor de carros, a Railway Express e o perfurador trataram seus parceiros no contrato (o cliente, a companhia de fogões e o proprietário do terreno) não como se tivessem feito contratos para comprar um carro, entregar mercadoria ou perfurar um poço, e sim como se tivessem contratado a opção de exigir esses desempenhos. Suponhamos, por um momento, que no caso III o proprietário tivesse contratado com o perfurador a opção de solicitar a perfuração de um poço a um preço especificado, ou que no caso I o cliente tivesse contratado com o revendedor uma opção sobre o "bebedor de gasolina". Se o proprietário e o cliente tivessem deixado suas opções caducarem quando os dois negócios mostraram não ser lucrativos (como dizem as hipóteses), nesse caso certamente perderiam o preço das opções já pagas ao perfurador e ao revendedor. Os contratos de opção são contratos para celebrar contratos. Um titular de uma opção pode transformá-la em contrato propriamente dito, mas tem o direito de não prosseguir com a transação, tem direito de não exercer a opção. É um tipo de arranjo preliminar, uma tentativa.[6] Quem compra uma opção faz exatamente isso: mantém em aberto suas opções. Isso é diferente de quem faz um trato. A pessoa não mais mantém suas opções abertas, pois agora já se comprometeu. Por isso é que o conceito de opção não serve para aplicar-se aos casos I e III.

Em ambos os casos, a transação objetiva o desempenho, e o preço pago é o preço integral do desempenho. Se o perfurador puder recusar-se a cumprir sua parte e mesmo assim conservar o dinheiro, estará colhendo o benefício integral da perda de valor de seu próprio desempenho. Na distribuição de riscos contemplada nos contratos, o revendedor perdeu a oportunidade de vender o carro por preço mais elevado a outro cliente, ou assumiu o risco de que o custo dos carros para ele pudesse subir, e o perfurador assumiu o risco de que o custo da execução do serviço pudesse ser maior do que ele esperava, enquanto o cliente assumiu o risco de que o valor do carro caísse e o proprietário o risco de que o poço resultasse seco. O revendedor e o perfurador foram compensados por esse risco ao contarem com um preço fixo por seus bens e serviços. O cliente e o proprietário foram compensados por seus riscos ao terem certeza de contar com um preço fixo para seus bens e serviços. Se o revendedor agora consegue ficar com 2 mil dólares sem ter entregado um carro e se o perfurador ficar com 100 mil sem haver gasto recursos na perfuração, nesse caso o equilíbrio da troca foi alterado. Vista *ex ante*, essa possibilidade aumenta o valor total esperado do contrato para o revendedor e para o perfurador. Se o cliente e o proprietário tivessem sabido *ex ante* dessa possível melhoria do resultado para seus parceiros no trato, procurariam obter alguma parte dela na negociação, pois os recursos que produziram essa melhoria no valor esperado da barganha (*bargain*) para o revendedor ou o perfurador foram fornecidos por eles. Depois do fato, os que romperam o contrato podem argumentar que suas vítimas não perderam mais do que teriam perdido se o contrato fosse executado. Mas esse argumento em favor do pagamento do prejuízo, e não da restituição, somente parece ser plausível *depois* dos fatos.

Um regime contratual deve manter a integridade dos tratos, e isso significa não reverter a alocação dos riscos segundo os quais as partes avaliaram a barganha (*bargain*) ao fazê-la. Os tratos são feitos e seus preços são avaliados na presunção de que serão cumpridos. Se não forem cumpridos, a parte prejudicada pode reivindicar danos por sua expectativa. As partes de um contrato não imaginam que terão de pagar por desempenhos que não ocorreram. As partes se comprometem reciprocamente. Se uma parte age como se não se considerasse comprometida, a outra também poderá fazê-lo. Ao romper o contrato, um parceiro contratual não apenas se torna suscetível de reivindicações por danos, mas também libera a outra parte.*

Assim, a famosa afirmação de Holmes de que sempre existe a "opção" de romper um contrato e que a única conseqüência a temer para quem o rompe é uma ação judicial por perdas e danos é exagerada e de-

* O professor Atiyah escreve que até bem adiantado o século XVIII as obrigações contratuais eram normalmente tratadas como sendo independentes, de maneira que a vítima até mesmo de um rompimento total era obrigada a fazer sua parte e contentar-se com uma indenização pelos danos. Ver Patrick Atiyah, *The Rise and Fall of Freedom of Contract* 208-216, 424 (Oxford, 1979). Isso não pode ter sido mais do que uma suposição, no entanto, porque os tribunais conheciam bem o conceito de obrigação condicional. Ver A.W.B. Simpson, *The Horwitz Thesis and the History of Contracts*, 46 *U Chi. L. Rev.* 533, 544 (1979).

masiadamente simples. A única responsabilidade *contratual* em que ele incorre é certamente a responsabilidade de pagar as perdas e danos,[7] mas isso não significa que o rompimento não acarrete outras sanções. A conseqüência adicional mais importante é a possível liberação da obrigação de seu parceiro no contrato. Se tiver havido pagamento antecipado ou qualquer outra prestação com base na confiança no contrato, essa liberação acarreta uma obrigação de efetuar restituição. No caso II o especulador tem de restituir ao construtor os benefícios conferidos, e isso significa pagar os 70 mil dólares, valor da obra do construtor. Isso, de forma alguma, contradiz o princípio do contrato como promessa: o especulador, havendo rompido o contrato, não pode apelar a esse princípio para limitar sua responsabilidade de pagar o preço justo daquilo que recebeu. Qualquer outro resultado prejudicaria as expectativas à base das quais os termos do contrato são em geral estabelecidos. Além disso, o princípio promissório não fica de maneira nenhuma enfraquecido ao considerar liberada a obrigação, pois a contraprestação (*consideration*) presumida em sua formação foi violada.

Condições

A importância de ser correto vai um passo adiante. Imaginemos que nos casos I e III não tenha havido pagamento antecipado pela parte prejudicada. Temos atacado a arrogância da parte que rompeu o contrato ao refugiar-se em um contrato que ela mesma rompeu para ficar com um pagamento antecipado ou outro benefício, e ao mesmo tempo forçando a parte prejudicada a recuperar somente os danos relativos a sua expectativa. Seria muito mais audacioso que a parte que rompeu o contrato o utilizasse como base *afirmativa* ao entrar em juízo reivindicando o preço. Imaginemos o perfurador pleiteando o lucro que teria se tivesse furado o poço, embora admita que foi ele próprio quem se recusou a prosseguir o trabalho. Quando o proprietário se recusa, citando a quebra do contrato pelo perfurador, este insiste para que o proprietário cumpra seu dever contratual e, se quiser, entre com uma ação reivindicando os danos – e, como vimos nesse caso específico, o proprietário não sofreu danos pelo fato de não ter sido perfurado o poço. Seria realmente anômalo exigir que o perfurador restituísse o pagamento antecipado e ao mesmo tempo permitir que ele entre com uma ação para conservar aquele pagamento exatamente nas circunstâncias do rompimento. A derrota do perfurador nessa ação resulta *a fortiori* de nossa constatação anterior de que ele deve restituir a quantia caso a tenha recebido adiantadamente.

O fator de não estar errado teve papel preponderante no pensamento dos tribunais. Consideremos os importantes casos de *Norrington v. Wright*[8] e *Filley v. Pope.*[9] Em ambos os casos, revendedores norte-americanos vinham comprando trilhos ferroviários usados onde quer que os encontrassem, a fim de atender a um aumento especulativo na demanda. Uma repentina queda no mercado dos Estados Unidos deixou-os com compromissos de comprar trilhos a preços altos, e somente poderiam esperar revendê-los por preços muito mais baixos. Em *Norrington*, o contrato feito pelos norte-americanos previa entregas mensais de quantidades mínimas e máximas especificadas. Depois de dois meses de remessas, ficou aparente que os vendedores não estavam respeitando as quantidades – às vezes superiores, às vezes inferiores. Os compradores aproveitaram isso como pretexto para tratar os vendedores como estando em "inadimplência total", recusando-se a aceitar os trilhos e a pagar por eles. Em *Filley*, a alegação dos compradores foi ainda mais extrema. O contrato previa remessa de trilhos de Glasgow para portos nos Estados Unidos. Como não havia navios disponíveis em Glasgow, os vendedores embarcaram os trilhos e os expediram da costa leste da Escócia, o que era uma forma de assegurar a entrega mais rápida do que se tivessem seguido exatamente os termos do contrato. Mais uma vez os compradores usaram essa divergência para considerar rompido o contrato, e. portanto. recusaram-se a aceitar e pagar pelos trilhos. A estratégia foi altamente vantajosa para os compradores e desastrosa para os vendedores. Se os compradores tivessem sido obrigados a seguir os contratos e recebido uma indenização pela divergência de parte dos vendedores em relação aos detalhes de seus compromissos, os compradores teriam suportado o ônus integral da queda de preços no mercado; em nenhum dos dois casos existe motivo para acreditar que a divergência em relação àqueles termos estritos tenha de fato causado danos significativos.*

Surpreendentemente, em ambos os casos o tribunal decidiu a favor dos compradores, sob o argumento de que uma parte em um contrato não tem obrigação de pagar o que não comprou. Como princípio geral, isso faz perfeitamente sentido, e na verdade decorre do princípio desenvolvido a partir dos casos I e III. Certamente, caso os vendedores não tivessem entregado nenhum trilho, seria escandaloso permitir que acionassem os compradores pelo preço dos trilhos, deixando aos compradores o recurso de uma reconvenção pelos danos sofridos devido à falta de entrega. Isso prejudicaria os compradores e os obrigaria a pagar aos vendedores a perda de mercado que eles (os compradores) teriam sofrido caso o contrato tivesse sido cumprido à risca. E mesmo que os vendedores entregassem *alguma coisa*, isso não deveria impor aos compradores as perdas que sofreriam se o contrato tivesse sido fielmente executado. Se, por exemplo, somente tivesse havido uma pequena remessa representando uma fração mínima da quantidade total contratada, isso não deveria ter feito diferença para o resultado. Se eu contratar a compra de um bem específico, você não pode me entregar uma coisa muito diferente e me obrigar a pagar o preço do contrato menos os danos que eu possa ter sofrido. Isso, na verdade, me obrigaria a comprar algo que não desejo, deixando-me as perdas contratuais que eu sofreria se tivesse recebido o que pretendia comprar. Portanto, não foi o princípio que ficou torcido em *Norrington* e em *Filey*, e sim sua aplicação.

---

* Em *Norrington,* a divergência em relação ao acordado foi principalmente a regularidade das remessas, isto é, embora alguns trilhos chegassem mais cedo do que a programação exigia, outros chegaram depois. Isso pode haver dificultado a revenda dos trilhos e em alguns casos pode haver significado que trilhos que deveriam ter chegado mais cedo tiveram de ser revendidos mais tarde, depois que o mercado caiu ainda mais, mas essas perdas eram evidentemente triviais comparadas com as que o comprador sofreria em conseqüência da queda de preços no mercado caso o contrato tivesse sido estritamente cumprido e ele fosse obrigado a aceitar a remessa.

A doutrina do adimplemento substancial (*substancial performance*) impediria o escandaloso resultado desses dois casos, e, ao mesmo tempo, preservaria intacto o princípio em favor do qual venho argumentando. O adimplemento substancial (*substancial performance*) procura levar em conta o princípio de que a vítima de um rompimento não precisa ser obrigada a cumprir sua promessa e nem pagar por haver recebido nada mais do que uma promessa rompida, e ao mesmo tempo evitar os absurdos de *Norrington* e *Filley*. Se aquele que descumpriu o contrato o realizou em grande parte, de forma substancial, mantendo o contrato em vigor e fazendo com que a vítima procurasse indenização por quaisquer deficiências por meio dos canais normais de recuperação do contrato,[10] não se exige da vítima pagamento por algo que ela não comprou. Até que ponto o desempenho pode ser considerado substancial? Em que momento é possível a alguém vender um cumprimento parcial recebendo o preço integral menos os prejuízos? Pequenas nuances podem representar grandes diferenças nesse caso. Há uma brusca descontinuidade de resultado entre os casos nos quais a vítima de um rompimento tem de aderir estritamente ao contrato e buscar compensação exclusivamente segundo seus termos e os casos nos quais ele pode ignorar completamente o contrato, seja escapando a sua obrigação de fazer uma contraprestação (*consideration*) (como em *Norrigton)* ou recuperando a restituição (como nos casos I-III). Isso reflete a brusca descontinuidade entre ingressar em relações contratuais – assumir voluntariamente uma obrigação – e não cruzar esse limiar.

O problema do desempenho substancial e a importância de ser honesto podem ser vistos como aspectos do tema das condições, às vezes misterioso, e que já foi mencionado brevemente no Capítulo 4. Quando um termo de um acordo é tratado como condição, o resultado para a parte do lado perdedor dessa designação pode ser brusco e severo.[11] Por exemplo, beneficiários de apólices de seguro perderam todo o dinheiro reivindicado por haver deixado de cumprir as condições relativas à notificação;[12] titulares de opções perderam oportunidades lucrativas por se atrasarem um dia ou mesmo uma hora para exercer a opção.[13] Há também o caso *Clark v. West*:[14] um estudioso acordou com um editor a redação de um tratado sobre Direito Empresarial, cujo contrato dispunha que o autor seria pago à razão de 2 dólares por página, mas que receberia 4 dólares a mais por página com a condição de que se abstivesse de álcool durante o período de trabalho. Clark produziu um excelente tratado, porém tomou um drinque de vez em quando, e então o editor pretendeu pagar somente a quantia mais baixa. (Conforme mostro adiante, a justiça triunfou e Clark recebeu a quantia integral.)

A obrigação contratual se baseia na promessa, e as obrigações promissórias são compromissos livremente assumidos. Existe um limiar que aquele que assume uma obrigação tem de cruzar voluntariamente. Precisa estar livre de compromissos que não tenha aceitado, e uma das formas pelas quais pode exprimir o limite de sua obrigação é simplesmente a declaração da extensão de seu compromisso; por exemplo, prometo pagar "um preço razoável" por melhorias em minha casa, porém não mais do que 5 mil dólares. O promitente pode também limitar sua obrigação tornando-a condicional; por exemplo, prometo pagar um determinado carro a preço especificado, *a menos que* antes da data de entrega a gasolina tenha sido racionada. A não instituição do racionamento é uma condição para a obrigação. Se sua promessa é condicional, nesse caso, a menos que a condição seja atendida, você não está obrigado. Quando a condição não ocorre, o promissário não tem como cobrar o cumprimento da obrigação – não pode, por exemplo, exigir o cumprimento propondo deduzir quaisquer prejuízos em que você tenha incorrido. Simplesmente não existe obrigação. Ela desapareceu. E se a pessoa que tem a obrigação condicional, por acaso, fez um pagamento antecipado, os princípios comentados anteriormente permitiriam que ela recebesse a restituição desse pagamento, pois ele foi feito segundo uma obrigação que já não existe.

A doutrina do adimplemento substancial (*substancial performance*) é um refinamento desse conceito de obrigação condicional. A promessa que o cliente fez no caso I ou a que o proprietário fez no caso III é efetivamente condicional: se você me entregar um carro, e quando o fizer, estarei obrigado a pagar o preço; se, e quando você fizer a perfuração, estarei obrigado em relação a você. Estou obrigado a pagar o carro, ou a perfuração, assim como você está obrigado a entregar o carro e furar o poço; mas se você não fizer sua parte, minha obrigação para com você caduca. Mas, assim como vimos que um ligeiro começo de desempenho não será suficiente para ativar o desempenho do promitente, da mesma forma um desempenho substancial – a entrega de uma proporção que não seja mínima da coisa prometida em troca – restabelecerá aquela obrigação. A entrega de uma calota não é suficiente para estabelecer a obrigação do cliente de pagar o preço do carro no caso I; a entrega de tudo, *menos* uma calota, não impedirá a materialização da obrigação. Se a parte oposta teve um desempenho substancial, quem assumiu a obrigação não fica liberado; tem de cumprir seu compromisso e procurar compensação por danos para satisfazer suas perdas. Ele já cruzou o limiar; o adimplemento substancial (*substancial performance*) da outra parte o mantém do outro lado dessa linha; uma inadimplência menor do que substancial não o empurra de volta para o lado inicial do limiar, para um terreno de ausência de compromisso. A parte que assume a obrigação tem de calcular sua compensação do lado de dentro, e não de fora, da situação contratual.

Os tribunais em *Norrington* e *Filley* chegaram a resultados absurdos ao presumir que os termos da cronologia e do porto de embarque, respectivamente, eram condições.[15] Presumiram isso por haverem presumido que *todos* os termos eram condições. E o fizeram baseados no raciocínio falaz de que como era seu dever respeitar a autonomia das partes e não impor a elas obrigações que não houvessem assumido, deveriam, portanto, condicionar *todos* os deveres dos compradores para com os vendedores ao estrito cumprimento pelos vendedores com *todos* os termos estipulados pelos compradores. Mas esse é um raciocínio circular. Se compradores e vendedores não pretendiam tratar como se fossem condições desvios insignificantes, não-materiais, em relação aos termos do contrato, o fato de que o tribunal os considerou condições frustra a vontade das partes, em vez de realizá-la. O fato de que as partes levaram a sério todos os termos de seu contrato não obsta a que se atribua a esses termos não-materiais um efeito adequado por meio de apenas uma compensação por perdas e danos. Tratar todos os termos como condição priva os negociadores de um método importante para matizar a distribuição de riscos. Os vendedores dos trilhos de ferro, sem dúvida, não imaginaram que ao afastar-se dos termos do contrato de maneira trivial liberariam os compradores de todas as obrigações, e se o contrato não dizia isso especificamente, por que motivo essa interpretação pouco razoável seria acolhida? Pode-se suspeitar que o tribunal tenha sentido certa inibição quanto à avaliação de que alguns termos fossem tão importantes que naturalmente se transformariam em condições, enquanto outros eram tão suficientemente marginais para que não se transformassem. Mas esses exercícios de julgamento são inevitáveis, e os tribunais que procuram evitá-los são culpados da mesma falácia de seus críticos realistas, porque todos eles (críticos e criticados) imaginam que, pelo fato de esses exercícios não serem nem mecânicos nem acima de controvérsias, dedicar-se a eles é portanto um ato político, não neutro, imposto às partes, e não complementar à vontade delas.[16]

Essa análise implica dizer que se as partes assim tivessem disposto especificamente, cada pequeno desvio em relação ao arranjo contratual teria de ser tratado como uma inadimplência de uma condição e, portanto, liberaria da obrigação. Será isso chocante? Temos de aceitar essa conclusão? Se as partes efetivamente tivessem concordado com essa condição, as decisões seriam mais aceitáveis. Na maioria das situações podemos suspeitar que não; uma das partes preparou uma armadilha sutil, de forma que sua conseqüência surpreende a outra parte. Os conceitos debatidos no Capítulo 6 são suficientes para impedir essa manobra de má-fé. Se não for uma surpresa, e sim uma aposta livremente aceita, ainda haverá formas de aliviar os rigores daquele resultado e evitar perdas de direitos (*forfeitures*) em muitos casos. Essas doutrinas mitigadoras são o tema da seção seguinte.[17]

Renúncias, prescrições, denúncias

Consideremos o seguinte caso:

IV. Um construtor se compromete a construir uma casa com certas especificações e prazo marcado para conclusão. Não termina a obra na data, e há pequenas variações em relação à planta (por exemplo, usa uma marca diferente de tubo de esgoto, porém equivalente ao especificado). O proprietário alega que como as especificações e o prazo de conclusão eram condições expressamente indicadas, está liberado de suas obrigações e pode ficar com a casa sem pagar.[18]

A pretensão é absurda. A doutrina das condições não obriga necessariamente o construtor a essa perda (*forfeiture*). Imaginemos esta variante de casos com decisões severas, como *Norrington* e *Filley*: o comprador dispõe especificamente que o volume e a cronologia das remessas e o porto de partida são condições, e que a não-observância o liberará. Mesmo em tais casos, o comprador deve ou rejeitar os trilhos, quando chegarem, ou pagar o devido, se ficar com eles. Nada na doutrina das condições sugere que o comprador deva ficar com os trilhos e ao mesmo tempo ser liberado da obrigação de pagar. Esse ponto evidente pode ser explicado de duas formas. Primeiro, podemos dizer que, como o comprador inseriu essas condições no contrato para seu próprio benefício, não precisa fazer uso delas. Em termos jurídicos, pode "renunciar" (*waiver*) da condição. Segundo, simplesmente nada existe na doutrina das condições tal como a venho elaborando que diga que a opção do comprador de alegar a liberação também seja uma opção para reivindicar o benefício total do trato sem nenhuma de suas obrigações. Teria efetivamente ocorrido uma perda de direito (*forfeiture*) se o vendedor tivesse de entregar a mercadoria sem ser pago.*

* Não quero minimizar a severidade da doutrina da forma que ela permanece: se um comprador efetivamente se valer de uma condição, pode transferir ao vendedor todo o peso de um mercado em queda. Mas esse é um risco que, segundo a hipótese, tanto o comprador quanto o vendedor assumira. Presumivelmente, os preços cobrados refletem esse risco. Afinal, o vendedor também pode ter vendido ao comprador uma opção de compra, que o comprador estaria livre para exercer ou não, como quiser – e, portanto, novamente impondo do vendedor o risco de um mercado em queda, risco pelo qual presumivelmente o vendedor poderia ter pedido compensação.

É perfeitamente coerente com a teoria das condições que o beneficiário de uma condição, no caso o comprador, não está obrigado a valer-se dela; pode a ela renunciar. Se o vendedor embarcar a mercadoria em porto da costa leste da Escócia, em vez de Glasgow, numa situação de alta de preços, o comprador pode preferir aceitar. Se o descumprimento de uma condição liberasse automaticamente as partes, e não apenas a opção daquela que impôs a condição, nesse caso a parte sujeita à condição pode escapar de obrigações que se tornaram desfavoráveis, bastando para isso violar a condição. Portanto, vemos que a doutrina das condições implica que o titular da condição deve ter a capacidade de desistir dela, caso deseje fazê-lo. Além disso, pode preferir desistir da violação da condição *como condição*, continuando a tratá-la como rompimento de uma cláusula não fundamental e pleiteando em juízo compensação pelos danos (*damages*).*[19] Nada nessa severidade tem a ver com uma perda de direitos (*forfeiture*), pelo menos não no sentido de que o vendedor tenha expedido a mercadoria sem ser pago por ela. Sem dúvida, ele perdeu seus direitos nos termos do contrato, mas também está liberado de seus deveres.

O que dizer, então, do caso IV? Como podemos impedir nessa situação que o construtor sofra uma perda de direitos, conservando ao mesmo tempo válida a doutrina das condições e respeitando os privilégios que o proprietário inseriu no contrato? Parece um caso difícil, porém apenas devido a fatos especiais, e não por causa de alguma imperfeição na teoria. Como vimos em relação a bens móveis, se o titular da condição preferir conservar os bens, terá de pagar por eles. No caso IV o mesmo raciocínio se aplica. Se o proprietário conservar o benefício de que trata o

* Devido ao severo efeito das condições, os tribunais procurarão encontrar uma desistência, ainda que para isso seja preciso interpretação nem sempre clara. Além disso, até mesmo tribunais firmemente partidários das formalidades da contraprestação em relação a modificações ou extinção de contratos (ver Capítulo 3) não exigem contraprestação para a efetivação de uma desistência. Assim, em *Clark v. West,* o fato de que o editor tinha conhecimento do drinque ocasional de Clark e mesmo assim aceitou o manuscrito sem comentário poderia constituir uma desistência implícita da condição, especialmente porque a razão desse arranjo era obter um trabalho satisfatório, o que ocorreu. Como entendeu o tribunal, a idéia era que Clark se abstivesse de bebida a fim de escrever, e não que escrevesse para abster-se. A conduta do editor ao longo do episódio indicava que ele havia conseguido o que negociara e, portanto, não poderia insistir na condição.

contrato, terá de pagar. É mais um caso de aplicação do princípio da restituição. É verdade que a violação da condição o liberou de suas obrigações contratuais, mas não da obrigação bastante diferente de pagar pelos benefícios tangíveis que preferiu conservar. Mas como é possível restituir uma casa semiconstruída? Claro que é impossível, o que simplesmente significa que não é possível valer-se integralmente da vantagem da condição a seu favor. O melhor uso que se pode dar a essa condição é recusar-se a pagar *segundo as cláusulas* pelo benefício obtido com o contrato, e sim oferecer pagamento não superior ao justo valor. Afinal, a base do pagamento já não é mais o contrato, e sim o princípio da restituição (*principle of restitution*). E se o justo valor for menor do que o preço contratado, essa distinção terá certa importância.

Algumas sutilezas decorrem da interação entre os princípios da restituição e da promessa. Se num caso como o II o construtor terminou a casa até a última maçaneta e o especulador recusou-se a pagar, o construtor não pode exigir "restituição" pelo valor do benefício que entregou, e sim ficaria limitado a uma ação judicial para obter o preço constante do acordo.*[20] Há também o problema que surge em casos como o II, quan-

* O resultado é uma penosa anomalia: ao romper o contrato mais tarde, depois de ter recebido mais e o construtor haver-se desempenhado substancialmente, o especulador poderá estar em melhor situação do que se tivesse rompido o contrato quando a casa estava somente pela metade. Se o contrato lhe for vantajoso, ele somente precisará pagar o preço contratado ao receber a posse do benefício *integral*, mas terá de pagar o preço do que recebeu – talvez muito mais do que o preço contratado – caso repudie o contrato após haver recebido uma parte. Ver nota 3. Nesse ponto, meus poderes de racionalização se acabam. O *Restatement* (2d) minuta tentativa 14, seção 387 (2) propôs cortar esse nó górdio. Ao dispor que "a parte prejudicada não pode recuperar, a título de restituição por desempenho de parte de suas obrigações, soma superior à que recuperaria pelo desempenho integral." Essa proposta, no entanto, foi posteriormente retirada pelo Relator, professor Allan Farnsworth, que declarou: "Os estudiosos, diz Palmer [*Restituição*, supra nota 2] se inclinam fortemente em favor da regra pela qual é possível exceder o preço contratado. Minha leitura dos estudiosos é que existem muito poucos casos em que isso ocorre, e que é possível encontrar opiniões eruditas num e noutro sentido, para que o Instituto possa escolher qualquer das duas soluções... O que penso que podemos dizer é que os tribunais têm reconhecido que o preço do contrato é prova do benefício entregue à parte que rompeu o contrato, e portanto muito raramente permitem ao autor da ação obter mais do que o preço contratado. É isso exatamente o que a lei dispõe. Creio que não informa o leitor de que maneira o tribunal decidirá. Minha impressão é que seria prudente que o Instituto deixasse essa questão em aberto." American Law Institute, *Atas 56ª. Reunião Anual, 1979,* 405-406 (Filadélfia, 1980). O novo dispositivo, que não inclui a proposta, é agora a seção 373.

do a parte que se desempenhou somente de maneira parcial (o construtor) for inadimplente e não puder ou não quiser completar a execução da obra. O construtor está em apuros: não pode acionar o especulador por quebra do contrato, pois este não o violou – o construtor sim –, e seria absurdo permitir-lhe entrar em juízo contra sua própria infração. Também é embaraçoso para o construtor pleitear restituição do valor do benefício que entregou, pois o especulador pode facilmente invocar o contrato que especifica os termos exclusivos segundo os quais concordou em receber o benefício.[21] Em contraste com o caso II, não ocorre aqui que a parte que resiste à restituição esteja se refugiando num contrato que ela própria violou (o caso V no Capítulo 2 é mais um exemplo desse problema.)

O que vemos é uma alternação de prioridades entre os princípios da restituição e da promessa. O princípio da restituição é mais primitivo, mais próximo do que em geral a justiça exige nos tratos entre desconhecidos não relacionados entre si. Ao fazer promessas, pessoas desconhecidas podem suplantar o regime primitivo com um regime voluntário que eles próprios estabelecem. No entanto, é melhor que quem sugerir esse novo regime esteja em posição de fazê-lo. Não estará em posição de fazê-lo se não estiver em dia com as mensalidades no clube mais refinado do princípio promissório. Em outras palavras, não pode resistir a ser julgado segundo os princípios mais primitivos da justiça restitutória se tiver violado as premissas básicas do novo regime, que suplantaria aquele, se não tiver cumprido substancialmente suas obrigações contratuais. Essa foi a lição dos casos I-III. O princípio da complementaridade é um empecilho para o construtor na variante do caso II que acabo de apresentar. Ele não pode utilizar o regime restitutório contra o especulador, quando este cumpriu em todos os aspectos com um contrato feito pelas partes exatamente a respeito desse assunto. Comprometeram-se livremente a governar suas

O mesmo paradoxo surge na venda de mercadorias. Um comprador pode receber um pagamento antecipado por bens não entregues mesmo quando seu valor tiver caído abaixo daquela importância, UCC § 2 2-711 (1), mas o vendedor pode recuperar somente o preço contratado para os bens aceitos, por mais que o valor de mercado tenha aumentado, UCC § 2 2-700 (1) (a).

relações mediante um regime voluntário de sua própria escolha. O especulador poderá insistir.

Ao fim, a lei voltará um passo atrás. Estar privado tanto da compensação restitutória quanto da promissória representa para o construtor uma perda de um direito (*forfeiture*), dando ao especulador um ganho inesperado. Uma solução prática – a que geralmente é adotada – consiste em outorgar ao construtor uma compensação restitutória pelos benefícios que entregou ao especulador, porém limitada ao teto do preço contratual. Assim, se no caso II o construtor deixou de cumprir sua obrigação após haver construído metade de uma casa cujo valor, quando terminada, seria de 140 mil dólares e cujo preço contratual é de 100 mil, poderia recuperar 50 mil e não 70 mil.[22] Conceder-lhe mais seria permitir que ele usasse seu próprio descumprimento do contrato como forma de melhorar sua situação em relação à que teria se tivesse cumprido com sua palavra. Permitir que o construtor lucre à custa do especulador havendo quebrado sua promessa não é coerente com a noção de que quebrar promessas é errado. Ao mesmo tempo, não conceder nenhuma compensação ao construtor – o que equivale a penalizá-lo – não é consistente com o princípio de que a parte prejudicada somente tem direito ao valor de sua expectativa.*

Na doutrina das condições, não ter agido de maneira errada tem grande importância. A parte errada tem muito a perder. Inevitavelmente, isso provoca manobras sofisticadas para estar em boa posição.[23] Uma pessoa que seja parte em um contrato que parece capaz de terminar de forma desfavorável (como os compradores em *Norrington* e em *Filley*) terá todos os motivos para procurar falhas de parte do parceiro que possam ser caracterizadas como inobservância de condições, para assim liberar-se de obrigações onerosas. E a parte para a qual o trato é mais favorável terá de ter extremo cuidado para cumprir com todas as exigências, a fim

* Naturalmente, o próprio especulador pode reivindicar perdas e danos causados pela recusa do construtor em cumprir o contrato até o fim. Presumivelmente conseguir alguém para terminar a casa lhe custaria 70 mil dólares. Ele pode receber esses 20 mil a mais do construtor, subtraindo-os do que lhe pagará. No fim de contas, terá a casa e terá pagado por ela 100 mil dólares – exatamente o que esperava pagar. Não estou levando em conta as custas do processo e honorários.

de não ser acusado de não ter observado as condições, perdendo assim a vantagem no trato. Essas manobras às vezes se tornam verdadeiramente cômicas nos casos em que a parte que pleiteia a liberação devido à inobservância de uma condição esteja, por sua vez, incapaz de cumprir seu lado do contrato, ou não deseje fazê-lo. Somente poderá esperar que a outra parte seja a primeira a violar o trato, suportando assim todo o peso da perda.

Consideremos mais uma variante de *Norrington* ou de *Filley*. Suponhamos um contrato no qual o pronto pagamento pelo comprador seja uma das condições, de forma que, num mercado de preços em ascensão, os vendedores possam suspender o prosseguimento da execução do contrato em caso de demora no pagamento. Ora, o que aconteceria se um vendedor culpado de inobservância de uma condição num mercado *em queda* pudesse provar que o comprador não poderia ter pagado a encomenda se tivesse sido expedida em tempo ou de um porto previsto no contrato?[24] Isso deveria privar o comprador do direito de valer-se das condições que o favorecem? Não vejo por que motivo. Com efeito, não vejo motivo, nem mesmo se o comprador tivesse sido o primeiro a não observar uma condição, para que ele automaticamente perca o direito de valer-se de *suas* condições. A importância de uma condição é que ela permite a opção de efetuar uma liberação de uma obrigação: mesmo que o comprador estivesse com os pagamentos em atraso e, portanto, o vendedor *tivesse a possibilidade* de liberar-se de suas próprias obrigações, ainda assim, a menos que este último efetivamente se liberasse, o contrato continuaria vigente em seus termos originais (dando ao vendedor o direito de ser indenizado por perdas e danos – nesse caso, os juros pela mora nos pagamentos). Como o contrato ainda está em vigor, o comprador está agora em posição de exigir observância de *suas* condições.

Em uma situação bastante específica, existe um incentivo especialmente forte para agir com rapidez:

V. Em 2 de janeiro, Brenda contrata Arthur para trabalhar em sua firma a partir de 1º de julho. Em 1º de março, ela desonestamente diz haver contratado outra pessoa e que o cargo não está mais disponível. Em 15 de junho, Arthur aceita outro emprego, com salário mais baixo, em um lugar distante para o qual se muda. Em 1º de julho, Brenda notifica Arthur por escrito que como ele não se apresentou ao trabalho conforme o contrato ela se considera livre de qualquer obrigação. Mesmo assim, Arthur deseja processá-la pleiteando a diferença entre o salário que está recebendo e a remuneração mais elevada prometida no contrato com Brenda.[25]

Brenda alegará que a condição de qualquer obrigação que ela pudesse ter seria o fato de Arthur trabalhar em sua firma, e que como ele se tornou incapaz de cumprir essa condição, ela está liberada e não pode ser processada. Essa idéia é obviamente absurda. Por que motivo? O bom senso sugere que Brenda não pode insistir na execução de uma condição quando ela própria está em situação de inobservância, e Arthur não renunciou de seus direitos em conseqüência da inobservância dela. Mais uma vez, vemos a importância de não estar errado – e Brenda está visivelmente errada. Mas, e se ela argumentar que não? Se ela disser que estava perfeitamente disposta a aceitar Arthur em 1º de julho, que era tudo a que o contrato a obrigava? Ela afirma não ser inadimplente porque suas obrigações somente se materializaram em 1º de julho, data na qual ela estava absolutamente pronta para cumprir o trato. Se sua resposta for acatada, o resultado será uma evidente injustiça. Qual é essa injustiça, e como pode ser evitada?

Uma das maneiras é dizer que, na verdade, as obrigações de Brenda não se iniciam somente em 1º de julho, e sim no momento da celebração do contrato. Essas obrigações anteriores se denominam de obrigações de cooperação, não interferência, e coisas semelhantes.[26] A afirmação dela em 1º de março é uma violação dessas obrigações de agir lealmente com relação a seu compromisso, desde o dia de sua formação. Se tal violação é também uma violação de condição, Arthur fica liberado de suas obrigações e pode até processar Brenda por perdas e danos. Uma maneira menos drástica de atacar a injustiça da alegação de Brenda é dizer que esta, havendo anunciado em 1º de março a intenção de romper o trato, não pode queixar-se pelo fato de que Arthur tenha acreditado em suas palavras.[27] Sem dúvida, é assim que podemos considerar esse caso, mas a reação parece um tanto superficial para ser tomada como explicação.

O objetivo da obrigação contratual é dar garantias para o futuro. Foi o que fez Brenda em 2 de janeiro. A declaração feita em 2 de março contradiz essa garantia. É possível culpar Arthur por haver acreditado na denúncia (*repudiation*) feita unilateralmente por ela? Afinal, era melhor para ele tratar imediatamente de conseguir oportunidades alternativas de emprego. Esperar até 1º de julho poderia significar a perda de ótimas oportunidades, e embora Brenda mais tarde tivesse de responder pelas perdas e danos, o que ele teria a ganhar se deixasse de aproveitar uma alternativa anterior? Portanto, a utilidade justifica o fato de Arthur ter acreditado no que disse Brenda. Mas será justo? Brenda, afinal, podia a qualquer momento afirmar que mudara de idéia, como na verdade fez. A resposta mais simples é a melhor. Arthur tinha motivos para confiar a palavra de Brenda, expressa no contrato de 2 de janeiro. Em 1º de março ela disse alguma coisa que significava que Arthur já não podia esperar que ela cumprisse a promessa. Seria injusto em relação a Arthur penalizá-lo por procurar proteger seus interesses diante da ameaça dela. Se você cria uma expectativa com a intenção de que outra pessoa se comporte com base nela, é uma espécie de armadilha alegar que esse comportamento, que era a conseqüência de sua intenção declarada, constitui uma violação de *seus* direitos. Você não está proibido de fazer algo que tem direito de fazer – por exemplo, deixar a janela aberta no verão, mesmo que acredite que alguém possa se aproveitar disso e assaltar sua casa. (Pelo menos você não está proibido em relação ao ladrão.) Mas Brenda não fez algo a que tivesse direito, e nem algo neutro, como deixar a janela aberta; ela ameaçou agir em violação à obrigação para com Arthur. Fez isso dando a entender que ele já não deveria esperar que ela cumprisse a obrigação. A armadilha está no fato de que ela em seguida acusou Arthur porque ele se protegeu contra a descabida ameaça dela. Nessas circunstâncias, portanto, não se apresentar para trabalhar na firma de Brenda em 1º de julho, deixando de cumprir o que pode ter sido uma condição segundo o contrato de 2 de janeiro, não pode impedir Arthur de reivindicar os direitos que possa ter.

Ao considerar válida a denúncia do contrato (*repudiation*) feita por Brenda, mais uma vez, como no caso da renúncia (*waiver*), mais uma vez permitimos a extinção de um direito contratual devido a um ato voluntário inconsistente com a afirmação daquele direito e que prejudica a capacidade moral de seu autor para insistir na promessa. Podemos dizer que as manobras desleais de Brenda criam-na uma interdição para fazer cumprir o contrato, e a interdição (*estoppel*), assim como a renúncia (*waiver*) é um ato não promissório que debilita ou extingue direitos promissórios.

Mas, e se em 29 de fevereiro, sem que Brenda soubesse, Arthur já tivesse acertado com Charlotte que começaria a trabalhar para ela em 15 de junho? Nesse caso, ele dificilmente poderia dizer que iniciar as atividades com Charlotte em 15 de junho era uma *reação* a denúncia (*repudiation*) do contrato feita por a Brenda. Poderia ele ainda pleitear contra Brenda a diferença entre o salário que ela lhe pagaria e o que Charlotte lhe paga? Notemos que se ele tivesse informado Brenda de seus planos desleais ao fazê-los em 29 de fevereiro, nesse caso seria Brenda quem poderia acioná-lo – talvez para recuperar a diferença entre o salário que pagaria a Arthur e o que agora terá de pagar a David, que tomará o lugar de Arthur. Se Arthur tivesse apenas conversado com Charlotte sobre a possibilidade do emprego, sem ter chegado a um acordo, mas com a intenção íntima de descumprir seu contrato, parece bastante claro que seria ainda Brenda a parte a ter agido errado, a que denunciou (*repudiation*) o contrato e a que terá de pagar por isso. De outra forma, a investigação das motivações seria demasiadamente delicada. Mas de que forma pode uma circunstância que Brenda desconhece – a circunstância de que de fato Arthur chegou a um entendimento com Charlotte em 29 de fevereiro – servir para liberá-la de sua obrigação, ou pelo menos para transformar em ausência de denúncia (*repudiation*) o que, de outro modo, seria uma denúncia indevida (*wrongful repudiation*) em 1º de março? Será porque Arthur já não está prejudicado pelo que Brenda lhe disse em 1º de março? Brenda pretendia prejudicá-lo, mas não conseguiu. Note-se que isso é diferente da situação em que Arthur já tenha tomado a decisão final de trabalhar para Charlotte, mas não assumiu nenhuma obrigação de fazê-lo, porque nesse caso ele ainda está livre (no sentido de livre de uma obrigação para com Charlotte) para cumprir sua obrigação para com Brenda, e tanto quanto sabemos ele ainda poderia mudar de idéia e resolver ir trabalhar para esta última. Assim, as circunstâncias são complexas, cada passo no caminho é justo e razoável, e a combinação dos fatos não é injusta. Isso mostra, entretanto, que em tais casos é importante não apenas não agir errado, mas também não ser o primeiro a agir errado.

Essas doutrinas de renúncia (*waiver*), denúnica (*repudiation*) e interdição (*estoppel*) constituem uma reação ao considerável poder conferido ao promissário pelo promitente em um contrato; a promessa pode impor sacrifícios muito além do que os princípios residuais subjacentes e não-promissórios de lealdade (*fairness*) e decência exigem. Por esse motivo, quem recebe uma promessa não deve menosprezar aquilo que tem. Isso ressurge em outro estágio do relacionamento, depois que fica evidente a existência de uma violação. Se a vítima puder proteger-se das conseqüências da violação, deve fazê-lo. Ela tem o dever de mitigar seus danos (*duty to mitigate damages*).[28] (Arthur, por exemplo, reduziu a perda decorrente da denúncia antecipada (*anticipatory repudiation*) por parte de Brenda procurando outro emprego.) No entanto, o dever de proteger-se vai além da renúncia (*waiver*) ou da interdição (*estoppel*) em um aspecto: o direito contido no contrato se reduz não porque o titular do direito agiu de forma incompatível com ele, e sim por haver deixado de tomar novas medidas, que, na verdade, beneficiam a parte que violou o contrato porque reduzem sua responsabilidade. Esse é um dever, uma espécie de dever altruísta, para com o parceiro contratual, tanto mais altruísta porque se refere a uma parte que está agindo errado. Mas é um dever sem custo, pois a vítima da violação nunca fica em situação pior por haver procurado reduzir sua perda. Na verdade, é um dever que reconhece que as responsabilidades contratuais já são suficientemente onerosas e não precisam ser aumentadas desnecessariamente. E se a vítima de uma violação deixa de exercer seu dever, a única penalidade que sofre é a perda proporcional de seu próprio direito de obter reparação.*

Essa série de alterações ao princípio da promessa tem um aspecto binário que nos inquieta, assim como a doutrina das condições possui uma qualidade abrupta desconcertante. Se todas as condições fossem rebaixadas ao status de simples cláusulas do contrato, por cuja violação somente fosse possível receber indenização pelo prejuízo causado, todo o terreno entre cumprimento integral, cumprimento parcial e falta de cumprimento representaria um tranqüilo *continuum* de recuperações moduladas. Mas, na verdade, há bruscas descontinuidades, que perturbam a mentalidade econômica ou marginalista. Essa mentalidade considera as descontinuidades como sintoma de irracionalidade. O que tentei mostrar é que tais descontinuidades são inevitáveis, e são, na verdade, um sinal de que estamos no domínio do certo e do errado, que é o domínio da descontinuidade. Os utilitaristas, que acreditam que o certo e o errado não constituem um domínio autônomo, e sim um domínio colocado sob a hegemonia do bem e do mal, do melhor e do pior, estão comprometidos

* A doutrina do perdão (*doctrine of condonation*), mais conhecida no Direito do divórcio, leva essa idéia um passo adiante ligando-a ao princípio da desistência e da caducidade. Em um caso, em Re Nagel, 287 F. 105 (2d Cir. 1921), um empregador descobriu que seu empregado havia cometido uma deslealdade que justificaria sua dispensa. O patrão nada disse, nem fez qualquer coisa a respeito do assunto durante vários meses, e mais tarde, ao precisar reduzir o número de funcionários, usou o fato como motivo da dispensa. Isso foi considerado inadequado. Por quê? Minha impressão é que o tribunal mão quis deixar que o empregador conservasse indefinidamente uma espada sobre a cabeça do empregado; ele deveria tê-lo despedido prontamente ou restabelecer a relação em seus termos anteriores.

Outra combinação das noções de interdição (*estoppel*) e mitigação (*mitigation*) é exemplificada pela norma do Código Comercial Uniforme, de que a vítima de uma violação deve informar o autor, fornecendo assim uma oportunidade de reparação ou talvez de negociação e acordo. U.C.C. § 2-607 (3). Ver também *Cummings v. Connecticut General Life Insurance Company*, 102 Vt. 351, 148 a 484 (1930). Mas cf. *Cawley v. Weimer*, 236 N.Y. 357, 140 N.E. 724 (1923).

com a visão de todos os julgamentos como julgamentos de grau. Mas se o domínio do certo e do errado for visto como autônomo, terá de conter bruscos hiatos: entre o permissível e o não-permissível, entre o obrigatório e o opcional. E obrigação contratual (obrigação promissória) é obrigação, apesar de tudo. Um ato particular pode ser mais ou menos bom ou indiferente, mas uma vez sendo objeto de uma promessa ele é transformado e se torna obrigatório. Trata-se de um passo discricionário, e, portanto, não deve surpreender que os julgamentos (e conseqüências) sobre os atos possam variar acentuadamente (de forma descontínua) dependendo de que possam ou não ser invocadas obrigações a respeito desses atos.

As idas e vindas entre expectativa e restituição e entre recuperação e não recuperação refletem a propriedade ou impropriedade da invocação, por uma das partes, das obrigações da outra parte. Como os termos das obrigações são livremente inventados e auto-impostos pelas partes, elas podem moldá-los como desejarem. Podem condicioná-los, e se o fizerem, seus deveres têm de ser respeitados. Mas outras circunstâncias ligam e desligam a força da obrigação: o não-cumprimento da obrigação pela outra parte, denúncia (*repudiation*), um acontecimento frustrante, o não cumprimento por ambas as partes, o tipo de vantagem a ser obtido de nossa própria falha ou da falha do outro. O Direito Contratual, justamente por estar baseado na promessa, e, portanto, no certo e no errado, é um sistema ramificante de julgamentos morais que desenvolvem as conseqüências de alguns princípios primitivos – que determinam os termos segundo os quais homens e mulheres livres podem manter-se separados ou combinar-se uns com os outros. Essas são, na verdade, as leis da liberdade.[29]

NOTAS

Capítulo 1 – Introdução: A Vida do Contrato

[1] *A Treatise of Human Nature* 526 (Selby-Bigge, org. Oxford, 1888).

[2] Compare-se com Henry Sidgwick, *Elements of Politics:* "Numa visão abreviada da ordem civil na sociedade, tal como constituída pelo ideal individualista, o cumprimento do contrato representa o principal elemento *positivo*, e a proteção da vida e da propriedade, o principal elemento *negativo*..." Citado em Friedrich Kessler e Grant Gilmore, *Contracts 4* (2ª ed., Boston, 1970). Essa idéia está expressa na referência de Friedrich Hayek a uma "esfera privada", *The Constitution of Liberty 21* (Chicago, 1960) e na descrição feita por Robert Nozick da violação de direitos como "cruzar fronteiras," *Anarchy, State and Utopia*, 57 (Nova York, 1974). Ver também Duncan Kennedy, "The Structure of Blackstone's Commentaries", 28 *Buffalo L. Rev.* 205, 234 (1979).

[3] Ronald Dworkin, *Taking Rights Seriously* chs. 4, 7, e em 294-330 (Cambridge, 1978); Robert Nozick, *Anarchy, State and Utopia* ix (Nova York, 1974); e John Rawls, *A Theory of Justice* § 6 (Cambridge, 1971.) contêm as principais afirmações contemporâneas.

[4] Ver Patrick Atiyah, *The Rise and Fall of Freedom of Contract* 405-419 (Oxford, 1979); Kessler e Gilmore, supra nota 2, em 4-14; Max Radin, "Contract Obligation and the Human Will", 43 *Colum. L. Rev.* 575 (1943).

[5] Atiyah, supra nota 4, pt. III

[6] Fried, comentário a Atiyah, 93 *Harv. L. Rev.* 1858, 1864-1865, (1980); Roscoe Pound, "Contract or Bargain," 33 *Tulane L. Rev.* 455 (1959).

[7] Atiyah, supra nota 4: Lawrence Friedman, *Contract Law in America* (Madison, 1965); Grant Gilmore, *The Death of Contract* (Columbus, 1974); Morton Horwitz, *The Transformation of American Law*, cap. 6 (Cambridge, 1977); Duncan Kennedy, supra nota 2, em 356, e "Form and Substance in Private Law Adjudication", 89 *Harv. L. Rev* 1685 (1976); Anthony Kronman, "Contract Law and Distributive Justice", 89 *Yale L. J.* 472 (1980); Ian Macneil, "The Many Futures of Contracts" 47 *So. Cal. L. Rev.* 691 (1974).

[8] Lon Fuller e William Perdue, "The Reliance Interest in Contract Damages", 46 *Yale L. J.* 52, 373 (1936, 1937).

[9] Gilmore, supra nota 7, em 87.

[10] Émile Durkheim, *The Division of labor in Society*, cap. 7 (trad. Simpson, Nova York, 1933); Karl Llewellyn, "What Price Contract: An Essay in Perspective", 40 *Yale L. J.* 704 (1931).

[11] *O locus classicus* é Morris Cohen, "The Basis of Contract Law", 46 *Harv. L. Rev.* 553 (1933), cuja opinião Kessler e Gilmore resumem assim: "A justiça distributiva substituiu a justiça comutativa". Supra nota 2 em 11. Robert Hale, "Bargaining, Duress and Economic Liberty", 43 *Colum. L. Rev.* 603 (1943): Kennedy supra nota 7; Kronman, supra nota 7.

[12] *Economic analysis of Law*, caps. 3 e 4 (2ª ed. Boston, 1977); "Utility, Economics, and Legal Theory", 8 *J. Legal Stud.* 103 (1979).

Capítulo 2 – O Contrato como Promessa

[1] O mais importante debate sobre o que é correto e bom está em John Rawls, *A Theory of Justice* §§ 68, 83-8 (Cambridge, 1971), que volta a Immanuel Kant, *Groundwork of the Metaphysics of Morals* (trad. Paton, org. Harper Torchbooks, Nova York, 1964), onde é feito o contrate entre o correto e a felicidade. Ver também D. Ross, *The Right and the Good* (Oxford, 1930); Ronald Dworkin, "Liberalism", em *Public and Private Morality* (org. S. Hampshire, Cambridge, Inglaterra, 1978). Sobre a relação entre liberalismo e responsabilidade, ver Friedrich Hayek, *The Constitution of Liberty*, cap. 5 (Chicago, 1960); Charles Fried, *Right and Wrong*, p. 124-126 (Cambridge, 1978) Rawls, supra em 519. Para uma opinião diferente, ver C.B. Macpherson, *The Political Theory of Possessive Individualism – Hobbes to Locke* (Oxford, 1962).

[2] Imannuel Kant, *The Metaphysical Elements of Justice* 54-55 (trad. Ladd, Indianapolis 1955).

[3] Ver Charles Fried, *An Anatomy of Values* 81-86 (Cambridge, 1970); Henry Sidgwick, *Elements of Politics*, citado em Friedrich Kessler e Grant Gilmore, 4 (2ª ed., Boston1970).

[4] Sissela Bok, *Lying Moral Choice in Public Life* (Nova York, 1978) Fried, supra nota 1, cap. 3.

[5] Este exemplo se baseia em Adams v. Gillig, 199 N.Y. 314, 92 N.E. (670) 1930).

[6] Ver em geral Page Keeton, "Fraud Statements of Intention", 15 *Texas L. Rev.* 185 (1937).

[7] Ver em geral Robert Golf e Gareth Jones, *The Law of Restitution*, cap. 1 (2ª ed. Londres, 1978).

[8] Para uma afirmação veemente dos princípios da responsabilidade delitual como fundamento do Direito Contratual, ver Patrick Atiyah, *The Rise and Fall of Freedom of Contract* 1-7 (Oxford, 1979). Um notável artigo que apresenta os diversos princípios morais implícitos no Direito Contratual é o de George Gardner, "An Inquiry into the Principles of the Law of Contracts", 46 *Harv. L. Ver* 1 (1932).

[9] Para um exame das obras anglo-americanas sobre a promessa, de Hobbes aos tempos modernos, ver Atiyah, supra nota 8, em 41-60, 649-659. Tem havido um intenso debate sobre as bases da obrigação moral das promessas na literatura filosófica recente. Alguns filósofos adotaram uma linha semelhante à de Atiyah e Gilmore, considerando a obrigação da promessa derivada do elemento da confiança. A afirmação mais enérgica é a de Neil McCormick, "Voluntary Obligation and Normative Powers", *Proceedings of the Aristotelian Society*, supl. Vol. 46, em 59 (1972). Ver também Pall Ardal, "And That's a Promise", 18 *Phil.Q.* 225 (1968);, F.S. McNeilly, "Promises Demoralized", 81 *Phil. Rev* 63 (1972). G.J. Warnock, *The Object of Morality*, cap. 7 (Londres, 1971) oferece uma refutação eficaz na linha do texto, mas sua argumentação afirmativa propõe que a obrigação de uma promessa repousa no dever da veracidade, o dever de fazer com que os fatos correspondam à promessa. Para um excelente debate sobre essa última sugestão e uma proposta que concorda com a minha, ver Don Locke, "The Object of Morality and the Obligation to Keep a Promise" 2 *Canadian J. of Philosophy* 135 (1972). A ênfase conferida por Locke à confiança parece uma versão mais clara e mais

sólida da proposta de H.A. Prichard de que a obrigação de uma promessa repousa sobre um "acordo para cumprir acordos" mais geral. *Moral Obligation*, cap. 7 (Oxford, 1957).

[10] Alguns filósofos que discordam do argumento de Atiyah e McCormick dão ênfase ao aspecto convencional da invocação da forma promissória, assim como à natureza auto-imposta da obrigação. Por exemplo, Joseph Raz, "Voluntary Obligations", *Proceedings of the Aristotelian Society*, supl. Vol. 46, em 79 (1972); Raz, "Promises and Obligations", em *Law, Morality and Society* (Hacker, Raz, orgs., Oxford, 1977); John Searle, *Speech Acts* 33-42, 175-188 (Cambridge, 1969); Searle, "What is a Speech Act" em *The Philosophy of Language* (John Searle, org., Oxford, 1971). O *locus classicus* dessa visão da promessa é John Rawls, "Two Concepts of Rules", 64 *Phil. Rev.* 3 (1955). A idéia geral remonta, naturalmente, a Ludwig Wittgenstein, *Philosophical Investigations* § 23. Para a descrição de Hume sobre a natureza convencional da obrigação promissória, ver *A Treatise of Human Nature* 516-525 (Selby-Bigge ed.Oxford, 1888).

[11] A alegação de Stanley Cavell em *The Claim of Reason* 293-303 (Oxford, 1979) de que o prometer não é uma prática nem uma instituição, porque, ao contrário do caso de um jogo, não se pode imaginar estabelecê-lo ou reformá-lo, e porque prometer não é um ofício, me parece não proceder. O debate de Kant, supra nota 2, mostra que a moralidade pode ordenar que exista uma convenção com certas características gerais, como o debate de Hume, supra nota 10, embora a moralidade de Hume seja mais utilitária.

[12] David Lewis, *Convention* (Cambridge, 1969).

[13] Supra nota 10.

[14] Nesse ponto concordo com David Lyons, *The Forms and Limits of Utilitarianism* (Oxford, 1965) num debate que prossegue. Para a mais recente apresentação da posição contrária, ver Richard Bradt, *A Theory of Good and Right* (Oxford, 1979). Para uma excelente introdução, ver J.J. C. Smart e Bernard Williams, *Utilitarianism: For and Against* (Cambridge, Inglaterra, 1973). Afirmo em minha crítica a Atiyah 93 *Harv. L. Rev.*1863n18 (1980) que é um erro tratar o exame do prometer feito por Rawls em "Two concepts of Rules", supra nota 10, como um exemplo de utilitarismo de regra. Ver também Charles Landesman, "Promises and Practices, 75 *Mind* (n.s.) 239 (1966).

[15] Essa era efetivamente a perspectiva geral de Bentham. Ver também Brandt, supra nota 14.

[16] Compare-se com Rawls, supra nota 1, cap. 6, onde se argumenta que (a) a dedução dos princípios de justiça para instituições e (b) uma demonstração de que determinada instituição é justa não são suficientes para gerar uma obrigação de obedecer àquela instituição. É necessário estabelecer princípios adicionais de dever e obrigação natural.

[17] Ver Locke, supra nota 9; Prichard, supra nota 9; Raz, supra nota 10.

[18] American Law Institute, *Restatement (1st) of the Law of Contracts* (daqui em diante chamado *Restatement* (1st) ou (2nd), § 329, Comentário a: Ao outorgar compensação por perdas e danos, faz-se um esforço para colocar a parte prejudicada em posição tão favorável quanto aquela em que estaria se o contrato tivesse sido integralmente cumprido..."; E. Allan Farnsworth, "Legal Remedies for Breach of Contract", 70 *Colum. L. Ver* 1145 (1970); Gardner, supra nota 8; Charles Goetz e Robert Scott, "Enforcing Promises: An Examination of the Basis of Contract" *Yale L. J.* 1261 (1980).

[19] Ver Fuller e Perdue, "The Reliance Interest in Contract Damages", 46 *Yale L. J.* 52, 373 (1936, 1937); Gardner, supra nota 8.

[20] Para debate desses temas, ver Fried, supra nota, em 169-177; Rawls, supra nota 1, § 85; e os ensaios em *The Identity of Persons* (Amelie Rorty org. Berkeley 1976) e *Personal Identity* (John Perry, org. Berkeley, 1975).

[21] Ver Atiyah, supra nota 8, em 140-141, para um debate sobre essas fontes antigas. Ver minha crítica a Atiyah, 93 *Harv. L. Ver* 1858, 1864-1865 (1980) para novos debates sobre essas fontes e outras fontes antigas.

[22] 227 Mo. App. 175, 51 S.W. 2d 572 (1932).

[23] *Restatement* (1º) § 333 (d).

[24] Gardner, supra nota 8, em 15, 22-13.

[25] Esse é o problema normalmente tratado nos textos sobre contratos sob a rubrica de prejuízos conseqüentes, ou o princípio em *Hadley v. Baxendale* 9 Exch. 341 (1854). Ver Gardner, supra nota 8, em 28-30. Holmes, em Globe Refining Co. v. Landa Cotton Oil Co., 190 U.S. 540 (1903) explicou a limitação de responsabilidade por prejuízos conseqüentes em termos do próprio acordo: o réu é responsável apenas pelos riscos que explicita ou tacitamente concordou em assumir. Essa

concepção é geralmente rejeitada em favor de um critério mais vago segundo o qual o réu é responsável por quaisquer riscos que tivesse "motivo para conhecer" no momento do acordo. UCC § 2 -715, Comentário 2. O teste de Holmes parece mais consentâneo com a tese deste livro. Ver Pothier, *The Law of Obligations*, citado em Lon Fuller e Melvin Eisenberg, *Basic Contract Law 27* (3ª ed. St. Paul, 1972). A diferença entre as duas posições não é grande: primeiro, porque as partes sempre têm poder para limitar ou expandir a responsabilidade por prejuízos conseqüentes por meio do próprio acordo, UCC § 2-719 (3); segundo, porque o critério de "motivo para conhecer" significa que o réu tem pelo menos uma oportunidade justa para incluir essa disposição explícita.

[26] UCC § 2-318; William Prosser, *Torts* cap. 17 (4ª ed. St. Paul, 1971).

[27] 133 N.W. 2d 267, 26 Wis. 2d 683 (1965).

[28] Ver Stanley Henderson, "Promissory Estoppel and Traditional Contract Doctrine", 78 *Yale L. J.* 343, 357-360, (1969): ver em geral Friedrich Kessler e Edith Fine, *Culpa in Contrahendo*, Bargaining in Good Faith and Freedom of Contract: A Comparative Study", 77 *Harv. L. Rev.* 401 (1964).

[29] *Nichomachean Ethics, livro V, iv-v.*

[30] Ver John Dawson, "Restitution or Damages" 20 *Ohio St. L.J.* 175 (1959) Gardner, supra nota 8, em 18-27. Para um debate mais completo sobre restituição e contratos, ver Capítulo 8.

[31] Goff e Jones, supra nota 7, em 69; o problema suscitado na nota de pé de página é tratado em 88-89.

[32] Britton v. Turner, 6 N.H. 281 (1834).

Capítulo 3 – Contraprestação

[1] *Restatement* (1º) § 19. A definição de contraprestação é a seguinte: (1) algo de valor deve ter sido dado em troca do cumprimento da promessa [ver *Restatement* (1º) § 75 (1), *Restatement* (2º) § 17(1)]; (2) com manifestação de consentimento mútuo das partes para fazer tal troca (exigência de "negociação") [*Restatement* (1º) § 75 (1), *Restatement* (2º)§ 71 (1-2)].

[2] A regra do *common law* é que a contraprestação não é exigida para o cumprimento de uma promessa selada. Ver *Restatement* (1st) § 110; *Restatement* (2º) § 95

(1); 1 Samuel Williston, *Contracts* 3ª Ed. Walter Jaeger, Mt. Kisco, 1957 (daqui em diante citado como Williston com o número do volume) § 217; 1 Arthur Corbin, *Contracts* § 252 (St. Paul, 1963) (daqui em diante citado como Corbin com o número do volume). Essa matéria, no entanto, tem sido objeto de intensa ação legislativa. Ver 1 Williston § 219 A, 1 Corbin § 254, e *Restatement* (2nd) § 95, minuta tentativa nº 1-7, cap. 4, em 189, para um resumo do estado da legislação. Aproximadamente a metade dos estados ainda reconhece o selo, embora muitos em forma debilitada; o efeito de um selo pode variar entre completo substituto da contraprestação por meio de uma presunção substantiva, porém refutável, de contraprestação, até exigências de alocação do ônus da prova sobre a matéria, ou atribuição do assunto ao juiz ou júri. A outra metade dos estados e UCC § 2-203 aboliram total e explicitamente o uso do selo.

[3] UCC § 2-205 retira a exigência de contraprestação para uma promessa de manter em aberto uma oferta de comprar ou vender mercadorias, mas limita o período de irrevogabilidade a três meses, e exige um documento por escrito assinado separadamente pelo promitente. Ver N.Y. Gen. Oblig. Law § 1109 para um dispositivo semelhante, porém mais geral.

[4] 1 Williston § 120, notas 7-9, para um resumo.

[5] Por exemplo, UCC § 2-209; N.Y Gen. Oblig. Law. § 5-1103.

[6] Por exemplo, Cal. Civ Code (Código Civil da Califórnia) § 1606; Ga. Code Ann. § 20-203.

[7] Ver Melvin Eisenberg, " Donative promises", 47 *U. Chi. L. Rev*. 1, 2-7 (1980), para um excelente debate e crítica das autoridades; ver também Charles Goetz e Robert Scott, "Enforcing Promises: An Examination of the Basis of Contract", 89 *Yale L. J.* 1261, em 1261-1262 (1980). Roscoe Pound lamenta a negligência nas promessas de doação, "Promise or Bargain" 33 *Tulane L. Ver.* 455 (1959).

[8] "É princípio elementar que a lei não entre em investigação da adequação de uma contraprestação". 1 Williston § 115, em 454, citando Westlake e Adams, 5 C.B. (n.s.) 248. Ver 1 Williston § 115 e 1 Corbin § 127 para numerosos exemplos de contraprestação considerada inadequada, porém suficiente. Ver também *Restatement* (1º) § 81 e (2º) § 79. Tanto os comentaristas quanto os casos concordam em que a decisão do direito de não entrar em tal "avaliação" de valor deriva

da liberdade das partes de atribuir seu próprio valor e redigir seu próprio contrato. Ver também o relato do Professor Atiyah sobre as origens históricas da doutrina da adequação, que a busca diretamente no complexo de noções subjacente à liberdade de contrato. *The Rise and Fall of Freedom of Contract*, 448-451 (Oxford, 1979).

[9] 124 N.Y. 538, 27 N.E. 256 (1891).

[10] Baseado em ill. 5, *Restatement* (2º) § 71.

[11] Id., no comentário b. Ver também Fischer v. Union Trust Co., 138 Mich. 612, 101 N.W. 852 (1904); 1 Corbin § 118; 1 Williston § 111.

[12] Ver John Dawson, *Gifts and Promises* 199-207 (New Haven, 1980) e especialmente em 203, em que Dawson trata da "surpreendente... sugestão" de Gilmore de que a teoria da barganha foi inventada pro Holves.

[13] *The Common Law*, 292-293 (Boston, 1881).

[14] O Caso III se baseia em Wood. V. Lucy, Lady Duff-Gordon, 222 N.Y. 88, 118 N.E. (1917) (Cardozo, J.), embora Cardozo considerasse implícita uma promessa do agente de fazer esforços consideráveis. O problema geral dos casos de opção dada ao agente é em geral conhecido como problema de reciprocidade de obrigação (*mutuality of obligation*). Ver *Restatement* (2d) § 79 (c) e comentário f.

[15] Ver Arthur Corbin, "The Effect of Options in Consideration", 34 *Yale L. J.* 571 (1925); Corbin, "Nonbinding Promises as Consideration", 26 *Colum. L. Rev.* 550 (1926).

[16] O caso IV se baseia em *Newman & Snell's State Bank v. Hunter*, 243 Mich. 331, 220 N.W. 665 (1928). Williston considera esse célebre caso como uma violação anômala da doutrina da adequação. Corbin ataca resolutamente o resultado com sua frase magistral: "Acredita-se que isso é errôneo." 1 Corbin § 127, nota 83. O "valor de mercado" da nota não é relevante, se a viúva tiver barganhado por ela e se o banco não tivesse de devolvê-la.

[17] O Caso V se baseia em Zabella v. Pakel, 242 F 2d 452 (7º Cir. 1958). Ver *Restatement* (2d) § 82, 83.

[18] Mills v. Wyman, 3 Pick. 207, (Mass. 1825)

[19] Webb v. McGowin, 27 Ale. App. 82, 268 So. 196 (1935).

[20] Lingenfelder v. Wainwright Brewery Co., 103 Mo. 578, 15 S.W. 844 (1891).

[21] Linz v. Schuck, 106 Md 220, 67 A.A. 286 (1907).

[22] Baseado em Foaker v. Beer, 9 A.C. 605 (Câmara dos Lords, 1884).

[23] A regra em Foakes v. Beer, embora geralmente aceita, suscitou muitas críticas e oposição. Ver nota 6 para incursões estatutárias contra ela. Williston aceita de bom grado esse caso (1 Williston § 120) e o considera meramente um exemplo especialmente claro da regra de dever preexistente (ver Williston 1 § 120, § 130 A, em 542). Tem-se argumentado persuasivamente que essa interpretação, hoje padrão, é na verdade uma interpretação equivocada dos casos principais. Ver James Barr Ames, 'Two Theories of Consideration", 12 *Harv. L. R.* 515 (1899) e Merton Ferson, "The Rule in *Foakes v. Beer*", 31 *Yale L. J.* 15 (1926).

[24] Ver Dawson, supra nota 12, em 220-221; Ames, supra nota 23, em 528; Lon Fuller, "Consideration and Form", *Colum. L. Ver.* 71, 71-72. Talvez a exposição mais clara e mais elegante desse ponto seja o debate de Corbin em 1A Corbin § 172.

[25] Ver Samuel Williston, "Successive Promises of the Same Performance", 5 *Harv. L. Rev.* 27 (1894).

[26] Ver Schwartzreich v. Baumanbasch Inc., 231 N.Y. 196, 131 N.E. 887 (1921);1 Williston § 130 A, em 540: "Se por um momento as partes estivessem liberadas do contrato original para que qualquer delas pudesse recusar-se a entrar em qualquer trato relativo à mesma matéria, seria bom um acordo subseqüente em quaisquer termos."

[27] Dawson, supra nota 12.

[28] Vol. VII (a ser publicado), e ver von Mehren, "Civil Law Analogues to Consideration", 72 *Harv. L. Rev.*1009 (1959).

[29] A noção de esterilidade tem sua afirmação clássica em Claude Bufnoir, *Propriété et Contrat* 487 (Paris, 1900).

[30] Ver em geral Goetz e Scott, supra nota 7, em 1265-1266; Eisenberg, supra nota 7, em 4.

[31] Ver Kant, *The Metaphysical Elements of Justice*. Em termos econômicos, tanto donativos quanto promessas são transações Pareto-eficientes. Ver Harold Hochman e James Rogers, "Pareto Optimal Redistribution", 56 *Am. Econ. Rev.* 542 (1969).

[32] *Colum. L. Ver.* 799 (1941). Ver também Edwin Patterson, " An Apology for Consideration", 58 *Colum. L. Rev.* 929 (1958); Atiyah, supra nota 8.

[33] Para uma opinião menos confiante, ver Pound, supra nota 7 em 455: " Embora a lei tenha progredido cada vez mais em direção ao que se considerava a posição moral de que as promessas, como tais, devem ser cumpridas, e embora até recentemente a lei em todo o mundo pareça ter chegado (poder-se-ia dizer quase substancialmente) a essa posição, tem havido um notável relaxamento da doutrina moral estrita quanto à obrigação da promessa ponderada e intencional. Desde a antiguidade, a obrigação moral de cumprir uma promessa tem sido um preceito cardeal dos filósofos éticos, publicistas e juristas filosóficos...

"Hoje, o que estamos considerando como o último passo no sentido de levar o Direito Contratual a uma concordância perfeita com o preceito moral, tem sido, pelo menos por enquanto, estancado, e nos dizem que o suposto fundamento moral é ilusório. Os homens não estão obrigados pelas promessas. Somente estão obrigados por tratos. A interpretação marxista da economia, a ascensão do estado de serviço, e a teoria humanitária da responsabilidade, de diferentes maneiras e grau variado, têm parecido levar a uma visão radicalmente diferente do significado de uma promessa..."

CAPÍTULO 4 – RESPONDER A UMA PROMESSA: OFERTA E ACEITAÇÃO

[1] Karl Llewellyn, "On Our Case-Law of Contract: Offer and Acceptance, I, 48, *Yale L. J.*, 32 (1938). Ver também Llewellyn, "On Our Case-Law of Contract: Offer and Acceptance, II", 48, *Yale L. J.*, 779 (1939).

[2] Devo a Robert Nozick esse ponto e a argumentação derivada dele.

[3] Há concordância universal que não se pode contratar consigo mesmo. Ver *Restatement* (1º) § 15; 1 Williston 18, em 32; e 1 Corbin § 55. Corbin, Williston e *Restatement* (2d) também concordam em derivar essa conclusão da natureza do prometer. Ver 1 Corbin § 55, em 233; 1 Williston § 18, em 32; e 1 Williston § 1; e *Restatement* (2d) § 9, comentário a.

Também há concordância universal de que uma promessa legalmente exigível deve ser feita *a* alguém. Somente a pessoa a quem a oferta (promessa) é feita pode aceitá-la. Para a regra de que a oferta deve ser comunicada ao promissário, ver *Restatement* (1º) § 23, 1 Williston § 33 e 1 Corbin § 59; mas para algumas exceções importantes, ver 1 Corbin § 59 e 1 Williston § 35. Para a regra de que é exigido, o conhecimento da oferta por aquele a quem é feita, ver *Restatement* (1st) § 23 e (2d) § 23, 1 Corbin § 59 e 1 Williston § 33B, notando as exceções.

[4] Hugo Grócio, *Jure de Belli e Pacis*, liv. II, cap. XI, §§ 1-4 e §§ 14-15 (Oxford, 1925; Samuel von Pufendorf, *Of the Lawof Nature and Nations*, liv. III, cap. VI, § 15; liv. III, cap V, § 7 e §§ 9-11 (Londres, 1729); *Restatement* (1º) § 20; *Restatement* (2d) § 18; 1 Williston § 64. O que é preciso é a aceitação *intencional* do promissário, sendo a intenção objetivamente entendida. Ver *Restatement* (1º) § 20, 1 Williston § 66. Ver 1 Corbin § 58 e 1 Corbin § 62 para mais exceções a essa regra, e 1 Corbin § 58 para um bom debate sobre a *motivação* do promissário para aceitar (e compare-se 1 Corbin § 84: "aceitação rabugenta".). Ver 1 Corbin § 67, 1 Williston §§ 68, 70 e *Restatement* (1º) § 56 para as condições que regem a informação a aceitação ao ofertante, e a exigência dessa informação. Ver 1 Corbin §§ 72-73, 75, 1 Williston §§ 91-91D, e *Restatement* (1º) §§ 71-72 para exame das circunstâncias nas quais o silêncio do recebedor da oferta é considerado aceitação; a aceitação de um benefício ofertado em troca do qual ele sabe que se espera pagamento é o caso paradigma.

Para um exame do conceito de aceitação em Direito Civil, ver Arthur von Mehren, *The Civil Law System* 465-474 (Boston, 1957). O jurista escocês Lord Stair, (James Dalrymple), do século XVII, afirmava que as promessas são vinculantes sem aceitação, embora em geral os contratos não o sejam. *The Institutions of Scotland*, liv. I, tit. 10, §§ 1-4 (Edimburgo, 1954).

[5] Ver A. W. Simpson, *A History of the Common Law of Contract* 475-485 (Oxford, 1975) e Patrick Atiyah, *The Rise and Fall of the Freedom of Contract* 413-414 (Oxford, 1979).

[6] Lawrence v. Fox, 20 N.Y. 268 (1859), debatido em 4 Corbin § 788. Para afirmações resumidas da regra sobre a obrigatoriedade de cumprimento por terceiros ver 2 Williston §§ 356, 361, 368; 4 Corbin § 774; *Restatement* (1º) §§ 135, 136 e (2d) §§ 304, 305.

[7] Ver 2 Wiliston §§ 396-397 e a Corbin §§ 813-815 para debate sobre a regra que rege a extinção ou variação da promessa por parte do promissário, e dos motivos para isso. Ver também *Restatement* (1º) §§ 142-143 e (2d) § 311. Um caso importante para a proposição de que o simples assentimento pelo beneficiário anula o poder do promissário para extinguir é Copeland v. Beard, 217 Ala. 216,

115 So. 389 (1928). Ver também William Page, "The Power of Contracting Parties to Alter a Contract for Rendering Performance to a Third Person", 12 *Wis.L. Rev.* 141, 160 (1937).

[8]Ver nota 4.

[9] Ver *Restatement* (1º) §§ 20, 29, 1 Williston §§ 36, 36A; e 1 Corbin §§ 62-66, 72, 77.

[10] Para a noção de oferta como promessa condicional, ver *Restatement* (1st) e (2d) § 24; 1 Williston 24ª, 25 e 1 Corbin § 11; Llewellyn, supra nota 1; George Goble, " Is An Offer a Promsie", 22 *Ill. L. Rev*. 567 (1928)~Samuel Williston, " Reply", 22 *Ill. L. Rev.* 7888 (1928).

Atiyah argumenta que tanto o condicionamento implícito da promessa do réu diante do desempenho do autor da ação quanto a criação de regras de oferta e aceitação foram aspectos do triunfo do acordo executório como paradigma da responsabilidade contratual no século XIX. Supra nota 5, em 208-212, 424-428, 446-448.

[11] Ver 1 Williston § 73 e 1 Corbin §§ 82, 86.

[12] *Restatement* (2d) § comentário a, § 35 (1) (c), § 41; 1 Williston § 55; 1 Corbin § 38; Grant Gilmore, *The Death of Contract* 28-30, 76-77 (Columbus, 1974) para um debate sobre o principal caso para essa proposição, Dickinson v. Dodds, 2 Ch. D. 463, (C.A. 1876).

[13] Ver UCC § 2-205 e cap. 3 supra, em notas 3 e 30.

[14] Ver Wesley Hohfeld, "Fundamental Jural Relations Contrasted With One Another", 23 *Yale L. J.* 28, 49 (1913).

[15] Ver *Restatement,* (2d), §§ 38 (2), 59; 1 Corbin §§ 82-94.

[16] Adams v. Lindsell, 1 B. & Ald. 681, 106 Eng. Rep. 250 (K.B. 1818); *Restatement* (2d) § 63.

[17] *A Summary of the Law of Contracts* 20-21 (2ª ed. Boston 1880).

[18] Ver, para esse efeito, 1 Corbin § 78 em 336-338; Llewellyn supra nota 1 em 795. Langdell, supra nota 17, achou esses argumentos "irrelevantes".

[19] Ver *restatement* (2d) §§ 40, 63; Lon Fuller e Melvin Eisenberg, *Basic Contract Law* 348-531 (3ª ed. St. Paul 1972).

[20] Ver Tinn v. Hoffman, 29 L.T.R. (n.s.) 271 (Exch. 1873); 1 Corbin § 59 em 247-248; Arthur Corbin, "Offer and Acceptance and Some of the Resulting Legal Relations", 26 *Yale L. J.* 169, 182, 183 (1917).

[21] I. Maurice Wormser, "The True Conception of Unilateral Conracts". 26 *yale L. J.* 136 (1916), retratado em 3 *J. Legal Educ.* 146 (1950).

[22] *Restatement* (2d) § 45 protege B criando um contrato opcional, que vincula A a manter sua oferta até que B complete o desempenho.

[23] Ver nota de rodapé p. 57.

[24] O caso principal que protege a confiança do empreiteiro principal em tal situação sob o princípio do *Restatement* (1st) § 90 é Drennan v. Star Paving Co., 51 Cal. 2d 409, 333 P(1958). *Restatement* (2d) § 87 (2) cria um contrato opcional em favor do empreiteiro principal "na medida necessária para evitar injustiça".

Capítulo 5 – Lacunas

[1] Grant Gilmore, *The Death of Contract* 87 e segs. (Columbus, 1974); Duncan Kennedy, "Form and Substance in Private Law Adjudication", 89 *Harv. L. Rev.* 1685, 1719-1720, 1725-1737 (1976); Karl Klare, crítica a L. Knapp, *Problems in Contract Law: Cases and Materials,* 54 *N.Y.U. L. Rev*. 876, 887 (1979).

[2] Ver *Restatement* (1st) § 502, "When Mistake Makes a Contract Voidable". Ver também *Restatement* (2d) §§ 151-3, "Definition of Impossibility"; UCC § 2-615 *Restatement* (1st) §§ 151-3, "Mistake"; *Restatement* (2d) § 261, "Discharge by Supervening Impracticability; *Restatement* (2d) cap. II, "Impracticabilty of Performance and Frustration of Purpose" (minuta tentative nº 9, 1974); John Dawson, "Effects of Inflation on Private Contracts; Germany, 1914-1924", 33 *Mich L. Rev.*171 (1934); John Dawson e Frank Cooper, "The Effect of Inflation on Private Contracts: U.S. – The Inflation in the North, 1861-1879", 33 *Mich. L. Rev.* 706 (1935); Edwin Patterson, "The Apportionment of Business Risks Through Legal Devices", 24 *Colum. L. Rev.* 335 (1924); Richard Posner e Andrew Rosenfield, "Impossibility and Related Doctrines in Contract Law An Ecomomic Analysis", 6 *J. Leg. Stud.*, 83 (1877).

[3] 19 T.L.R. 434 (K.B. 1903).

[4] 2 K.B. 740 (C.A. 1903). A coroação estava marcada para 26 de junho de 1902. A doença do rei foi anunciada em 24 de junho, e ele foi operado no mesmo dia. A coroação ocorreu em 9 de agosto.

[5] 3 Best e S. 826 (Q.B. 1863).

[6] Gilmore, supra nota 1, em 81, e nota 216 relativa a Bell v. Lever Brothers, Inc., L.R. 1932 A.C. 161 (1931) (Atkin, J.).

[7] 64 Wis. 265, 25 N.W. 42 (1885).

[8] 66 Mich. 568, 33 N.W. 919 (1887).

[9] 2 Hurl. E C. 906 (Exch. 1864).

[10] Ver George Gardner, "Na Inquiry Into the Principles of the Law of Contracts", 46 *Harv. L. Rev.* I, 33 (1932) ("Limited responsibility for apparent promise"); Oliver Wendell Holmes, "The Theory of Legal Interpretation 12 *Harv. L. Rev. 417, 419 (1899), Clarke Whittler, "The Restatement of Contracts and Mutual Assent"* 17 *Calif. L. Rev.*, 441 (a929), cuja conclusão é essencialmente a mesma de minha proposta neste capítulo; William Young, "Equivocation in the Making of Agreements" 64 Colum. L. Rev. 619 (1964); Dadourian Export Corp. v. United States, 291 F 2d 178, 187, nº 4 (2d Cir. 1961) (Friendly, J., discordante).

[11] Blackburn, J. em Taylor v. Caldwell, supra nota 5; William Anson, *Law of Contract* 505-507 (25ª ed. Oxford, 1979); 3 Corbin § 565; 6 Corbin § 1331 (1946).

[12] A *fons et origo* é Ludwig Wittgenstein, *Philosophical Investigations* §§ 138-326 (trad. Anscombe, Oxford, 1953). A literatura subseqüente é enorme. Para um comentário recente, ver Crispin Wright, *Wittgenstein on the Foundations of Mathematics*, cap. 2 (Cambridge, 1980). Ver também H.L.A.Hart, "Positivism and the Separation of Law and Morals", 71 *Harv. L. Rev.* 593 (1958), Ronald Dworkin, "How to Read the Civil Rights Act", *The New York Review of Books*, 20 dez. 1979, em 37.

[13] Esse conceito de interpretação é análogo ao que Ronald Dworkin argumenta ser o processo de interpretação judicial e elaboração de leis e precedentes. *Taking Rights Seriously*, cap. 4, a p. 338-345 (ver. Ed. Cambridge, 1978). Essa concepção de interpretação foi prenunciada por Lon Fuller, em *The Law in Quest of Itself* (Evanston, 1940) e em "Reason and Fiat in Case Law", 59 *Harv. L. Rev.* 376 (1946).

[14] 1 Williston § 94 em 339 "Segue-se que o teste da verdadeira interpretação de uma oferta ou aceitação não é a que a parte que a faz acredita que significa, e sim o que uma pessoa razoável na posição das partes teria achado que significava"; ver também Gilmore, supra nota 1, em 41-43; Oliver Wendell Holmes, *The Common Law* (Boston, 1881).

[15] *Restatement*(1st) §§ 70-71, §; *Restatement* § (2d) § 153; Edwin Patterson, "Equitable Relief for Unilateral Mistakes", 28 *Colum. L. Rev.* 859 (1928).

[16] Este caso se baseia em Smith v. Zimbalist, 2 Cal. App. 2d 324, 38 P. 2d 170 (1974), audiência negada 17 jan. 1935, na qual foi outorgado amparo, mas somente porque o tribunal entendeu que o recibo do vendedor que dava os nomes dos fabricantes constituía uma garantia (i.e., garantia contratual) de autenticidade. Compare-se com *Restatement* (1st) § 503, ill. 2.

[17] Ver Patterson, supra nota 15; Whitttier, supra nota 10.

[18] Ver M.F. Kemper Construction Co. v. City of Los Angeles, 37 Cal. 2d 696, 235 P. 2d 7 (1951).

[19] Ver Elsinore Union Elementary School District v. Karstorff, 54 Cal. 2d 389, 353 P.2d 713 (1960).

[20] 20 Minn. 494 (1874). Ver também Paradine v. Jane, 82 Eng. Rep. 519 (K.B. 1647), Gilmore, supra nota 1, em 44-46.

[21] Ver 18 Williston §§ 1963-1964.

[22] Ver Patrick Atiyah, *The Rise and Fall of the Freedom of Contract* 436-438 (Oxford, 1979); Whittier, supra nota 10.

[23] Gilmore, supra nota 1, em 140. Ver também Morton Horwitz, *The Transformation of American Law* 181-185 (Cambridge, 1977).

[24] Ver Herbert Spencer, *Principles of Ethics*, pt. IV, *Justice*, cap. 3, (Londres, 1891). Há ecos dessa opinião em Friedrich Hayek, *The Constitution of Liberty*, cap. 3 (Chicago, 1960).

[25] Ver Julius Stone, *Legal System and Lawyer's Reasoning*, 185-192, 212-218 (Stanford, 1964); Max Weber, *On Lawin Economy and Society* 62, 277, 354 (Rheinstein org, Cambridge, 1954).

[26] "No Right Answer" 53 *N.Y.U. L. Rev*. 1, 16-23 (1978).

[27] Dworkin apresenta a versão mais estreitamente argumentada e filosoficamente sofisticada de uma concepção de Direito que foi pelo menos prefigurada por Lon Fuller, supra nota 13, e por Henry Hart e Albert Sacks, *The Legal Process* parte I, cap. 3 (Cambridge, 1958). Como essa visão do Direito é necessária para salvar a teoria liberal dos absurdos do positivismo, críticos do liberalismo como Roberto Unger, *Knowledge and Politics*, 94-97 (Nova York, 1975) e Kennedy, supra nota 1, em 1764-1766, são especialmente veementes ao denunciá-la. Ver também nota 22 ao Capítulo 6.

[28] Cf Angus v. Scully, 176 Mass 357, 57 N.E.674 (1900); Carroll v. Bowersock, 100 Kan. 270, 164 P. 143 (1917).

[29] Cf. Fibrosa Spolka Ackyjna v. Fairbarn Lawson Combe Barbour, Ltd., [1943] A.C. 32.

[30] Marks Realty Co. v. Hotel Hermitage Co., 170 App. Div. 484, 158 N.Y.S. 179 (1915).

[31] Agradeço a Duncan Kennedy por acentuar a importância desse conceito. Supra nota 1, em 1717-1718.

[32] R.A. Brown, *The Law of Personal Property* 3ª ed. Chicago, 1975) § 3.2. No Direito norte-americano, o dinheiro ficará com aquele dentre os dois hóspedes que o tiver encontrado e tomado com a intenção de conservá-lo. A pessoa que o encontrou, naturalmente, poderia dividi-lo com o(a) companheiro(a), se desejar. Segundo a regra inglesa, o dinheiro provavelmente ficaria com o dono do hotel, embora poderia ser dado ao homem ou à mulher caso o tribunal decidisse que o proprietário lhes havia entregue o controle da gaveta em apreço.

[33] Ver Grant Gilmore e Charles Black, *The Law of Admiralty* (2ª ed. Mineola, N.Y., 1975) cap. V, "General Average". A regra do almirantado é de que a perda deve ser computada e distribuída entre os expedidores e o armador.

[34] Essa figura alegórica é peça central de *Social Justice in the Liberal State*, de Bruce Ackerman (New Haven, 1980).

[35] *Restatement* (2d)§ 272(2). "Em qualquer caso regido pelas normas dispostas neste capítulo [cap. 11, "Impracticability of Performance and Frustration of Purpose"], se essas normas combinadas com as do capítulo prospectivo 16 não evitarem injustiça, o tribunal pode... fornecer um termo adequado às circunstâncias."

[36] Ver Charles Fired, *Righ and Wrong* caps. 5 e 6 (Cambridge, 1978), para uma declaração de posição e uma crítica da literatura sobre esse ponto.

[37] Ver id. caps. 2, 5, 7.

[38] Essa idéia de uma empresa comum como base da partilha também pode estar por trás da crescente falta de disposição do Direito de permitir colaboração entre autores conjuntos de um delito civil e, por extensão, também por trás da redução de indenização numa ação de responsabilidade delitual na qual se verifique que tanto o autor quanto o réu são culpados.

Capítulo 6 – Boa-fé

[1] Ver John Dawson, "Economic Duress; An Essay in Perspective," 45 *Mich. L. Rev.*, 253 (1947) Lawrence M. Friedman, *Contract Law in America* 98-105, 190-194 (Madison, 1965); Grant Gilmore, *The Death of Contract* 94-96 (Columbus, 1974); Robert Lee Hale, *Freedom Through Law: Public Control of Private Governing Power* I parte, cap. 1, 3-12, e II parte, cap. 7, 109-136 (Nova York, 1952); Hale, "Bargaining, Duress and EconomicLiberty", 43 *Colum. L. Rev.* 603 (1943); Hale, "Coercion and Distribution in a Suposedly Noncoercive State", 38 *Pol. Sci.Q.* 470 (1923) Duncan Kennedy, "Form and Substance in Private Law Adjudication", 89 *Harv. L. Rev.* 1685, 1725-1726, 1735-1737, 1778 (1976).

[2] Ver, por exemplo, Anthony Kronman, "Contract Law and Distributive Justice", 89 *Yale L. J.* 472, 486 (1980).

[3] Para a descrição da tese de Maine, ver Henry Maine, *Ancient Law* 170 (Londres 1861). Para o abandono da tese, ver Ian McoNeil, *Contracts, Exchange Transactions and Relationships* 346-502 (2ª ed. Mineola, N.Y. 1978); Macneil, "The Many Futures of Contract", 47 *S. Cal. L. Rev.* 691, 693-696 e *passim* (1974); Macneil, "Whither Contracts", 21 *J. Legal Educ*, 403, 404-406, (1969); Lon Fuller, *The Morality of Law* 27-30, 42-43 (New Haven, 1963); Fuller e William Perdue, "The Reliance Interest in Contract Damages" (I parte), " 46 *Yale L. J.* 52, 70-71 (1936); Gilmore, supra nota 1, em 94-96; Friedrich Kessler e Grant Gilmore, *Contracts* I parte, cap. 11 (2ª ed. Boston 1970) Kessler e Edith Fine, "*Culpa in Contrahendo*, Bargaining in Good Faith, and Freedom of Contarct: A Comparative Study", 77 *Harv. L. Rev.* 401, 404-405, 407-412, 448-449 (1964); Roscoe Pound, "The Law as Developed in Juristic Thought", 30 *Harv. L. Rev.* 201, 210 (1917). Ver também Patrick Atiyah, *The Rise and Fall of Freedom of Contract* 716-737 (Oxford, 1979); Emile Durkheim, *The Division of Labor in Society*, cap. 7, trad. Simpson, Nova York, 1933).

[4] Ver Kennedy supra nota 1, em 1713-1716, 1717-1722, 1728-1729, 1733-1737.

[5] Para debates sobre o formalismo, ver Kennedy supra nota 1, em 1729-1730, 1737, 1770; Kennedy, "Legal Formality", 2 *J. Leg. Stud.*351, 359-360 (1973); Atiyah, supra nota 3, em 338-448; Harbert Hart, "Positivism and the Separation of Law and Morals", 71 *Harv. L. Rev.* 593, 608-613 (1958); Morton Horwitz, *The*

Transformation of American Law 201, 253-266 (Cambridge, 1977); Horwitz, "The Rise of Legal Formalism", 19 *Am. J. Leg. Hist.* 251 (1975); A.W.B. Simpson, "The Horwitz Thesis and the History of Contracts," 46 *U. Chi.L. Rev.* 533, 534 (1979) (formalismo descrito como "a mais mal definida das enfermidades jurídicas").

[6] Ver A.C. Pigou, *The Economics of Welfare* 82-97 (4ª ed. Londres, 1962); John Rawls, *A Theory of Justice*, cap. 5. (Cambridge, 1971).

[7] Ver UCC § 1-201 (19) ("'Boa-fé' significa honestidade de fato na conduta ou transação em apreço"); UCC § 2-103 (b)("'Boa-fé', no caso de um comerciante, significa honestidade de fato e observância de padrões comerciais razoáveis de trato justo no ofício"); E. Allan Farnsworth, "Godd Commercial Code", 30 *U. Chi L. Ver* 666(1963); Russell A. Eisenberg, "Good Faith Under the Code", 54 *Marquette L. Ver* 1 (1971); Robert S. Summers, "Good Faith in General Contract Lawand the Sales provisions of the Uniform Commercial Code", 54 *Va. L. Ver.* 195 (1968); Kessler e Fine, supra nota 3. Ver também J.F. Burrows, "Contractual Cooperation and Implied Terms", 31 *Mod. L. Rev.* 390 (1968), para um interessante debate de uma noção um tanto mais ampla de boa-fé, um dever implícito de cooperação.

[8] Atiyah, supra nota 3, em 345-358.

[9] 56 Wash. 2d 449, 353 P. 2d 672 (1960). Ver debate deste caso em Anthony Kronman, "Mistake, Disclosure, Information and the Law of Contracts", 7 *J. Legal Stud.* 1, 24-25 (1978).

[10] Ver *Restatement* (1º) §§ 470, 476; (2d) §§ 159, 162-164; William Prosser, *Law of Torts* §§ 105, 106 (4ª ed. St. Paul, 1971).

[11] Fried, *Right and Wrong*, cap. 3 (Cambridge, 1978).

[12] Ver Kronman, supra nota 2, em 481-483, 490.

[13] Cf. uso de exemplo semelhante em Kronman, supra nota 9, em 18-27.

[14] Ver Fried, supra nota 11, nos caps. 2, 3, 7.

[15] Prosser, supra nota 10, em 695-699: "O Direito parece estar trabalhando no sentido da conclusão final de que deve ser feita completa revelação de todos os fatos materiais sempre que a conduta leal elementar o exigir." Ver 12 Williston § 1498 em 386 para uma argumentação de que o fazendeiro deveria receber auxílio (*relief*). Ver também Leo Bearman, "Caveat Emptor in Sales or Realty: Recent Assault upon the Rule", 14 *Vand. L. Rev.* 541 (1961); W. Page Keaton,

"Fraud, Concealment and Non-Disclosure", 15 *Tex. L. Rev.* 1 (1936); Keeton, "Rights of Disappointed Purchasers", 32 *Tex. L. Rev.* 1 (1953). Mas ver nota 17 e texto anexo.

[16] Cf. Capítulo 5, nas notas 18, 19 e texto anexo.

[17] Ver Leitch Gold Mines, Ltd. v. Texas Gulf Sulphur, 1 Ont. Rep. 469, 492-493 (1969); TGS estava apenas "fazendo o que qualquer companhia de mineração prudente teria feito a fim de adquirir uma propriedade na qual sabia existir uma anomalia muito promissora", ao comprar terras "sem fazer com que os vendedores em perspectiva suspeitassem de que havia sido feita uma descoberta". Por 18 mil dólares, a TGS conseguiu direitos de mineração que valiam 100 milhões. Ver também Laidlaw v. Orgon, 2 Wheat. (4 U.S.) 178 (1817) (Marshall, C.J.). Para um debate sobre esses casos, ver Kronman supra nota 9, em 20-21, e Morton Schulman, *The Billion Dollar Windfall* (Nova York, 1969).

[18] Ver Kronman, supra nota 2, em 478-480, 486.

[19] Ver *Restatement* (1st), § 472(c) e comentário c; *Restatement* (2d) § 303 (minuta tentativa nº 12, março de 1977); 12 Williston § 1499 em 390-393; *Restatement* (2d) Torts § 551; Prosser, supra nota 10, § 106 em 697.

[20] Ver Kennedy, supra nota 1, em 1750-1751, 1760-1762, 1772-1774.

[21] Ver Ronald Dworkin, *Taking Rights Seriously* 297-311 (Cambridge, 1978).

[22] Dizer que o contrato como promessa, isto é, a teoria liberal do contrato e a teoria liberal do Direito, em geral estão impedidos de elaborar a obrigação dessa maneira, que ficam relegados apenas a um modo de elaboração formalista e mecânico, é um exagero propagado entre estudiosos do Direito por Roberto Unger *Knowledge and Politics*, cap. 2 (Nova York, 1975). Afirma-se que esse compromisso com o formalismo depende, por sua vez, de um compromisso com algo denominado subjetividade de valores. Nem esse conceito de subjetividade de valores e nem a objetividade contrastada com ele recebem um sentido claro, mas qualquer que seja seu sentido vago, ele é visivelmente inaplicável a liberais clássicos como Locke e Kant ou liberais modernos como Rawls, Nozick ou Dworkin, todos os quais argumentam em favor de teorias nas quais os direitos figuram como entidades objetivas. Unger faz seu juízo sobre o liberalismo somente mediante o surpreendente procedimento de negar que sua verdade de-

penda daquilo que liberais específicos de fato escreveram. *Knowledge and Politics* 7-12. Para um debate mais completo sobre esse método, ver Charled Fried, "The Laws of Change", 9 *J. Legal Stud.* 355, 350-351 (1980); e Anthony Kronbman, crítica de *Knowledge and Politics*, de Unger, 61 *Minn. L. Ver.* 167, 191-194 (1976). Na verdade, o relato de Unger é uma reconstrução veemente e imaginativa primordialmente do pensamento de Hobbes, porém dificilmente seria do liberalismo em geral. Recentemente, alguns juristas escreveram atacando o liberalismo ao atribuir-lhe doutrinas como o formalismo e a subjetividade de valores, às vezes referindo-se ao relato de Unger como autoridade. Exemplos: Gerald E. Frug, "The City as a Legal Concept", 93 *Harv. L. Rev.* 1057, 1074 (1980); Kennedy, supra nota 1, em 1732, 1766-1771; Kennedy supra nota 5, em 353 nº 7, 361-365; Karl Klare, "Review, Contracts Jurisprudence and the First Year Casebook", 54 *N.Y.U. L. Rev.* 876, 881, 889 nº 69 (1980) (citando Kennedy, que cita Unger); William H. Simon, "Homo Psychologius: Notes on a New Legal Formalism", 32 *Stan. L. Rev.* 487, 493 (1980). Ver Michael Walzer, *Just and Unjust Wars*, cap. 1 (Nova York, 1977), para apenas um exemplo recente de um teórico político contemporâneo eminentemente liberal que rejeita Hobbes e os postulados hobbesianos (*mas não os liberais*) da subjetividade de valores e da futilidade de termos morais gerais como justiça e crueldade, e argumenta contra esses postulados.

[23] A afirmação mais impressionante dessa concepção do processo jurídico é a de Ronald Dworkin, supra nota 21, cap. 4, "Hard Cases". Como sugerido anteriormente, isso remonta especialmente à obra mais intuitiva de Lon Fuller.

[24] Ver J.F. Burrows, supra nota 7, especialmente 395-405, para um debate sobre até que ponto cada parte tem um "dever de cooperar" na empresa do contrato. Ver em geral Kessler e Gilmore, supra nota 3, em 944-976; "Good Faith Performance"; Kessler e Fine, supra nota 3.

[25] Ver Kennedy, supra nota 1, em 1721.

[26] Manuscrito inédito, parte de obra em andamento sobre doutrina jurídica.

[27] 204 N.Y 96, 97 N.E. 472 (1912).

[28] 272 Pa. 172, 116 A. 150 (1922).

[29] 341 Mass. 684, 171 N.E. 2d 865 (1961).

[30] Ver Arthur Corbin, "The Effect of Options on Consideration", 34 *Yale L. J.* 571, 579-583 (1925); Kessler e Gilmore, supra nota 3, em 337-361, "Requirements Contracts and Mutuality"; Karl Llewellyn *Cases and Materials on the Law of Sales* 452 (Chicago, 1930); Edwin Patterson, "Illusory Promises and Promisor Options", 6 *Iowa L. Bull.* 129, 209 (1921).

[31] UCC § 2-306, comentário 2: "O encerramento a um comprador de insumos em razão da falta de encomendas é permitido, mas o encerramento simplesmente para reduzir perdas não o é. O teste essencial é saber se a parte está agindo conforme a boa-fé..." Ver também 3 Corbin § 569 e 1 Williston § 104ª; City of Lakeland, Fla. V. Union Oil Co. of Cal., 352 F. Supp. 758 (D. Fla. 1973) (aumento na quantidade de energia vendida pela cidade às comunidades vizinhas era grande demais para permanecer no limite da boa-fé no contrato com a companhia de óleo para fornecer todo o óleo usado pela cidade na instalação de geração de energia elétrica); "Note, Requirements Contracts under Uniform Commercial Code", 102 *U. Pa. L. Ver.* 654 (1954).

[32] Ludwig Wittgenstein, *Philosophical Investigations* (trad. Anscombe, 3ª ed., Oxford, 1958), p. 33e, citado em Lon Fuller e Melvin Eisenberg, *Basic Contract Law* 808-809 (3ª ed. St. Paul, 1972). Ver também Herbert Hart, "Positivism and the Separation of Law and Morals", 71 *Harv. L. Rev.* 593, 608-612 (1958).

Capítulo 7 – Coação e abusividade

[1] UCC § 2-302. Contrato ou Cláusula abusiva (*unconscionable*), comentário 1: "Trata-se de um princípio de prevenção de opressão e surpresa injusta e não de perturbação da alocação de riscos devido a um poder de barganha superior." Ver Arthur Leff, "Unconscionability and the Code: The Emperor's New Clause, 115 *U. Pa. L. Rev.* 485 (1967), que introduz a importante distinção entre abusividade procedimental e substantiva, e sugere que toda a noção é incoerente. Contra, P. Ellinghaus, "In Defense of Unconscionability", 78 *Yale L.J.* 757 (1969). Ver também Norman Jafee, "Definition and Interpretation of Unconscionable Contracts under the Code", 58 *Dick. L. Rev.* 161 (1954); John Murray, "Unconscionability: Unconscionability", 31 *U. Pitt. L. Rev.* 1 (1969).

[2] Ver *Restatement* (1st) § 20, comentário a (intenção de concordar com o acordo e presença de vontade consciente para fazer as ações que manifestam o assentimento) 1 Corbin § 11 em 25.

[3] Ver Anthony Kronman, "Contract Law and Distributive Justice", 89 *Yale L. J.* 472, 477-478 (1980). Ver também John Dalzell, "Duress by Economic Pressure", 20 *N. Car. L. Rev.* 237, 239-240 (1942); John Dawson, "Economic Duress An Essay in Perspective", 45 *Mich. L. Rev.* 253, 267 (1947); Robert Lee Hale, "Bargaining, Duress and Economic Liberty", 43 *Colum. L. Rev.* 603, 616-617 (1943).

[4] Compare-se com David Hume, *An Enquiry Concerning the Human Understanding* 80-103 (Oxford, 1902); W. D. Ross, *Foundations of Ethics*, "Indeterminacy and Indeterminism", 222-251 (Oxford, 1939).

[5] Ver material citado na nota 3 e nota 1 ao Capítulo 6. Ver também Karl Marx, *O Capital* 81-96 (trad. Moore e Aveling, Nova York, 1906) Roscoe Pound, "Liberty of Contract", 18 *Yale L. J.* 454, 482-483 (a909) Max Weber, 2 *Economy and Society* 729-731 (Roth, Wittich, orgs. Nova York, 1968).

[6] Ver *Restatement* (1st) § 492; *Restatement* (2d) §§ 174-176; *Restament of Restitution* § 70. Ver também 13 Williston §§ 1603, 1605; Talmadge v. Robinsion, 158 Ohio St. 333, 109 N.E. 2d 496 (1952) (ameaça de meia-irmã de alegar relações ilícitas com o pai a fim de trazer ódio à família); Setevenson v. Sherman 231 S.W. 2d 506 (Tex. Civ. App. 1950) (ameaça de retirar candidato da lista eleitoral se ele não pagar acima de 25% de seus recursos de campanha). Ver em geral Arthur Leff, "Injury, Ignorance and Spite The Dynamics of Coercive Collection", 80 *Yale L.J.* 1 (1970).

[7] Ver 13 Williston §§ 1601-1602 para um debate sobre a ampliação gradual do conceito de coação; Dawson, supra nota 3, em 255; *Restatement* (2d) Torts § 892B (3), e comentário j; American Law Institute, Model Penal Code § 2.09 (minuta oficial proposta, maio de 1962) (essa parte adota o critério de "pessoa de razoável firmeza"). Ver também Rollin M. Perkins, *Criminal Law* 951-955 (2ª ed. Mineola N.Y., 1969); Ian H. Dennis, "Duress, Murder and Criminal Responsibility", 96 *L.Q.Rev.* 208 (1980).

[8] Robert Nozick "Coercion", *Philosophy, Science and Method; Essays in Honor of Ernest Nagel* (440-472) (Morgenbesser, Suppes, White orgs. Nova York, 1969).

[9] Baseado em Borough of Bradford v. Pickles, 3 Ch. 54, 1894), 1 Ch. 145 (1895), aff'd [1895] A.C. 587. Ver 5 Richard Powell e Patrick Rohan, *The Law of Real Property* §§ 711 e 725 (1980 ed.). A decisão jurídica desse caso inglês depende de saber se a água em apreço era classificada como regato ou mina de água; estas, mas não aqueles, podem ser objeto de apropriação.)

[10] Ver Dalzell, supra nota 3, em 240, para um relato semelhante; *Restatement* (2d) § 176 focaliza a ilegalidade de atos propostos. Ver também Dale e v. Simon 267 S.W. 467, 470 (Tex. Com. App. 1924); "?Não há coação senão quando há a ameaça de realização de algum ato que o autor da ameaça não possui o direito de fazer." (Williston informa que esse caso importante é freqüentemente citado e constitui o princípio básico da coação. 13 Williston § 1603, nº 9). Ver também Dawson, supra nota 3, em 287-288, para um debate crítico sobre essa formulação da coação.

[11] Ver Richard Posner, *Economic Analysis of Law* 27-31 (2ª ed. Boston, 1977).

[12] Charles Fried, *Right and Wrong*, caps. 2 e 4 (Cambridge, 1978).

[13] Powell e Rohan, supra nota 9, em § 726; VI-A *American Law of Property* §§ 28.66, 28.68 (Boston, 1954).

[14] Morton Horwitz, *The Transformation of American Law* 34-42 (Cambridge, 1977).

[15] Ver Bruce A. Ackerman, org., *Economic Foundations of Property Law* (Boston, 1975) para uma útil coletânea de artigos e referências sobre esses tópicos e outros relacionados; Ackerman, *Private Property and the Constitution* (New Haven, 1977); Lawrence Carlyle Becker, *Property Rights: Pilosophic Foundations* (Londres, 1977); Ronald H. Coase, "The Problem of Social Cost", 3 *J. L. and Econ.* 1 (1960); Harold Demsetz, "Toward a Theory of Property Rights", 57 *Am. Econ. Rev.* 347 (1967) (vol. 2, *Papers and Proceedings*); Frank I. Michelman, "Property, Utility and Fairness: Comments on the Ethical Foundation of 'Just Compensation' Law" 80 *Harv. L. Rev.* 1165 (1968).

[16] Ver Anthony Kronman, "Contract Law and Distributive Justice" 89 *Yale L. J.* 472, 495-7; Emile Durkheim, *The Division of Labor in Society*, ch 7 (trad. Simpson, Nova York, 1933). Cf. Duncan Kennedy, "Form and Substance in Private Law Adjudication", 89 *Harv. L. Rev.* 1685, 1731-1732 (1976).

[17] Compare-se com Herman Melville, *Moby Dick, cap.* 89, "Fast-fish and Loose-fish".

[18] Ver Ronald Dworkin, *Taking Rights Seriously* caps. 4, 7, app. 297-311 (Cambridge, 1978); Fried, supra nota 14, no cap. 4.

[19] Adam Smith, *An Inquiry into the Nature and Causes of the Wealth of Nations* 25-30, "Of the Principle which give occasion to the Division of Labour" (Glasgow e. Oxford, 1976) (como as trocas, sem qualquer planejamento, produzem grande melhoria do poder produtivo anteriormente descrito). Friedrich Hayek, *The Constitution of Liberty, caps. 2 e 3 (Chicago, 1960).*

[20] Ver Immanuel Kant, *The Metaphysical Elements of Justice* 35-37, 51-67 (trad. Ladd Indianapolis, 1965).

Assim, concordo com Duncan Kennedy e Frank Michelman "Are Property and Contracts Efficient), *Hofstra L. Rev.* (a ser publicado) em que a resposta a essa pergunta é: não necessariamente. A propriedade e o contrato podem ou não ser eficientes; eles têm razão.

[21] Ver Dworkin, supra nota 18, em 297-311. Cf. Hayek, supra nota 19, no cap. 14.

[22] Ver Michelman, supra nota 15, em 1229-1234, para um relato da importância das definições legais de interesses de propriedade, e das mudanças nessas definições.

[23] Michael Graetz considera esse argumento a respeito de mudanças no Direito Fiscal e critica a literatura em "Legal Transitions": The Case of Retroactivity in Income Tax Revision", 126 *U. Pa. L. Rev.* 47, 74-76 e nº 80 (1977).

[24] Este caso se baseia em Jones v. Star Credit Corp., 59 Misc. 2d 189, 298 N.Y. S. 2d 264 (Sup. Ct., 1969). Ver também Williams v. Walker-Thomas Furniture Co., 121 U.S. App. D.C. 315, 350 F. 2d 445 (D.C. Cir. 1965).

[25] Ver Lei de Compensação de Trabalhadores de Nova York § 10 (Mc Kinney) (responsabilidade do empregador por incapacidade do empregado sem relação com culpa, exceto intoxicação ou prejuízo proposital); N.Y. Workmen's Compensation Law § 11 (Mc Kinney) a responsabilidade do empregador anteriormente descrita é exclusiva e substitui o direito de ação segundo o *common law*).

[26] Este caso se baseia em Henningsen v. Bloomfield Motors Inc., 32 N.J. 358. 161 A. 2d 69 (1960).

[27] Este caso e outros semelhantes são examinados em Leff, supra nota 1, passim.

[28] Ver Richard A. Epstein, "Unconscionability: A Critical Reappraisal", 18 *J. L. and Econ.* 293, 305-315, (1975) para um interessante debate sobre os antecedentes econômicos e sociais que justificam cláusulas contratuais hoje amplamente consideradas abusivas (*unconscionables*). Ver em geral Lon Fuller e Melvin Eisenberg, *Basic Contract Law* 592-609 (3ª ed. St. Paul, 1972).

[29] Ver Ronald Dworkin, "Liberalism", em *Public and Private Morality*" (S. Hampshire, org., Cambridge, Inglaterra, 1978); Fried, supra nota 12, no cap. 5; Hayek, supra nota 19, em 257; Richard A. Musgrave e Peggy B. Musgrave, *Public Finance in Theory and Practice* 12 (2ª ed. Nova York, 1976); John Rawls, *A Theory of Justice, cap.* 5 (Cambridge, 1971); Thomas Scanlon, "Liberty, Contract and Contribution", em *Markets and Morals* (Dworkin, Bermant, Brown orgs.) Washington, 1977).

[30] Ver Philip Areeda e Donald Turner, 2 *Antitrust Law* §§ 402b2, 402b3, 403c (Boston, 1978). Cf. Charles Goetz e Robert Scott, "Liquidated Damages, Penalties and the Just Compensation Principle: Some Notes on an Enforcement Model and a Theory of Efficient Breach", 77 *Colum. L. Rev.* 554, 558 (1977).

[31] Ver p. ex. 11 U.S.C. § 522 (1978); Mass. Gen. Laws Ann, cap. 235 § 34 para uma enumeração das exceções. Ver Lawrence King, org., 3 *Collier on Banruptcy* § 552-§ 522-31 (esp. § 522.01, história da legislação, e § 522.02, exceções em geral).

[32] 19 How. (60 U.S.) 250 (1856). Ver Grant Gilmore e Charles Black, *The Law of Admiralty*, cap. 8 (2ª ed. Mineola N.Y., 1975) (esp. § 8-1), The Nature of Salvage: What Property May Be Salved, e § 8-8, The Salvage Award: How Computed, How Distributed). Ver também 13 Williston § 1608 (Is Persuasion or Pressure of Circumstances Duress "

[33] 226 S.W. 2d 673 (Tex. Civ. App. 1949).

[34] Fried, supra nota 12, no cap. 5; cf. Hayek, supra nota 19, em 257.

[35] Kant, *Groundwork of the Metaphysics of Morals* 90-91 (trad. Paton, Harper Torchbooks org. Nova York, 1964).

[36] Fried, supra nota 12, no cap. 7.

[37] Ver Eric Mack, "Bad Samaritanism and the Causation of Harm", 9 *Phil. And Pub. Affairs* 230 (1980) (uma boa crítica da literatura e crítica do argumento de que a omissão do Mau Samaritano é a *causa* da responsabilidade); Francis Bolen, "The Moral Duty to Aid Others as the Basis of Tort Liability", 47 *U. Pa. L. Rev.*,

217 (1908) (rejeitando a tese causal, mas defendendo um dever de salvamento); William Landes e Richard Posner, "Salvors, Finders, Good Samaritans and Other rescuers: An Economic Study of the Law and Altruism", 7 *J. Legal Stud.* 83 (1978).

Capítulo 8 – A importância de ser honesto

[1] Há uma opinião generalizada de que é irracional permitir que grandes conseqüências dependam de pequenas variações das circunstâncias controladoras. Posta de maneira mais formal, essa intuição diz que é irracional uma variação descontínua do valor de uma função enquanto seus argumentos variam de forma contínua. Essa intuição é regularmente invocada contra princípios morais deontológicos, os quais, por exemplo, proíbem produzir um bom resultado mediante certos meios descritos, mas não outros – por exemplo, salvar muitas vidas matando alguns inocentes – ou que (como o segundo princípio de justiça de Rawls) permite desigualdades somente até o ponto em que melhorem a situação do homem representativo em pior situação, e assim nenhuma medida de ganho dos mais afortunados justifica reduzir a situação dos menos favorecidos. Subjacente a essa intuição deve estar a presunção implícita de que a medida última de valor é exprimível por meio de uma única quantidade contínua, da qual o princípio de prazer, de Bentham, é o exemplo mais conhecido; mas a intuição é muito mais divulgada do que a adesão explícita a uma teleologia moral final desse tipo. Ver Lon Fuller e William Perdue, "The Reliance Interest in Contract Damages: 2" *Yale L. J.* 373, 419-420 (1937) para um exemplo da intuição. A intuição é implícita em grande parte da teoria da decisão; ver Howard Raiffa, *Decision Analysis* cap. 4 (Reading, Ma., 1968); e ver debate e referências em Amartya Sem, *Collectice Choice and Social Welfare, cap.* 3 (San Francisco, 1970). A afirmação mais poderosa contra a visão intuitiva da racionalidade como contínua ocorre em John Rawls, *A Theory of Justice* §§ 83, 84 (Cambridge, 1971). Ver também Robert Nozick, "Moral Complications and Moral Structures", 12 *Natural L. F.* 3 (1968).

[2] Ver Bush v. Canfield, 2 Conn. 485 (1818). O autor da ação recuperou o total do pagamento adiantado de 5 mil dólares, mesmo que, se o contrato tivesse sido integralmente cumprido, teria sofrido uma perda de 3 mil naquele trato.

Para uma explicação dos princípios gerais da recuperação restitutória, ver em geral George palmer, *The Law of Restitution* (Boston, 1978); Robert Goff e Gareth Jonesm *The Law of Restitution* (2ª ed. Londres 1978); Robert Childress e Jack Garamella, "The Law of restitution and the Reliance Interest in Contract", 64 *Nw.U.L. Rev.* 433 (1(69); John Dawson, "Restitution or Damages ", 20 *Ohio St. L. J.* 145 (1959) E. Allan Farnsworth, "Legal Remedies for Breach of Contract", 70 iColum. L. Rev. 1145, 1148, 1175-1177 (1970); George Gardner, "An Inquiry Into the Principles of the Law of Contracts", 46 *Harv. L. Rev.* 1, 15-18 (1932); Robert Nordstrom, "Restitution on Default and Article Two of the Uniform Commercial Code", 19 *Vand. L. Rev.* 1143 (1966).

[3] Ver, p. ex., Boomer v. Muir, 24 P. 2d 570 (Cal. App. 1933) audiência cancelada; 5 Corbin § 1112 (1964); John Calamari e Joseph Perillo, *The Law of Contracts* 547-575 (2ª ed. St. Paul, 1977). Cf. Jerome Walsh, "Restitution-Availability as an Alternative Remedy Where Plaintiff Has Fully Performed a Contract to Provide Goods or Services", 57 *Mich. L. Rev.* 268 (1958).

[4] Ver em geral Goff e Jones, supra nota 2, esp. cap. 23.

[5] Ver Childress e Garamella, supra nota 2, em 441; Joseph Perillo, "Restitution in a Contractual Context", 73 *Colum. L. Rev. 1208, 1224-1225 (1973).*

[6] Ver debates sobre contratos de opção no Capítulo 3, em 36, e Capítulo 4, em 48.

[7] Oliver Wendel Holmes, *The Common Law,* (236) (1881, M. Howe ed. 1963). A crescente disponibilidade de desempenho específico e a doutrina da quebra antecipatória dificilmente são consistentes com a visão de Holmes. Ver, por exemplo, M. T. Van Hecke, "Changing Emphases in Specific Performance", 89 *Yale L. J.* 271 (1979) (argumentando que o desempenho específico deveria estar disponível tão rotineiramente quanto o ressarcimento dos danos). Mas cf. Charles Goetz e Robert Scott, "Liquidated Damages, Penalties and the Just Compensation Principle: Some Notes on an Enforcement Model and a Theory of Efficient Breach", 77 *Colum. L. Rev.* 554, 558-559 (1977). Cf. *Snepp v. United States*, 444 U.S. 507 (1980) (*per curiam*), em que um ex-agente da CIA havia quebrado um acordo empregatício de fornecer à agência antes da publicação um exemplar de qualquer escrito sobre as atividades da agência. Ao identificar uma relação fiduciária entre as partes, o tribunal afirmou a imposição de uma custódia construtiva sobre os lucros de um livro publicado em violação ao acordo.

[8] 115 U.S. 188 (1885)

[9] 115 U.S. 213 (1885)

[10] Ver Jacob & Young v. Kent, 230 N.Y. 239, 129 N.E. 669 (1921); Haymore v. Levinson, 8 Utah 2d 66, 328 P.2d 307 (1958).

[11] Ver Inman v. Clyde Hall Drilling Co., 369 P 2d 498 (Alaska 1962).

[12] Ver Unnerzagt v. Prestera, 339 Pa. 141, 13 A. 2d 46 (1940). Mas ver Southern Surety Co. v. Macmillan Co. 58 F. 2d 541 (10º Cir 1932).

[13] Ver, por exemplo, Cities Service Oil Co. v. National Shawmut Bank of Boston, 341 Mass. 108, 172 N.E. 2d 104 (1961) (exercício da opção considerado inválido quando postado no último dia porém recebido após a expiração); The Austin Friars, 71 L.T.R. (n.s.) 27 (Adm. 1894).

[14] 193 N.Y. 349, 86 N.E. 1 (1908).

[15] Cf. Hand, J., em Mitsubishi Goshi Kaisha v. J. Aron & Co., 16 F. 2d 185, 186 (2d Cir. 1926): "Não há lugar nos contratos comerciais para a doutrina do desempenho substancial."

[16] Ver o debate no Capítulo 6 em p. 110-114

[17] Para um exame complete do Direito das penalidades (*penalties*) e perdas de direitos (*forfeitures*) ver Goetz e Scott, supra nota 7.

[18] Este exemplo se baseia em Jacobs & Young v. Kent, supra nota 10.

[19] Ver, por exemplo, UCC § 2-607(2), que dispõe que a aceitação de uma proposta disforme não autoriza outro remédio senão, com base no UCC § 2-607(3), que o comprador deva notificar o vendedor a respeito do descumprimento dentro de um prazo razoável a fim de preservar seu direito a receber indenização dos danos. Ver também "Waiver Distributed" em Lon Fuller e Melvin Eisenberg, *Basic Contract Law* 240 (3ª ed. St. Paul,1972).

[20] Ver Oliver v. Campbell, 43 Cal. 2d 298, 273 P. 2d 15 (1954). Ver também Dawsonm, supra nota 3; George Palmer, "The Contract Price as a Limit on restitution for Defendant's Breach"., 20 *Ohio St. L. J.* 264, 266 (1959).

[21] Ver, por exemplo, Nevins v. Ward, 320 Mass. 70, 67 N.E. 2d 673 (1946).

[22] Ver Britton v. Turner, 6 N.H. 281, 26 Am. Dec. 713 (1834) (empregado em infração com direito a valor razoável por serviços prestados). Ver também Freedman v. The Rector, 37 Cal. 2d 16, 230 P. 2d 629 (1951); Palmer, supra nota 20; *Restatement* (1º) § 357; *Restatement* (2d) § 374.

[23] Ver, por exemplo, Plotnick v. Pennsylvania Smelting and Refining Co., 194 F. 2d 859 (3d Cir. 1952).

[24] Ver, por exemplo, Koppelon v. Ritter Flooring Corporation, 97 N.J.L. 200, 116 A 491 (1922). Ver também Caporale v. Rubine, 92 N.J.L. 463, 105 A. 226 (1918); Hathaway v. Sabin, 63 Vt. 527, 22 A. 633 (1891).

Em casos nos quais uma parte tem motivos razoáveis de insegurança em relação ao desempenho da outra parte, UCC § 2-609 dá à parte insegura o direito de suspender seu próprio desempenho e solicitar garantia adequada de que a outra parte se desempenhará devidamente. Se essas garantias não foram dadas em prazo razoável, a parte prejudicada pode considerar o contrato rompido por repúdio. Ver, por exemplo, Corn Products Refining Co. v. Fasola, 94 N.J.L. 181, 109 A. 505 (1920).

[25] Este caso se baseia em Hochster v. de la Tour, 118 Eng. Rep. 922 (Q.B. 1853).

[26] Ver "Nota, uma Sugestão de Revisão da Doutrina Contratual do Repúdio Antecipatório", 64 *Yale L. J.* 85 (1954). Ver também Calamari e Perillo, supra nota 3, no cap. 12, especialmente a lista dos principais artigos citados em 456 nº 6.

[27] Ver *Restatement* (2d) §§ 250, 255.

[28] As doutrinas de mitigação (*mitigation*) e inadimplemento antecipado *(anticipatory breach)* se cruzam curiosamente quando o repúdio antecipatório se refere a um contrato de fornecimento no futuro de mercadorias para as quais existem mercados futuros e *spot* em pleno funcionamento. Nesse caso tem-se geralmente considerado que a parte prejudicada não está obrigada a mitigar danos fazendo um segundo contrato para entrega adiantada, e certamente não necessita comprar no mercado *spot*. Ver Reliance Cooperage Corp. v. Treat, 195 F. 2d 977 (8th Cir. 1952). Contra, Oloffson v. Coomer, 11 Ill. App. 3d 918, 296 N.E. 2d 871 (1973). Ver também 5 Corbin § 1053; Nota, supra nota 26, em 103-105; Anthony Kronman e Richard Posner, *The Economics of Contract Law* 160-161 (Boston, 1979).

[29] Ver Immanuel Kant, *Groundwork of the Metaphysics of Morals* 41 (trad. ed. Paton, Harpwer Torchbooks org., Nova York, 1864); Mary Gregor, *Laws of Freedom* xii-xiii (Oxford, 1963).

Índice Remissivo

D

E

K

L

M

N

T

U

V

W

Y

Z

Outras maneiras fáceis de receber informações sobre nossos lançamentos e ficar atualizado.

- ligue grátis: **0800-265340** (2ª a 6ª feira, das 8:00 h às 18:30 h)
- preencha o cupom e envie pelos correios (o selo será pago pela editora)
- ou mande um e-mail para: **info@elsevier.com.br**

ELSEVIER

EDITORA CAMPUS · NEGÓCIO EDITORA · Alegro

Nome: ______________________________

Escolaridade: ____________ ☐ Masc ☐ Fem Nasc: __/__/__

Endereço residencial: ______________________________

Bairro: __________ Cidade: __________ Estado: __________

CEP: __________ Tel.: __________ Fax: __________

Empresa: ______________________________

CPF/CNPJ: __________ e-mail: __________

Costuma comprar livros através de: ☐ Livrarias ☐ Feiras e eventos ☐ Mala direta ☐ Internet

Sua área de interesse é:

☐ **UNIVERSITÁRIOS**
- ☐ Administração
- ☐ Computação
- ☐ Economia
- ☐ Comunicação
- ☐ Engenharia
- ☐ Estatística
- ☐ Física
- ☐ Turismo
- ☐ Psicologia

☐ **EDUCAÇÃO/ REFERÊNCIA**
- ☐ Idiomas
- ☐ Dicionários
- ☐ Gramáticas
- ☐ Soc. e Política
- ☐ Div. Científica

☐ **PROFISSIONAL**
- ☐ Tecnologia
- ☐ Negócios

☐ **DESENVOLVIMENTO PESSOAL**
- ☐ Educação Familiar
- ☐ Finanças Pessoais
- ☐ Qualidade de Vida
- ☐ Comportamento
- ☐ Motivação

ELSEVIER

EDITORA CAMPUS · NEGÓCIO EDITORA · Alegro

Cartão Resposta
050120048-7/2003-DR/RJ
Elsevier Editora Ltda
CORREIOS

CARTÃO RESPOSTA
Não é necessário selar

O SELO SERÁ PAGO POR
Elsevier Editora Ltda

20299-999 - Rio de Janeiro - RJ

Sistema CTcP,
impressão e acabamento
executados no parque gráfico da

Para Sunil

Nota do editor

Esta história foi gravada em híndi, numa série de fitas, por um garoto de 19 anos na cidade indiana de Khaufpur. Fiel ao acordo entre o garoto e o jornalista que o ajudou, a história é contada inteiramente nas palavras do rapaz, como foram gravadas nas fitas. Além da tradução para o inglês, nada foi modificado. Expressões difíceis que se descobriu serem em francês foram transcritas em ortografia correta para melhor compreensão. Trechos em que uma gravação foi interrompida e depois recomeçada na mesma fita são indicados por espaços entre parágrafos. As gravações têm vários tamanhos e as fitas são apresentadas na ordem em que foram numeradas. Algumas fitas contêm longos trechos em que não há fala, apenas sons como campainhas de bicicletas, pássaros, fragmentos de músicas e, num caso, vários minutos de riso contínuo e inexplicável.

Um glossário foi elaborado.[1]

Informações a respeito da cidade de Khaufpur podem ser encontradas em www.khaufpur.com.

[1] Assim como na publicação original em inglês, o glossário khaupfuri encontra-se disponível para consulta nas páginas finais desta edição. Mas se optou também por notas de rodapé com o significado das palavras em português quando aparecem pela primeira vez no texto.

Quanto às expressões e palavras em francês, embora na edição original elas não tenham sido traduzidas, optamos por indicar entre colchetes, quando necessário, seu significado em português. (N. da T.)

Fita um

Eu já fui humano. Assim me disseram. Eu mesmo não me lembro, mas as pessoas que me conheceram quando eu era pequeno dizem que eu andava com dois pés, exatamente como um ser humano.

— Tão doce você era, um anjinho travesso. Você ficava na ponta dos pés, Animal, meu filho, e vasculhava o armário em busca de comida.

Isso é o tipo de coisa que as pessoas dizem. Só que na maioria das vezes não havia comida, e também na verdade não são as pessoas, é só Ma Franci[1] quem diz isso, ela nem mesmo diz isso desse jeito, o que ela diz é tu étais si charmant comme un petit ange méchant [você era tão encantador quanto um anjinho levado], que é como eles falam na terra dela, e também eu não sou de verdade filho dela nem nenhum tipo de anjo, mas é verdade que Ma me conhece desde que nasci, o que dá quase vinte anos. A maioria das pessoas por aqui não sabe sua idade. Eu sei, porque eu nasci uns dias antes daquela noite, que ninguém em Khaufpur quer lembrar, mas que ninguém consegue esquecer.

— Que menininho bonito você era, quando tinha 3, 4 anos. Olhos enormes você tinha, pretos como o lago Alto à meia-noite e também uma enorme cabeça cacheada. Como você sorria. Tu étais un vrai bourreau des cœurs [Você era um verdadeiro destruidor de corações], seu sorriso derreteria o coração de uma mãe — assim ela diria.

Eu andava ereto, é o que diz Ma Franci. E por que ela iria mentir? Não é que a notícia seja um conforto pra mim. É gentil lembrar um homem cego de que ele

[1] Franci e francis são corruptelas para "francês". A expressão Ma Franci deve ser compreendida como Mamãe francesa. (N. da T.)

já foi capaz de ver? Os padres que sussurram mágica nos ouvidos dos cadáveres não estão dizendo: "Anime-se, você já esteve vivo." Ninguém se inclina e afaga a bosta caída na poeira: "Você ainda parece o kebab que já foi..."

Quantas vezes eu falei pra Ma Franci "não quero mais ser humano", isso nunca entrou naquela cabeça fodida dela, ou talvez ela só não acreditasse em mim, o que dá pra entender se você souber que isso acontecia quando eu me via — espelhos eu evito, mas tem essa coisa de se projetar a sombra —, eu sentia um nojo enorme. Nos meus tempos de doido, quando as vozes gritavam dentro da minha cabeça, eu ficava cheio de raiva de todas as coisas que andavam ou que até só ficavam paradas sobre duas pernas. A lista das minhas invejas não tinha fim, Ma Franci, as outras freiras no orfanato, Chukku, o vigia da noite, mulheres carregando potes nas cabeças, garçons equilibrando quatro bandejas em cada braço. Eu detestava ver meus amigos pulando amarelinha. Odiava a visão de ursos artistas dançarinos, trazidos por aqueles putos de Agra, gente de pernas de pau, o perneta-muleta do Abdul Saliq, o mendigo da Porta Pir. Eu invejava as garças, as traves do gol, escadas apoiadas em paredes. Eu ficava vigiando a bicicleta do Farouq e pensando se ela também merecia um lugar na minha lista de ódios.

Como é que dá pra você entender isso?

O mundo dos humanos é feito pra ser visto da altura do olho. Dos seus olhos. Eu, com a cabeça levantada, fico olhando pra braguilha de alguém. Um outro mundo é o que é, esse da cintura pra baixo. Acredite, eu sei quando alguém não lavou o saco, eu sinto o cheiro de cuecas mijadas e bundas cagadas cujo fedor fraquinho não chega até o seu nariz, peidos cheiram mal demais. Nos meus tempos de doido eu gritava pras pessoas na rua: — Ouçam, por mais fodidos e miseráveis que vocês sejam, e ninguém é tão feliz quanto tem o direito de ser, pelo menos vocês ficam em pé sobre os dois pés!

Não se preocupe. Tudo vai ser explicado na hora certa. Eu não sou esperto como você. Não sei fazer floreios elegantes com as palavras. Peixes azuis não sairão de repente voando da minha boca. Se você quer a minha história, vai ter que aturar meu jeito de contar.

Fita dois

A primeira coisa que quero dizer é para o Jarnalis[1] Kakadu,[2] que veio da Ostrali.[3] Salaam[4] Jarnalis, sou eu, Animal, estou falando pra fita. Não aquela que você deu. Aquela não funciona mais, caiu chuva nela, uns caroços pretos devem ser cocô de escorpião. Tive que escondê-la depois que você foi embora, botei num buraco na parede. Por muito tempo ela ficou lá, nunca usei como prometi, agora está fodida. Aposto que você está pensando que foi desperdício de material.

Você queria a minha história, disse que ia botar num livro. Eu não queria falar nisso. Eu disse e isso é lá grande coisa, ter minha história num livro? Eu disse, sou uma pessoa pequena que nem mesmo é humana, que diferença pode fazer a minha história? Você me disse que às vezes histórias de gente pequena desse mundo podem conseguir coisas grandes, esse é o jeito que vocês putos sempre falam.

Eu disse, muitos livros já foram escritos a respeito deste lugar, nenhum mudou nada pra melhor. Como o seu vai ser diferente? Você vai se queixar como todos os outros. Vai falar de *direitos, lei, justiça.* Essas palavras soam iguais na minha boca e na sua, mas não querem dizer a mesma coisa, Zafar diz que palavras assim são como as sombras que a lua faz na fábrica da Kompani, sempre mudando de forma. Naquela noite foi o veneno, agora são as palavras que nos sufocam.

1 Jarnalis: corruptela hindu para o inglês journalist (jornalista). (N. da T.)

2 Kakadu: corruptela de cacatua, Kakadu é o nome do mais importante Parque Natural da Austrália, aqui usado como sinônimo de australiano. (N. da T.)

3 Ostrali: corruptela de Austrália. (N. da T.)

4 Salaam: a saudação formal hindu, que significa "paz". (N. da T.)

Você lembra de mim, Jarnalis? Eu lembro de você, do dia em que você veio aqui com Chunaram. Como foi que você cometeu o erro de contratar aquele filho da mãe como seu chargé d'affaires [representante]? Com ele é qualquer coisa por dinheiro, ele não fez as pessoas pagarem pra ficar olhando ele arrancar fora o dedinho? Aposto que você não sabia que dar carona pros estrangeiros é o outro trabalho dele. Todo dia ele vai esperar o Shatabdi[5] e fica lá na plataforma um, bem no lugar exato em que para o vagão de ar condicionado da primeira classe. Você vai ter saltado do trem com cara de perdido. Bem, pra que mais serve Chunaram? "Por favor, quer um táxi? Precisa de um hotel? O melhor em Khaufpur. Visitar a cidade? Quer um guia? Precisa de tradução? Jarnalis?" Quando ele soube por que você tinha vindo, deve ter prometido mostrar tudo. As coisas realmente brabas, os piores casos. Gente como eu.

"Esse garoto", ele deve ter te dito, "ele perdeu tudo naquela noite".

Aquele olhar no seu rosto quando ele te trouxe aqui, quando você empurrou pro lado a cadeira de plástico, se encostou no buraco da parede. Com que ganância você olhou pra este lugar. Eu podia sentir a sua fome. Você teria devorado tudo. Eu observei você engolindo tudo, o chão de terra, paredes toscas de pedra, bolos de bosta seca empilhados perto do fogo, a fumaça serpenteando pelo ar como um sardarji[6] arrumando o cabelo.

Quando você me viu, seus olhos se acenderam. É claro, você tentou disfarçar. No mesmo instante, ficou todo solene. Seu namastê tinha aquele tom que eu aprendi a conhecer, um respeito silencioso como se você estivesse dizendo uma oração, como se você estivesse na presença do senhor da morte.

— Jarnalis — Chunaram me informou, rindo como se tivesse encontrado um saco de ouro. Eu já tinha adivinhado.

— Não fala híndi — diz Chunaram. — Animal, cinquenta rúpias pra você, só fica falando até a fita parar.

[5] Os expressos Shatabdi são trens de passageiros que trafegam em supervelocidade e fazem a conexão entre as principais cidades da Índia. (N. da T.)

[6] sardarji: também conhecido como sikh, é o seguidor de uma religião monoteísta fundada por Guru Nanak no século XV.

— É pra falar de quê?

— O de sempre, o que mais? — ele já vai saindo de costas.

Ah, o seu rosto, quando ele se mandou. Quanto alarme! Mas veja, Chunaram tem outras coisas a fazer, ele tem uma casa de chai[7] pra cuidar. Quando ele fez salaam pra você, você viu os nove dedos dele?

E aí, era pra fazer o quê? Você estava sentado ali me encarando de um jeito ghurr-ghurr,[8] como se seus olhos fossem botões e os meus fossem casas de botão.

Eu falei: — Não fica encarando, porra, ou eu não vou falar.

Eu falei em híndi, não se espera que eu admita que sei algum inglis,[9] Chunaram leva uma grana extra pra traduzir. Você mandou o gesto de polegar pra cima, continuou a encarar. Chamei você de babaca. Você concordou com a cabeça, sorriu pra mim. Khaamush,[10] mudo então eu fico. Depois de algum tempo, juntei um outro silêncio ao primeiro.

Dentro do seu crânio pensamentos se atropelavam como ratos. Eu podia ouvi-los como vozes na minha própria cabeça — por que esse garoto parou de falar, esquisito que nem uma cobra de asas ele é, encostado na parede com esse olhar no rosto, seria bonito se não fosse tão mal-humorado, que peito ele tem, grande como o de um lutador, como é que sai daqueles quadris tortos ao qual se prendem pernas iguais a novelos de cordas, ai meu deus, o tórax dele está inchando como se a qualquer momento ele fosse vomitar, talvez esteja doente, garoto qual é o seu problema, que pena, meu interrogatório silencioso fez suas convulsões piorarem, acho que ele pode estar a ponto de ter um ataque, o que eu vou fazer se ele morrer, minha nossa, todas as minhas ansiosas tentativas de me comunicar, com as mãos se torcendo em dúvidas e as sobrancelhas se levantando, parecem causar violentos tremores, os lábios do puto estão se contorcendo em algum tipo de agonia, deveriam chamar um médico, onde é que

[7] chai: chá

[8] ghurr-ghurr: olhar fixamente.

[9] inglis: inglês.

[10] khaamush: em silêncio.

alguém pode achar um médico neste lugar, onde diabos eu estou afinal, que merda estou fazendo aqui?

Na verdade, Jarnalis, eu estava tentando não mostrar que estava rindo de você. Depois disso, fazer o quê?, eu falei. Sua fita andou. Então você ficou feliz, era pra isso que você tinha vindo. Você era como todos os outros, veio pra arrancar de nós nossas histórias, pra que estrangeiros em países muito distantes possam se maravilhar por existir tanta dor no mundo. Iguais a abutres são vocês jarnaliss. Em algum lugar uma coisa ruim acontece, lágrimas como chuva ao vento e veja, lá vêm vocês, atraídos pelo cheiro de sangue. Vocês transformaram todos nós khaufpuris em contadores de histórias, mas sempre da mesma história. Ous raat, cette nuit, aquela noite, sempre aquela maldita noite.

Você ouviu com educação, fingindo entender, sorrindo aqui e ali pour m'encourager [para me encorajar], como diria Ma Franci. Você tinha uma certeza fodida de que eu estava falando daquela noite. Você estava querendo que os sons incoerentes que saíam da minha boca fossem as histórias horríveis que você veio ouvir. Bem, foda-se. Nem pensar que eu ia contar aquelas histórias. Eu as repeti tantas vezes que meus dentes ficaram lisos pela passagem sem fim das palavras.

Sem Chunaram pra te dizer o que eu estava falando, eu podia falar qualquer coisa. Eu podia cantar uma musiquinha suja:

Ser um anão torto posso aparentar
Mas a xota da tua mãe posso cafungar

Hahaha, minha nossa, sua cara, você estava pensando, a música que este garoto está cantando, com uma melodia tão horrível, o que será isso, parece um lamento, mas pourquoi il rit [por que ele ri]? Você rabiscou alguma coisa em seu livro. Deixe-me adivinhar. "Animal cantou um poema, provavelmente um lamento fúnebre típico, ainda agora ele estava enlouquecido de dor."

Jarnalis, você era muito idiota. A melhor coisa em você era a sua bermuda. Seis bolsos, eu contei. Dois do lado, dois na frente, dois na bunda. Com uma bermuda dessas uma pessoa não precisa de casa. De um bolso você tirou um maço de cigarros e de outro um isqueiro brilhante, ele deu um rangido quando você o abriu e uma chama brotou. Eu quis aquele isqueiro, mas mais do que ele eu desejei a sua bermuda.

Desse jeito o tempo passou, Chunaram voltou exalando desculpas e bebida forte, algum papo em inglis rolou entre vocês. Ele disse: "Vou ouvir a fita". A coisa guinchou como um rato tendo suas costas quebradas e eu ouvi minha própria voz fazendo por merecer cinquenta rúpias.

Bem, Chunaram ficou estarrecido. Ele começou a gritar, com grandes batidas na testa e dedos rodando nas têmporas.

— Seu cretino! Você não bate bem da cabeça. Você não disse nada do que se queria.

— Eu fiz o que se quis.

— Você tem que fazer de novo. Você tem que contar as histórias reais.

— Vai te foder! — digo eu com gestos de punheta. — E eu te pedi pra sair e ficar de porre?

— Seu garoto miserável — berra Chunaram. — Quem é que vai pagar por essa merda desbocada? Por que você simplesmente não despejou o de sempre?

Pensei nisso. — É o de sempre pra mim.

— A xota da mãe? De onde você tirou isso, seu bastardinho torto? Da próxima vez que eu te pedir pra gravar uma fita, fica de boca fechada.

Depois disso, Jarnalis, eu não esperava você de volta, mas você apareceu no dia seguinte com um Chunaram de dentes arreganhados qui me dit que [que me diz que] Jarnalis quer que você continue a contar a sua história.

— Não me pergunte por quê — diz ele. — Ontem, o que você falou, eu achei que era uma das suas histerias malucas, eu admito que estava errado, o troço funcionou, agora estou achando que é esse jarnalis que é biruta.

Ele dá de ombros e cospe no chão. Tão presunçoso ele fica que de vez em quando eu resolvo dar uma lição no sacana:

— Cansei de falar pra máquinas de fitas.

Então foi Chunaram me engambelando, me convencendo: — Pense no dinheiro. Jarnalis está escrevendo um livro sobre Khaufpur. Na noite passada ele mandou traduzir sua fita. Hoje ele chega dizendo que nunca encontrou tanta honestidade como naquela sua nojeira. Eu acho mesmo que ele é doido, mas vê só como eu passei manteiga no pau, eu disse a ele que você é um órfão daquela noite, que você cresceu numa situação francis maluca, que você vivia pelas ruas como um cachorro, que você é um caso raro. Jarnalis quer mesmo a sua história, isso pode ser um negócio dos grandes, vê se não fode tudo.

— Bem — digo eu, fingindo estar pensando. — Não.

— Escuta, você pode esticar a coisa. Fazer dez fitas. Por que dez? Vinte. Vou te dar kebabs de graça na minha loja enquanto a coisa durar.

Wah,[11] Jarnalis, muito dinheiro você deve ter oferecido a ele, seus kebabs são famosos em toda Khaufpur, bem, pelo menos no Quebra-Nozes, que é a nossa parte de Khaufpur, mas mais uma olhada pra cara gananciosa dele me convence.

— Vai te foder muito, eu não vou fazer isso.

Então Chunaram está gritando de novo, eu estou rindo, você nesse meio tempo está querendo saber o que está acontecendo. Chunaram faz um pouco de guftagoo[12] em inglis, depois vem de volta pra mim.

— Jarnalis diz que é grande chance pra você. Ele vai escrever no livro dele o que você disser. Milhares vão ler. Você pode ficar famoso. Olhe pra ele, veja os olhos dele. Ele diz que milhares de outras pessoas olham pelos olhos dele. Pense nisso.

Penso nessa ideia horrorosa. Seus olhos cheios de olhos. Milhares me encarando através dos buracos na sua cabeça. Sua curiosidade arde como ácido na minha pele.

— O que devo dizer a esses olhos? — pergunto a Chunaram. — O que posso dizer que eles vão entender? Esses milhares de olhos já dormiram pelo menos

[11] wah wah: uau, bravo, bravíssimo.
[12] guftagoo: conversa, falação.

uma noite num lugar como este? Esses olhos cagam em trilhos de trem? Quando foi a última vez que esses olhos não tiveram o que comer? Esses putos desses olhos, o que é que eles sabem das nossas vidas?

— Não fala desse jeito — diz Chunaram, dando um olhar cheio de medo pra você. — Pensa nos kebabs. E também — diz ele apontando meus trapos — você pode comprar uma boa camisa e calça, ir ao cinema toda noite, ficar no melhor lugar, tomar kulfi.[13]

Com Chunaram tudo é uma questão de dinheiro, estou a ponto de mandar ele enfiar no cul [cu] quando me vem uma ideia.

Chunaram morre de raiva. — Seu idiota — ele grita. — Esse acordo está na palma da minha mão. Por que estragar tudo com pedidos estúpidos?

— É a minha história. Se ele não concordar, eu não conto.

— Cria juízo — diz ele —, como é que eu posso pedir uma coisa dessas?

— Je m'en fous [Tô me lixando], seu veado de nove dedos.

Eu sei que Chunaram não vai desistir, ele vive pro dinheiro, mas quando ele fala com você cada palavra é uma pedra na boca. Pego os pensamentos dele, garoto badmaash,[14] puto demais, porra de garoto, falador de francis, se acha o fodão, o infeliz. Junto com isso vem tudo o que ele tá dizendo pra você. Eu conheço a maioria das palavras em inglis, aquelas que eu não conheço cospem seu sentido no meu ouvido. C'est normal. Desde que eu era pequeno eu podia ouvir os pensamentos das pessoas mesmo quando seus lábios estavam fechados e também eu entendia en passant o falatório de todos os tipos de coisas, animais, pássaros, árvores, pedras conforme a hora do dia. O que são essas vozes, não vale a pena me perguntar. Quando eu acabei falando delas com Ma Franci, ela ficou preocupada, soit un fléau soit une bénédiction, maldição ou bênção, foi o que ela disse. Bem, ela deveria saber, ela que tem o próprio cérebro cheio de anjos guerreiros e demônios. Ela me levou a um médico, foi como eu conheci o Khã-no-pote, de quem vou falar depois, mas as vozes, algumas são como

[13] kulfi: um tipo de sorvete indiano.

[14] badmaash: tratante.

fogos de artifício estourando o ar à minha volta, outras estão dentro de mim, se eu prestar atenção vou ouvi-las discutindo, ou falando bobagens. Uma vez eu estava olhando pra Nisha, essa voz falou, o cabelo brota da cabeça dela como história. Que porra isso quer dizer? Eu não sei. Algumas vozes são devagar como mel derretendo ao sol, Elli e eu vimos uma cigarra abrindo as asas no Quebra-Nozes, ela estava cantarolando "Eu sou tão linda". Eu falei alto "É, até um passarinho te ver". O olhar que recebi de Elli. Ela estava interessada nas minhas vozes, sendo uma médica com a missão de salvar, mesmo merdas como eu. Vou falar da Elli daqui a pouco, que nem do Khã-no-pote, mas agora estou contando a você como os pensamentos do Chunaram estavam dando dor de cabeça nele. O pobre veado estava vagando que nem alma perdida, ele não queria fazer meu pedido pra você, teve uma hora que ele ficou tão confuso que esqueceu de falar inglis, resmungou em híndi: "Não se ofenda com o que este idiota está pedindo." Aí eu soube que a ganância tinha falado mais alto.

— Senhor — murmurou Chunaram. — Senhor, eu sinto muito, esse garoto está dizendo que se ele falar pros olhos o livro tem que ter só a história dele e nada mais. E tem que ser só as palavras dele.

Só a história dele? Só as palavras dele?

— Senhor, ele é um garoto abominável, mas é uma boa história.

Jarnalis, sua cara se enruga, estranhas figuras dançam na sua testa. Você diz umas coisas a Chunaram, que implora: — Desiste desse pedido. É impossível. Esse jarnalis já tem um plano pro livro dele. Já está combinado. Jarnalis fala com um agente e tem mais um cara chamado editor.

Não faz sentido. Como podem estrangeiros do outro lado do mundo, que nunca puseram o pé em Khaufpur, decidir o que deve ser dito a respeito deste lugar?

— Acho que eu sei como funciona — diz Chunaram —, o jarnalis suborna agente, agente suborna cara. Negócio, né? Ele dá uma risada, o desgraçado pretensioso acha que venceu.

Bem, eu tô numa porra duma puta raiva, aqui e agora eu vou cortar a garganta desse plano: — Me dá o endereço desse cara editor, vou mandar uma carta! Vou dizer que esse jarnalis não deve ter permissão pra contar minha história. Vem aqui se pavoneando como qualquer filho da puta de estrela de cinema. Qual é? Está pensando que é o primeiro intruso que visita essa porra de cidade? Gente se curva pra tocar seus pés, senhor, por favor, senhor, ajuda, senhor, senhor, o meu filho, senhor, a minha mulher, senhor, a minha vida horrorosa. Ah! como o babaca adora isso! Sultão entre escravos é o que ele é, ouve com tão sublime piedade, finge que está se importando, mas a verdade é que vai embora e se esquece deles, de todos eles. Pra ele nós não somos mesmo gente. Não temos nomes. Passamos em rebanhos pelo canto do olho dele. Figurantes nós somos, no filme dele. Pois que se foda tudo isso. Diga ao veado do chefão que é no meu filme que ele está e que no meu filme só tem uma estrela e que sou eu.

— Eu não vou dizer isso tudo — diz Chunaram, mas nós dois sabemos que ele tem que dizer, é com o Animal que ele está lidando, não é com um de seus puxa-sacos, ninguém leva vantagem em cima de mim, eu faço o que eu quero.

Quantas vezes eu vi Chunaram fazer acordos? Depois de toda a conversa há sempre um silêncio quando o dinheiro muda de mãos, as notas são contadas, dobradas, postas de lado. O que é esse silêncio? Vou te dizer, Jarnalis. Do seu lado é vergonha porque você sabe que está pagando uma merda por uma coisa sem preço. Chunaram não tem vergonha, seu silêncio é prazer, ele conseguiu uma fortuna por uma coisa que ele considera sem valor.

Daí então houve silêncio.

— Mais uma coisa. Ele tem que me dar a bermuda dele.

Passam dois dias, vem Chunaram com um embrulho. Dentro está a máquina de gravar e muitas fitas, dobrada em cima de tudo está a bermuda. Primeira coisa que faço é vesti-la, é grande demais, mas amarrando corda faço ela apertar. Há um caroço num dos bolsos. Meto a mão, vem pra fora o isqueiro brilhante. Tem uma figura de canhão nele, depois alguma coisa escrita. Segurando na luz vejo letras em inglis: Phuoc Tuy.[15] Daí deduzo que esse é o seu nome, é Phuoc Tuy. Do outro lado, em híndi, está o meu nome, animal, então daí eu sei

[15] Província de Phuoc Tuy, onde serviram as forças australianas durante a Guerra do Vietnã. (N. da T.)

que você me deu seu isqueiro também. Chunaram lê a carta que você manda: "Animal, você acha que os livros deveriam mudar as coisas. Eu também. Quando você falar, esqueça de mim, esqueça tudo, fale direto para as pessoas que irão ler as suas palavras. Se você disser a verdade com o coração, elas vão ouvir." Tem um monte de outras coisas assim, depois um pedaço bom: "A bermuda vem de Kakadu, onde há crocodilos."

Como você foi idiota, Jarnalis. Deu sua bermuda mas saiu de Khaufpur sem nada. Nem uma fita só eu fiz. Nem uma. Chunaram "disse se você não vai usar a máquina, eu vou vender", então eu escondi na parede onde vivem os escorpiões, desde esse dia até hoje grande tempo passou, você deve estar pensando, por que esse putain está contando a história dele agora? O que mudou? O que aconteceu?

O que mudou? Tudo. Quanto ao que aconteceu, bem, há muitas versões circulando, cada jornal tem uma história diferente, nenhum sabe a verdade. Mas eu não estou falando pra esta fita por cinquenta rúpias ou pelos kebabs de merda do Chunaram. Tenho uma escolha a fazer, vamos dizer que é entre o céu e o inferno, meu problema é saber qual é qual. Este mundo está de um jeito que se uma criatura encontra paz é só um descanso antes de uma angústia maior, eu não sei que nome você daria pras coisas que eu fiz.

Jarnalis, eu sou um desgraçado durão, eu escondo meus sentimentos. Pergunte às pessoas, elas vão dizer que eu sou o mesmo de sempre, qualquer um em Khaufpur vai me apontar com o dedo. "Ali está ele! Veja! É o Animal. Anda de quatro, aquele ali. Veja, é ele, dobrado em dois por sua própria amargura." As pessoas veem o lado de fora, mas é do lado de dentro que as coisas reais acontecem, ninguém olha lá, talvez não tenham coragem. Eu acho mesmo que é por isso que as pessoas têm rostos, pra esconder suas almas. Tem que ser, ou cada rua em Khaufpur seria uma passagem pelo inferno, como Ma Franci diz que é mesmo, só que ela vê anjos sofrendo, eu vejo humanos em pânico. Uma noite, Farouq e eu, nós tínhamos bebido um monte de bhang,[16] mais ou menos

[16] bhang: bebida intoxicante preparada com folhas de maconha.

o bastante pra poder chamar deus de meu amigo, estávamos paquerando as mulheres no Naya Bazaar, quando eu olhei pros que passavam os rostos deles evaporaram, simplesmente desapareceram, eu podia ver suas almas. A maioria era feia, algumas brilhavam como pássaros verdes, mas todas sem exceção estavam cheias de medo. Eu disse isso ao Farouq, e falei: — Olha pra minha alma, me diga como ela é.

— Sua alma? — ele começou a rir e não conseguia parar. — Sua alma, meu querido, é um túmulo, nem deus consegue ver dentro.

Isso aconteceu na noite de Holi,[17] quando ele estava tentando me arranjar uma transa.

Jarnalis, tem um monte de coisa pra contar, isso quer vir pra fora. Como se gostassem disso, as linguagens não faladas do mundo estão correndo pra dentro da minha cabeça. Significados incomuns estão se dando a conhecer pra mim. Segredos estão se gritando dentro do meu ouvido, parece que não há nada que eu não saiba. Ssspsss, haaarrr, khekhekhe, mmms, são assim as vozes, muitas vezes eu balbucio as coisas que elas me dizem. "Tu dis toujours des absurdités" [Você sempre diz absurdos], diz Ma, sorrindo, o resto só dá de ombros, "Garoto de merda, doido de pedra. Vê coisas, ouve vozes que não existem". Bem, eu as vejo de verdade, eu as ouço de verdade. Negar o que você vê e acreditar em coisas que não vê, isso você pode chamar de doido. Alguns acreditam em um deus que eles nunca viram, que nunca diz olá. Nos sonhos uns dos outros somos todos uns doidos de merda. É melhor eu dizer essas coisas pra fita.

Arre! Esta história ficou trancada em mim, ela está lutando pra se libertar, posso senti-la vindo, palavras querem voar pra fora por entre meus dentes como um bando de pássaros fugindo por ali. Você sabe aquele repentino bater de asas quando eles levantam voo às pressas, é aquele som, ouve, clap, clap, clap.

O bom amigo de pandit[18] Somraj, o poeta khaufpuri Qaif, quando ficou velho, a poesia secou dentro dele, uma chaga surgiu em sua perna, uma boca

[17] Holi: festa das cores da primavera.

[18] pandit: mestre.

aberta que não ia embora, um dia ela começou a recitar versos tão doces, seus poemas estavam tentando abrir caminho pra fora dele.

Do mesmo jeito é isto aqui, uma história cantada por uma chaga.

Meu amigo Faqri me deu esta máquina, pilhas eu roubei da loja de Ram Nekchalan, ele não pode me dizer nada. Agora a fita está andando. Eu estou me lembrando dos olhos que se escondem dentro dos seus olhos, você disse que eu devia ignorar você e falar direto praqueles que vão ler estas palavras, se eu falar com o coração eles vão ouvir. Então deste momento em diante eu não estou mais falando para o meu amigo, o Jarnalis Kakadu, de nome Phuoc, eu estou falando para os olhos que estão lendo estas palavras.

Agora estou falando com você.

Estou contando isto para a escuridão que está cheia de olhos. Pra qualquer lugar que eu olhe, aparecem olhos. Estão girando no ar, essas merdas de olhos, virando pra cá e pra lá eles estão, procurando coisas pra ver. Não quero que eles me vejam, estou deitado no chão, que é de poeira seca, a máquina de gravar está perto da minha cabeça.

No instante em que comecei a falar os olhos chegaram. Tentei me esconder. Por algum tempo, fiquei calado. Os olhos continuaram, eles tentavam imaginar pra onde tinham ido as palavras. Observavam quietos, piscando de vez em quando, esperando que alguma coisa acontecesse.

Veja, é assim, quando as palavras pulam pra fora da minha boca elas sobem no escuro, os olhos num instante estão em cima delas, as palavras começam meio feito vapor, como sopro num dia frio, quando sobem elas mudam de cor e forma, tornam-se imagens de coisas e de pessoas. O que eu digo se torna uma imagem e os olhos pousam nelas como moscas.

Neste exato momento estou olhando pros meus pés, que estão perto da lareira, tortos do jeito que são, um pouco virados pra um lado. Do lado de dentro do pé esquerdo, de fora do direito, onde raspa no chão, a pele é grossa e quebrada. Em outros tempos eu sentia tanta fome que tirava pedaços de pele seca e mastigava. Quer ver? Está bem, olhe, estou pegando no meu calcanhar, procurando pontas de calos, estou passando a unha do polegar debaixo delas. Pronto, veja esse pedaço de pele, duro como pedra, ele sai fácil, hummm, quebradiço que nem uma noz. Hoje em dia não há escassez de comida, eu como meus pés por prazer.

A lareira perto da qual meus pés descansam é de barro moldado um pouco como... como o quê?, nunca pensei nisso antes, mas é como um yoni, que é uma boceta, não sei outro jeito de dizer isso, há uma abertura que você alimenta com feno, lenha miúda, etc, depois bota pedacinhos de bosta e gravetos pra fazer fogo, como o que está queimando agora. Lá fora o sol ainda tem que dar as caras. Posso ouvir as pessoas passando, indo fazer seu cocô matinal na linha do trem. Elas vão estar bem embrulhadas nesta manhã, com cobertor ou xale grosso. Os fodidos que vivem nas ruas precisam se cobrir com o que encontrarem. Nas noites de inverno daqui você pode congelar. Aquela noite, dizem que foi uma noite muito fria. Zafar costumava dizer que enquanto as pessoas soltavam nuvens de vapor pela boca naquela noite, mal sabiam que tipo de vapor logo estariam botando pra dentro.

Os olhos estão olhando pessoas respirando vapor. Olhos estúpidos, eles não sabem o que o vapor faz com as pessoas, não sabem o que acontece depois. Eles só sabem o que eu conto.

Nessa multidão de olhos, estou tentando reconhecer os seus. Eu fiquei esperando que você aparecesse, achar você entre todos os outros, foi assim que o Jarnalis Kakadu na carta dele disse que seria. Ele disse: — Animal, você precisa imaginar que está falando para uma única pessoa. Aos poucos, essa pessoa vai começar a parecer real para você. Imagine que eles são um amigo. Você precisa confiar neles e abrir seu coração para eles, essa pessoa não vai julgá-lo mal, diga você o que disser.

Você está lendo minhas palavras, você é essa pessoa. Não tenho um nome para você, então vou te chamar de Olhos. Meu trabalho é falar, o seu é ouvir. Então agora ouça.

Minha história tem que começar com aquela noite. Não me lembro de nada do que aconteceu, embora eu estivesse lá, mas de qualquer jeito é com ela que minha história tem que começar. Quando uma coisa grande como aquela noite acontece, o tempo se divide em antes e depois, o tempo antes se quebra em sonhos, os sonhos se dissolvem em escuridão. Assim é aqui. O mundo todo conhece o nome de Khaufpur, mas ninguém sabe como as coisas eram antes daquela noite. Quanto a mim, não me lembro de tempo nenhum antes que minhas costas ficassem ruins. Ma Franci falava, orgulhosa como se fosse minha mãe verdadeira, sobre como eu gostava de nadar nos lagos atrás da fábrica da Kompani: "Você mergulhava retinho, seus braços e pernas esticados numa linha só." Sempre que ela dizia isso eu ficava triste e zangado também. Eu ainda sonho em mergulhar reto como uma vareta em águas profundas deixando pra trás minha sombra deformada.

Naquela noite fui encontrado deitado na soleira de uma porta, com poucos dias de vida, embrulhado num xale. De quem eu era? Ninguém sabia. Mãe, pai, vizinhos, todos devem ter morrido porque nenhuma alma viva apareceu pra me reclamar, eu que tossia, espumava, etc e também era quase cego, nos pontos em que meus olhos tinham se contorcido pra enfrentar a névoa abrasadora havia cortes esbranquiçados no globo ocular. Fui levado pro hospital. Eu era hindu ou muçulmano? Que importância tinha? Não se esperava que eu vivesse. Quando vivi, eles me circuncidaram, se eu fosse muçulmano seria importante, se eu fosse hindu que diferença fazia? Depois disso fui dado pras freiras. Cresci no orfanato. Não sei que religião deveria ter. As duas, talvez? Nenhuma? Ou deveria ouvir Ma Franci, ame Isa[19] miyañ,[20] ele disse "perdoa teus inimigos, oferece a outra face". Eu não perdoo porra nenhuma. Eu não sou muçulmano, eu não sou hindu, eu não sou isayi,[21] eu sou um animal, eu estaria mentindo se dissesse que religião quer dizer alguma merda pra mim. Onde estava o veado do deus quando nós precisamos dele?

Eu tinha 6 anos quando as dores começaram e também a queimação no meu pescoço e nos ombros. Mais nada lembro daquela época, minha primeira

[19] Isa: Jesus.
[20] miyañ: termo de polidez que significa cavalheiro, pessoa refinada.
[21] isayi: cristão.

lembrança é aquele fogo. Eu estava tão mal que não conseguia levantar a cabeça, simplesmente não conseguia levantá-la. A dor agarrou o meu pescoço e forçou-o para baixo. Eu era obrigado a olhar pros meus pés enquanto um diabo montava nas minhas costas e me arranhava com ferros vermelhos e quentes. A queimação nos músculos virou uma febre, quando a febre piorou fui levado pro hospital e me deram uma injeção. Não adiantou. Depois disso, minhas costas começaram a se retorcer. Nada podia ser feito. Era a agonia, eu não conseguia me esticar, eu era empurrado pra frente pela dor. Antes disso eu podia correr e pular como qualquer outra criança, agora eu não conseguia nem ficar em pé ereto. Mais, cada vez mais pra frente eu era dobrado. Quando minha espinha parou de derreter, os ossos estavam torcidos como um grampo de cabelo, a parte mais alta de mim era o rabo. No meio das estrelas da dor eu consegui perceber uma velha se ajoelhando na minha cabana, esfregando minha cabeça e murmurando estranhas palavras no meu ouvido. Sua pele era enrugada como um damasco seco, tão pálida que você conseguia enxergar através dela, ela parecia a própria mãe do tempo. Era Ma Franci. Ela já me conhecia bem, mas essa é a primeira lembrança que tenho dela. Ma acariciava meu rosto e me confortava com palavras que eu não entendia. Lágrimas escorriam pelo rosto dela. Pelo meu também. Esse sonho febril foi aos poucos se apagando e se tornou minha nova vida.

Aprendi a andar sobre as mãos, minhas pernas foram enfraquecendo. Minhas mãos e braços são fortes, meu peito é forte. A metade superior do meu corpo é como a de um fisiculturista. Eu ando, e corro também, atirando meu peso sobre as mãos, puxando os pés pra frente numa espécie de pulo. Levou muito tempo pra dominar esse novo jeito de me mexer. Talvez meses, talvez um ano. Quando consegui correr eu fugi correndo porque a gozação tinha começado.

Os garotos do orfanato começaram a me chamar de Animal um dia durante uma partida de kabbadi.[22] Você vai achar que um jogo tão violento deveria ser difícil pra mim, mas com meus ombros e braços fortes eu era bom em agarrar e

[22] kabbadi: jogo violento, em que os oponentes devem ser atirados ao chão.

derrubar no chão os jogadores do outro time. Um dia eu peguei aquele garoto e ele me deu uma joelhada no rosto. Doeu. Fiquei tão zangado que o mordi. Tranquei os dentes na perna dele e mordi até sentir gosto de sangue. Como ele berrava! Ele uivava de dor, implorava, eu não parava. Mordi mais forte. Os outros garotos começaram a gritar: "Jaanvar, jungli Jaanvar." Animal, animal selvagem.

Outra vez, eu devia ter uns 8 ou 9, tínhamos ido nadar. Ainda agora falei em lagos, na verdade eram buracos de barro atrás da fábrica da Kompani, onde as escavadeiras despejavam todo tipo de resíduos coloridos. Esses buracos são enormes, a água dentro deles fede, mas quando chegam as chuvas eles enchem e se tornam verdadeiros lagos, com juncos, etc. Como a água da chuva é limpa, as pessoas vão lavar suas vacas e búfalos, nós garotos pulávamos dentro, fazíamos bagunça na água. Eu não podia mais mergulhar ou nadar, eu conseguia entrar até o pescoço, mas meu rabo ficava fora d'água.

Um dia, estávamos deitados na grama ao sol quente, secando. Uma garota com mais ou menos a minha idade, ela me empurrou e deixou as marcas dos seus dedos enlameados no meu corpo. A lama secou esbranquiçada na minha pele. Que nem um leopardo!, ela falou. Daí então todos eles enfiaram os dedos no barro e me cobriram com marcas de leopardo. "Animal, animal selvagem!" O nome, como a lama, ficou grudado. As freiras tentaram parar com aquilo, mas algumas coisas têm uma lógica que não pode ser negada. Como é que você caga, quando seu rabo fica pro ar e suas pernas são fracas demais pra se acocorar? Nada fácil. O que é que você parece quando o cocô desaba dos seus quadris? Como um burro deixando cair bosta, quando eu ando, é assim:

ponta dos pés
cabeça ao revés
rabo pro ar
vou eu passear

Nos meus anos de rua eu odiava ver cachorros fodendo, meus colegas gritavam: — Ei, Animal, é assim que você faz?

Eles fechavam o punho, enfiavam dois dedos pra dentro e puxavam pra fora fazendo barulhos altos de chupão, daí deixavam os dedos presos e gritavam: — Ei, Quatropatas, vocês ficam colados desse jeito, você e a sua namorada? Você e Jara?

Eu nunca fui capaz de lidar com gozação. Eu perco a paciência e fataak![23] Eu sei lutar. Bem cedo na vida aprendi a cuidar de mim, a me botar em primeiro lugar, antes de todos os outros e de todas as outras coisas. Quem mais iria me defender? É uma péssima ideia atacar um oponente que pode acabar com você, eu levava uns tapas, mas, se sabem que você vai revidar, na maioria das vezes as pessoas te deixam em paz. E eu mordia. Talvez elas tivessem medo de pegar raiva.

Jara é minha amiga. Nem sempre foi. Éramos inimigos. Nos dias de viver na rua éramos rivais na comida. Costumávamos explorar o mesmo território, os becos atrás dos restaurantes na cidade velha. Chegávamos lá no fim da tarde, quando os garçons estavam cansados e atiravam as sobras do dia na direção dos latões, mais do que dentro deles. Por aquelas iguarias nós lutávamos, um pouco de naan,[24] casca de banana jogada fora com um pedaço da fruta pelo qual ninguém tinha se interessado, ficando pegajoso e marrom. Eu podia chegar e encontrar Jara agachada em cima de algum prêmio, um osso no qual ficaram grudadas umas poucas tiras de carneiro, um respingo de daal.[25] Ou eu podia já estar lá, saboreando alguma delícia, e olhar pra cima pra ver seus olhos presos nos meus, babando pelos cantos da boca. Eu tinha medo dela. De seus dentes afiados, seus olhos castanho-alaranjados nos quais não havia amabilidade. Ela ficava deitada me observando até que a fome a levasse embora, agachada, um rosnado baixo, rrrrr, começando a sair da garganta. Cheguei a conhecer bastante bem aquela boca rosnante. Um dente longo e curvo no maxilar inferior tinha perdido a ponta. Quando ela chegava perto o suficiente pra que eu visse aquele dente, eu recuava.

[23] fataak!: onomatopaico para batida ou soco, como bang! ou paft!

[24] naan: pão achatado, preparado sem fermento.

[25] daal: lentilhas.

Um dia, encontrei um peixe com moscas agarradas a ele como grãos de pimenta, a cabeça do bicho com a espinha protuberante, um razoável naco de carne, marrom por causa do masala, deitado numa cama de arroz, restos do jantar de alguém. Eu ia começar a me banquetear com aquilo quando ouvi o rosnado dela. O peixe era bom demais pra eu desistir. Fiquei firme enquanto ela se aproximava, os lábios arreganhados sobre aqueles dentes amarelos e malignos. Ela começou com toda aquela coisa de rrrrr. Não sei por quê, mas alguma rebelião brotou dentro de mim. Nas quatro patas investi pra cima dela estalando os dentes, rosnando mais alto do que ela, o aviso de um animal desesperado que não pararia por nada. Ela se virou e recuou alguns passos, depois se agachou de novo, me dando um olhar cheio de censura.

Ela era tão magra quanto eu, a pele colada nas costelas. De uma ferida rosada em seu nariz vazava alguma porcaria clara. Com meu próprio corpo inchado de vitória, eu de repente senti pena dela. Alimentei-me e aí me mexi, fiz um gesto pra ela chegar perto. "Come!" Ela lambeu os lábios, sacudiu o rabo com tanta força que suas costas inteiras tremeram. Cara, que cachorra! Uma cachorra amarela, sem residência fixa e sem pais conhecidos, exatamente como eu. Depois disso dividimos sempre. Eu a chamei de Banjara, cigana, espírito livre, porque ela não pertence a lugar algum e todos os lugares são seu reino.

Jara e eu estávamos um dia cuidando das nossas vidas do lado de fora de um café aonde eu não tinha ido ainda, não é um dos meus buracos sujos de sempre. É um café legal com um jardim e uma grande tabuleta dizendo "Coca-Cola". Eu não sei ler a tabuleta mas sei o que está escrito. Aquelas garotas estão sentadas numa mesa debaixo de uma árvore, bebendo lassi.[26] Três garotas, alunas de faculdade, pela cara. Muitas vezes elas são bem generosas, então comecei minha ladainha sobre como estamos morrendo de fome, etc. A um sinal meu, Jara, cadela esperta, rola nas costas e banca a morta.

Uma das três se levanta. Vem pra fora, fica de pé olhando pro cão e pra mim. Algumas garotas se enfeitam como estrelas de cinema, com kajal em vol-

[26] lassi: bebida à base de iogurte.

ta dos olhos, cabelos compridos brilhantes e tudo mais, essa aí não é assim. Seu cabelo parece que não vê óleo há um mês, kameez[27] e cachecol não combinam, o nariz é meio grande demais. Ela não sorri, não oferece dinheiro. Não faz nenhuma das coisas que as pessoas em geral fazem quando eu as importuno. Fica de rosto franzido, toda séria.

— Bem esperta. Você que ensina?

— Por cinco rúpias ela late o hino nacional.

— É divertido pedir esmolas?

Bom, isso me surpreende, nunca ninguém perguntou uma coisa dessas antes. Essa garota se inclina pra fazer festa em Jara e seu cabelo cai sobre seu rosto, bonita ela pode não ser, mas há nela uma doçura que às vezes se vê em gente sem beleza.

— É divertido ter fome? — respondo. — Não, então não faz gracinhas, me dá cinco rúpias.

— Eu, não — diz ela, mordendo o lábio. — Você tem um ar de criança levada, eu já vi você antes. Você perambula pela cidade aprontando golpes.

— Que golpes? Se não vai dar cinco rúpias pelo menos dá um sorriso.

— Você gosta de enrolar as pessoas. Acho que você gosta de ser chato.

— É tudo o que elas merecem. As pessoas são umas cretinas.

— Cretinas? Então é isso que torna tudo divertido?

— Divertido foi ideia sua, não minha — eu disse, gostando dessa garota. A maioria das pessoas que falaram comigo só me disse pra eu ir me foder.

— Sem essa, você sabe todos os truques. Eu ficaria surpresa se você passasse fome.

— E o que você sabe disso?

Mas ela tinha razão. Eu era bem escolado no trabalho de rua. Meu professor foi Ali Faqri, ele por sua vez tinha sido treinado pelo príncipe dos golpes, Abdul Saliq, o mendigo da Porta Pir. Faqri me disse pra parar de rastejar atrás dos

[27] kameez: túnica comprida, usada em geral sobre um shalwar (calça larga e leve amarrada nos tornozelos).

restaurantes. Lá, se eu fosse pego de rabo pra cima nos latões, o melhor que eu podia esperar era nojo, quem sabe um chute: — Vá rondar a entrada — disse Faqri. Então comecei a me exibir pra cima e pra baixo na frente da clientela. Nada perturba mais quem está comendo do que um Animal faminto observando cada garfada. Os donos me odiavam, mas preferiam me dar um pouco de comida a me ver incomodando seus clientes. Eu conseguia os mesmos restos, só que agora servidos direito numa tigela. Assim aprendi que se você agir como um desamparado você é um desamparado, o jeito de conseguir o que você quer é exigir o que quer.

— Sou Nisha — diz essa garota séria. — Como é o seu nome?

— Animal. Agora você tem que adivinhar por quê.

— Tá bom, Animal, você é brilhante, você poderia fazer alguma coisa mais útil do que isso.

Nisha me disse que se eu fosse à casa do pai dela, que era numa parte de Khaufpur conhecida como Pé de Galinha, ela encontraria algum trabalho pra mim.

— E — disse ela — você vai conhecer Zafar.

Eu fui estúpido. Eu deveria ter percebido pelo jeito que ela falou o nome dele, mas eu já estava andando em sonhos.

— Vá amanhã ao meio-dia. Vou te dar um almoço. Você pode comer lá no jardim. A cachorra também.

Bem, Olhos, aposto que você quer saber o que aconteceu depois, mas enquanto eu estava conversando com você o sol subiu e caiu pelo buraco no teto, fazendo a poeira no ar pegar fogo. Os mil olhos começaram a desbotar, estão se dissolvendo ou coisa parecida, de algum jeito se juntando em um único par de olhos, que são os seus. Somos só nós dois agora, você e eu, mas eu não posso continuar. Estou cansado de falar, a fita está quase acabando, a boca está seca, eu deveria fazer chai e também já passou da hora de cagar.

Fita três

Aliya está chamando: — Animal, vem brincar.

A voz dela vem voando lá de fora e também posso ouvir as pessoas falando enquanto passam, o corvo grasnando na tamarineira. O sol está bem no alto, de longe um rádio toca a canção *Ek tu jô milaa*, encontrando você encontrarei o mundo inteiro, uma flor no meu coração e o mundo é um jardim.

— Animal, vem brincar.

De novo chega a voz dela.

— O quê? Com você? Eu não sou criança.

— Você é — diz ela, que talvez tenha 8 anos. — Vovó diz que você se porta feito criança o tempo todo.

— Sua vó não ia gostar do tipo de brincadeira que eu faço.

— Wah — diz ela. — Exibindo sua coisa de novo.

Não há inocência hoje em dia, nem numa criança.

— Vamos, Animal, vem brincar.

A voz dela enfraquece de repente como se fosse carregada pelo vento ou sussurrada na lua, ou estivesse perdida no crepitar de uma grande fogueira. Olhos, eu acho que vou ficar maluco. Estou cheio de tristeza porque Aliya não está lá fora de verdade. A voz dela não é real, é como dizem as pessoas, é só mais uma voz na minha cabeça.

Acabei de cagar, estou de volta nesse monte de pedras com capim crescendo pelos lados o suficiente pra alimentar uma vaca. Acabei de rebobinar a fita como Chunaram fez daquela vez, ouvi minha própria voz. Soa tão ridícula. Eu falo mesmo desse jeito bronco? Você não responde. Continuo me esquecendo de que você não me ouve. As coisas que eu digo, quando chegarem em você vão ter sido mudadas do híndi, transformadas em inglis et français pourquoi pas pareille quelques autres langues [e francês, por que não do mesmo jeito algumas outras línguas]? Pra você são apenas palavras escritas numa página. Nunca você vai poder ouvir minha voz, nem eu vou nunca poder saber que imagens você vê. Eu estava contando a respeito de Nisha, de como ela me convidou pra ir à casa dela no Pé de Galinha. É claro que não fui. Acabou aí, eu pensei. Estava enganado. Na tarde seguinte, ela apareceu à minha procura.

— Andei por toda parte — reclamou ela — perguntando às pessoas se tinham te visto. Elas me falaram de lugares por toda Khaufpur. Então alguém disse tente o mercado de legumes Galla Mandi.

Olhos, cem vezes ela contou a história de como encontrou Animal e sempre ela contou do mesmo jeito: — Eu fui ao Galla Mandi, mas você não estava lá. Fui para o beco onde os homens jogam cartas. Havia muito vento, poeira pelo ar, que o sol fazia brilhar. Da névoa saíram aquelas formas, meia dúzia de cães famintos movendo-se juntos com a mesma intenção. Entre eles havia outra forma, um garoto andando sobre mãos e pés. Chamei você e você se virou e veio até mim.

Porra, o que eu era? O cachorro dela? Por que é que eu fui? Eu tinha resistido a uma centena de tentativas das freiras, da polícia e só deus sabe de quem mais pra me tirar das ruas. O que havia em Nisha que fez com que fosse impossível dizer não? Acho que foi porque desde o começo ela me aceitou exatamente como eu era. Quando ela me chamou de Jaanvar, Animal, isso era um nome, nada mais. Ela nunca pareceu perceber que eu era aleijado, nem fingir que eu não era. Ela foi a única pessoa que conheci que me tratou como completamente normal. Nisha disse que me conseguiria algum trabalho, eu até seria pago. Eu disse que não sabia que trabalho poderia fazer. Nisha disse que eu era esperto. Eu aprenderia coisas novas. Zafar saberia que trabalho me dar.

Zafarrrrr. Foi o jeito como ela disse o nome dele que me deu afinal a pista de quem ele era. Deve haver uns mil Zafars em Khaufpur, eu conheço pelo menos três, mas só há um que importa. Esse Zafar era uma lenda nas bastis,[1] o que

[1] basti: literalmente é aldeia, mas em Khaufpur significa comunidade pobre.

quer dizer nos bidonvilles, nas favelas, porque ele desistiu de tudo o que tinha na vida em favor dos pobres. Zafar bhai,[2] Zafar irmão, eles o idolatravam, vivia entre eles, vestia-se como eles, compartilhava de sua pobreza e bebia água dos mesmos poços fedorentos. Eu nunca tinha imaginado conhecer esse herói. Ele era como eu disse, um figurão, eu era um trapaceiro e um grosseirão. Naquela época eu nunca poderia imaginar o quanto nossas vidas se entrelaçariam.

A primeira vez que encontrei Zafar foi na casa de Nisha, onde ela vive com o pai. Zafar estava comendo uma romã, tirando as sementes com um canivete, colocando-as na língua, três quatro ao mesmo tempo. — Então, você é o Animal. Você gosta de anaar?[3] Quer um pouco?

Eu teria gostado de provar a romã, mas fiquei envergonhado, disse não.

— Qual o seu nome verdadeiro?

O grande homem é um cara alto e magro, um monte de cachos pretos ele tem e também óculos que o fazem parecer perdido em pensamentos espertos.

— É Animal.

— Animal é um apelido, né? Quero dizer seu nome de nascença.

— Não sei.

— Como é que pode?

Ele me deu um olhar interessado.

Só dei de ombros. Do tempo de antes, nada eu lembro. Verdade, eu tive um nome humano, ele me foi dado pelo orfanato. Uma vez perguntei a uma freira qual era, ela me disse, mas me esqueci o que ela falou. Isso eu disse a Zafar, que respondeu que não gosta de zombar dos incapacitados. Disse ele: — Você não deveria pensar em você mesmo desse modo, e sim como sendo especialmente capaz.

— O que é especialmente capaz?

[2] bhai, bhaiya: irmão, muitas vezes usado como expressão de afeto, como em Zafar bhai.

[3] anaar: romã.

— Quer dizer que tudo bem se você não anda nas duas pernas como a maioria das pessoas, mas você tem habilidades e talentos que elas não têm.

— Como é que você sabe?

Eu não tinha falado com ele sobre minhas vozes.

— Porque é verdade pra todo mundo — disse Zafar. — Só precisamos descobrir no que você é bom. E também você não deveria permitir ser chamado de Animal. Você é um ser humano, com direito a dignidade e respeito. Se você não tem um nome, então esta é uma ótima oportunidade. Você pode escolher seu próprio nome. Jatta, por exemplo, ou Jamil, vamos, escolha um, qualquer um que goste, vamos chamar você assim daqui em diante.

Você está enganado, fico pensando. Deixe-me ser como sou, como Nisha faz, você nunca deveria dizer essas coisas. Olho pra Nisha, mas ela está sorrindo pra ele.

— Meu nome é Animal — eu digo. — Não sou uma porra de um ser humano. Não tenho vontade de ser um.

Esse era o meu mantra, o que eu dizia pra todo mundo. Nunca mencionei minha vontade de andar ereto. Esse foi o começo daquela longa discussão entre mim e Zafar sobre o que era um animal e o que significava ser humano.

Quando eu digo que não sou *uma porra* de um ser humano, Zafar se retrai: — Irmão, não xingue.

— Desculpe — digo pra Nisha e vou tocar seus pés, mas Zafar me impede.

— Não é por causa de Nisha, sou eu que detesto palavrões.

— Então é desculpe pra você também — falei sem um pingo de sinceridade. — Mas meu nome é meu nome.

Zafar está sentado puxando sua barba de sábio desgraçado que brota de seu queixo como pentelhos: — Que seja Animal, então — diz ele afinal e logo antes de me falar a respeito do trabalho que ele e outros estão fazendo em Khaufpur. Parece que há um grupo do qual Zafar é o líder. Ele mesmo não diz isso, mas é óbvio. O grupo de Zafar recolhe dinheiro pra ajudar os doentes. Depois de todos esses anos desde aquela noite, me diz ele, ainda não há uma ajuda real para